KB237617

심방 대표기도문

심방 대표기도문

발행일 2016년 10월 5일 초판1쇄 발행
엮은이 김 상 복
발행처 도서출판 선교햇불
등록번호 제54호
등록일 1999년 9월 21일
주소 서울시 송파구 삼전동 103번지
전화 02-2203-2739 **팩스** 02-2203-2738
E-mail ccm2you@gmail.com

ⓒ 도서출판 선교햇불

PRAYER SERIES **03**

심방 대표기도문

Prayer

엮음 김상복 목사

신교횃불

예배에서의 대표기도는 예배자가 하나님께로 나아가는 표현의 한 방법이다. 우리는 감사와 찬송으로 하나님께로 나아간다. 그리고 회중을 대표하는 기도에 의하여 회중이 하나님께로 나아가는 것을 경험한다. 그러므로 예배에서의 대표기도는 곧 예배라고 할 수도 있다.

기도에 대한 개인적인 이해는 하나님께 요청하는 인간의 행위라고 설명할 수 있다. 그러나 예배에서의 대표기도는 예배의 한 요소를 이루어야 마땅하다. 기도의 순서가 예배가 되어야 하기 때문이다. 그 기도는 하나님의 행위를 인정하고, 회중 앞에서 선포하며, 세상을 향하여 고백하는 것이 되어야 한다.

아쉽게도 신학적인 위치에서 '대표기도학'이라는 학문은 없다. 그래서 우리는 한국교회의 예배 현장을 방문하여 대표기도문을 수집하였다. 교단을 망라하여 여러 교회를 방문하고 대표기도를 녹음해 와서 예배의 현장에서 정형화 되어 있는 틀을 구성하게 되었다.

평신도들은 대표기도를 영광스럽게 여기면서도 부담스러워한다. 심한 경우에는 대표기도가 부담스러워서 그 순서를 의식처럼 치르게 되고 만다. 이에, 우리는 대표기도의 표준적인 간구를 정형화하여 출판하게 되었다. 여기에 수록한 기도문들은 대표기도에 쉽게 접근하도록 도와줄 것이다.

2016년 9월

• 차 례 •

머리말 | 05

대표기도자가 알고 있어야 할 심방에 대한 기본적인 상식 | 09

1 축복 심방 

신년 축복 심방 | 26
정기(대) 심방 | 52
임직 심방 | 78

2 목양 심방 

결신자 새 교우 심방 | 102
타 교회에서 이거 심방 | 112
축하 심방 | 122
일터(직장, 사업장) 심방 | 148
격려 심방 | 162

③ **돌봄 심방** 

권면 심방 | 178

가정 문제 심방 | 206

주택 심방 | 232

④ **위로 심방** 

사고(위기) 심방 | 244

환자(병자) 심방 | 264

상례(상가) 심방 | 286

가정추모 심방 | 300

대 표 기 도 자 가
알 고 있 어 야 할
심 방 에   대 한
기 본 적 인   상 식

목회와 심방

• • •

1 고난을 당하는 자

교회의 권속들 가운데는 아무런 준비 없이 위기에 처해지는 이들이 있다. 우리가 살면서 고난을 당하기를 원하지 않으나 뜻하지 않게 어려움을 만나 고통의 눈물을 흘리는 이들이 있게 마련이다.

장로는 교회의 지도자로서 어려움을 만나 성도를 찾아가 위로해 주고, 그들이 위기에서 벗어날 수 있도록 도와주는 이웃이 되어야 한다.

1) 강도 만난 자의 이웃

누가복음 10장에 보면, 한 사람이 예루살렘에서 여리고로 내려 가다가 강도를 만났다. 강도는 그 사람의 옷을 벗기고 때려 거의 죽은 것을 버리고 갔다. 그 때, 우연히 한 제사장이 그 길로 내려가다가 그 강도 만나 죽게 된 자를 보았다. 그러나 그는 아마 자기도 피해를 당할까봐 두려워서 혹은 자기 일이 바쁘다고 스스로를 합리화시키면서 그를 피하여 지나갔다. 한 레위인도 우연히 그 곳에 이르러 그 강도 만난 자를 보았다. 그러나 그도 앞에 간 제사장과 같이 그를 피하여 지나갔다. 제사장과 레위인은 비록 종교적 직분과 특권을 가진 자들이었지만, 그 죽게 된 자를 돌보아주고 살려주려는 긍휼과 사랑의 마음을 갖고 있지 않았다.

그러나 한 사마리아 사람이 여행하는 중에 그곳을 지나다가 강도 만난 자를 보게 되었다. 그는 그를 불쌍히 여겨서 자기가 갖고 있던 기름과 포도주를 꺼내어 그의 상처에 부었다. 그것은 상처를 소독하고 부드럽게 하는 응급조치의 방법이었다. 그리고는 그 상처를 싸매고 자기 짐승에 태워 주막으로 그를 데리고 가서 돌보아 주었다. 또 그는 이튿날에 데나리온 둘을 내어 주막 주인에게 주면서 "이 사람을 돌보아 주시오. 비용이 더 들면 내가 돌아올 때에 갚아 주겠소." 하고 말하였다.

예수님께서는 율법교사에게 이 이야기를 들려주시면서 "네 생각에는 이 세 사람 중에 누가 강도 만난 자의 이웃이 되겠느냐?"고 물으셨다. 이에 율법교사는 "자비를 베푼 자니이다."라고 대답하였다.

여기에서 강도를 만난 사람에게 선행을 베푼 사마리아 사람은 주님 자신을 가리키는 것이었다. 이 이야기는 예수님의 구원적인 사랑을 보여준다. 우리가 바로 '강도 만난 자'이며 우리에게 사랑을 베풀어준 사마리아 사람 같으신 예수님이 우리의 이웃이라고 암시하고 있다.

주님께서는 죄로 인하여 죽게 된 우리, 사탄과 악령들에게 강도 만난 것과 같은 우리를 긍휼히 여기셔서 자신의 생명과 몸을 우리를 위해 다 주셨다. 그는 우리를 위해 십자가에 달려 죽으셨다.

예수님의 사랑은 우리를 죄와 영원한 멸망에서 건져내어 주시는 사랑이었다. 그것은 그 일을 위해 자신의 목숨을 희생하신 참 사랑이었다. 강도를 만난 자와 같은 우리를 구원해 주신 주님은 우리의 이웃이시다.

그렇다면 우리의 이웃이 되시는 예수님께 어떻게 해드려야 하는가? 예수님이 우리의 이웃이라면, 우리가 먼저 그를 내 자신 같이 사랑해야 한다. 여기에 우리가 예수님을 위해서 살아야 하고 하나님께 헌신해야 하는 이유가 있다.

바울은 로마서에서 고백하기를, "우리 중에 누구든지 자기를 위하여 사는 자가 없고 자기를 위하여 죽는 자도 없도다 우리가 살아도 주를 위하여 살고 죽어도 주를 위하여 죽나니 그러므로 우리가 사나 죽으나 우리가 주의 것이로다”라고 했다(롬 14:7, 8).

이제, 우리를 죄와 죽음으로부터 구원해 주신 예수님의 사랑은 우리에게 이웃 사랑의 동기가 되어 한 사마리아 사람의 선행을 따라야 한다. 예수님께서는 그 율법교사에게 말씀하시기를, “가서 너도 이와 같이 하라”고 하셨다. 여기에서 ‘이와 같이’에 주목하자. ‘이와 같이’는 예수님께서 우리에게 해 주셨던 것과 같이 하라는 말씀이다.

우리는 제사장과 레위인과 같이 종교적 직분이나 특권만 구하거나 갖지 말아야 한다. 혹시 남들이 알아주는 직분은 없을지라도, 오히려 사람들에게 따돌림을 받을지라도 진정한 사랑을 실천하는 사마리아 사람처럼 되어서 어려움에 빠진 이들을 도와주어야 한다.

예수님의 사랑은 단순히 육적, 물질적 도움만을 주는 사랑이 아니고 또한 영적 도움을 주는 사랑이었다. 그것은 사람을 하나님의 영원한 형벌로부터 구원해 주는 사랑이었다. 이것은 영혼 구원의 전도의 사랑을 가리킨다. 우리는 이웃의 영혼에 대한 긍휼한 마음을 가지고 시간과 수고와 물질을 다 드려서 이 사랑을 실천해야 한다.

2) 누워있게 하라!

참 목자는 양 떼의 안전을 위하여 지키며 보호해준다. 하나님께서는 친히 “내 양의 목자가 되어 그것들을 누워 있게 할지라”(겔 34:15)고 말씀하셨다. 양들은 언제나 이리의 위협을 받고 있다. 양들에게는 편히 쉴 수 있는 자리가 제공되어야 한다. 따라서 교회는 권속들을 개인적으로 찾아보아, 그들이 평안하도록 해 주어야 한다.

양 떼는 언제나 공격의 위협을 받고 있다. 그러므로 노략질하는 이리의 공격으로부터 보호해야 한다. 양은 본래 연약하기 때문에 돌보지 않으면 악한 자들에게 쫓기며 흩어진다. 결국 양떼는 악한 짐승들의 밥이 되고 말뿐이다. “목자가 없으므로 그것들이 흩어지고 흩어져서 모든 들짐승의 밥이 되었도다 내 양 떼가 모든 산과 높은 멧부리에마다 유리되었고 내 양 떼가 온 지면에 흩어졌으되 찾고 찾는 자가 없었도다"(겔 34:5-6).

(1) 그 잃어버린 자를…찾으며(겔 34:16a)

거짓 목자들은 양 떼가 모든 산과 높은 멧부리에마다 유리되어도 찾지 않는다. 양들은 길을 잃기 쉬운 동물이다. 한 마리의 양이 양떼로부터 500미터 정도만 떨어져 있어도 그 양은 길을 잃는다고 동물학자들이 말하고 있다. 또한 양들은 양떼로부터 쉽사리 따로 떨어져 나간다고 한다.

선한 목자는 부지런히 양떼를 살펴야 한다. 만일 목자가 게을러서 양떼를 돌보지 않으면 무리 가운데서 떨어져 나가는 양들이 있게 된다. 장로는 부지런히 양 떼를 살펴야 한다. 양들을 지키지 않으면 양무리에서 흩어져 나가는 양들이 있게 되고, 결국에는 유리하여 방황하게 된다는 사실을 기억해야 한다.

하나님께서는 흩어진 양들을 모아 그들의 땅으로 돌아올 수 있도록 인도하신다. 그러므로 교회는 양이 흩어졌으면 그들을 찾아야 한다. 그리고 푸른 초장과 쉴 만한 물가로 인도해야 한다.

사실 성도들은 그들 나름의 시험과 고난으로 말미암아 유리방황하는 '잃은 양'이 된 경우를 종종 본다. 이러한 처지에 있는 양들을 찾아서 다시 돌아오도록 해야 한다. 잃어버린 자를 찾아야 한다.

(2) 쫓기는 자를…돌아오게 하며(겔 34:16b)

참 목자이신 하나님은 그의 잃어버린 백성들을 돌아오게 하신다. "내가 그것들을 만민 가운데에서 끌어내며 여러 백성 가운데에서 모아 그 본토로 데리고 가서 이스라엘 산 위에와 시냇가에와 그 땅 모든 거주지에서 먹이되"(겔 34:13). 양들이 있어야 하는 곳, 잃은 양들이 돌아와야 하는 곳은 어디인가? 바로 양 떼의 우리다.

우리는 양떼의 우리가 곧 교회라는 사실을 인식해야 한다. 그래서 어려움을 이기지 못해서 낙심하여 교회 공동체에서 떠나 있는 이들을 데려와야 한다.

양을 하나님의 집으로 데려와서 소생하는 은혜를 보도록 해야 한다! 그들은 주일을 지키며 하나님의 집을 중심해서 가정–학교의 생활을 영위해야 한다. 목회자가 해야 될 가장 우선적인 일은 잃은 양을 우리로 데려와서 좋은 꼴, 살진 꼴을 먹도록 해야 하는 일이다.

이 꼴은 어디에서 얻는가? 예수님과 관계를 맺고 있을 때, 주님께서 베풀어주시는 것이다. "내가 문이니 누구든지 나로 말미암아 들어가면 구원을 받고 또는 들어가며 나오며 꼴을 얻으리라"(요 10:9).

잃은 양, 쫓겨나간 양을 찾아 하나님의 품으로 데려와야 한다. 그러면 하나님께서 그들을 먹이신다. "좋은 꼴을 먹이고 그 우리를 이스라엘 높은 산에 두리니 그것들이 그 곳에 있는 좋은 우리에 누워 있으며 이스라엘 산에서 살진 꼴을 먹으리라"(겔 34:14).

(3) 상한 자를…싸매 주며, 병든 자를…강하게 하려니와(겔 34:16c)

양들은 상하기도 한다. 또한 병에 걸리기도 한다. 목회자는 양들이 마음이 상하거나, 여러 가지 시험으로 믿음에 병이 들 때 심방해야 한다. 그들 혼자서 슬픈 일이나 근심된 일로 괴로워하지 않도록 해야 한다. 우리가 그들을 사랑하고 있다면, 즉시 찾아가서 주님의 사랑으로 위로하고 격려를 아끼지 않으며 '상처를 싸매 주며 치료해 주는' 사역을 담당해야 한다.

만일, 교회가 상한 자를 싸매 주지 않고, 약한 자를 강하게 붙잡아 주지 않으며, 병든 자를 고쳐 주지 않으면 그 양들은 죽고 만다. 그리고 그런 사역자는 교회의 좋은 일꾼이라고 할 수 없다.

양이 병들었을 때 즉시 치료해 주는 장로가 되도록 하자. "마음 상한 자를 고치며." 우리는 연약한 성도들을 강하게 해 주어야 한다. 사실, 그들은 하나님 앞에서 온전함에 이르도록 자라나고, 그것도 튼튼하게 성장해야만 하는 것이다.

그 성장은 예수 그리스도의 장성한 분량이 충만한 데까지 이르러
야 하는 것이다. 그렇게 되어야 믿음을 지키며, 하나님의 사람으로
자라날 수 있다.

2 형제를 돌아보는 교회

사도행전 15장의 기록을 보면 바울과 바나바가 안디옥에 머물며
여러 다른 사람들과 함께 주의 말씀을 가르치며 전파하였다는 내
용이 있다. 두 사람은 안디옥 교회에서 예수님의 말씀을 성도들에
게 가르쳤다. 며칠이 지나자 바울은 바나바에게 주의 말씀을 전했
던 각 성으로 다시 가서 형제들이 어떠한지 방문하자고 제안하였
다. 그것은 지도자로서 성도들의 형편을 살피는 '돌아봄'의 필요성
을 보여주는 말이다.

1) 서로 권면하고 격려함

바울은 "그러므로 피차 권면하고 서로 덕을 세우기를 너희가 하
는 것같이 하라"(살전 5:11)고 하였다. 여기 "피차 권면하라"는 말
은 '서로 위로하라'는 말과 동일하다. "서로 덕을 세우라"는 원어는
'서로에게 유익을 주어 서로를 건립하라'는 뜻이다. 그것은 믿음과
사랑과 소망의 말씀으로 위로하고 격려함으로써 이루어진다.

성도는 자신의 신앙성장에만 힘쓸 것이 아니라, 함께 주님의 권
속이 된 다른 이들을 위로, 권면, 격려하여 서로의 신앙 성장을 위
해 힘써야 함을 보여야 한다. 믿음과 소망과 사랑의 말씀으로 서로
의 신앙 성장을 위하고 서로의 신앙생활을 건립하기를 힘써야 하는
것이다.

여기에서 사도는 "게으른 자들을 권계하며 마음이 약한 자들을

격려하고 힘이 없는 자들을 붙들어 주며 모든 사람에게 오래 참으라"(살전 5:14)고 하였다.

우리는 서로 돌아봄으로써 다른 성도들을 인격적으로 건립하고 교회를 세워나가야 한다. 이때, 우리가 돌아보아야 할 부류의 사람들은 누구인가?

(1) 게으른 자들

"게으른"이라는 말은 '자기 지위를 저버린 군인'을 가리키는 말로서 '의무를 소홀히 하는, 무질서한'이라는 뜻을 가진다. 교회에는 성도로서의 본분을 저버리고 성경의 교훈을 무시하고 무질서하게 행동하는 자들이 있다. 그런 자들을 권계하라는 가르침이다.

"권계한다"는 말은 '훈계한다, 경고한다'는 뜻이다. 우리는 무질서하게 행하는 자들을 내버려두거나, 그들이 어떤 교회적 직분이나 사회적 신분을 가졌다고 해서 그들에게 아첨하지 말고, 그들을 훈계하고 경고해야 한다는 것이다.

(2) 낙심된 자들

"마음이 약한"이라는 말은 '낙심된, 낙담한'이라는 뜻이다. 교회에는 마음으로나 환경적인 이유로 낙심하고 낙담하는 자들이 있다. 그런 자들을 격려하라고 본문은 말씀한다. 우리는 그들 옆에서 그들에게 위로의 말, 격려의 말을 해 주어야 한다.

교회 안에서 찾아보아야 할 이들은 성도의 의무를 다하지 못하고 무질서하게 행하는 자들, 낙심된 자들, 병약한 자들, 믿음이 약한 자들, 경제적 어려움에 처한 자들이다. 만일 우리 주위에 이런 자들이 있다면, 그리고 우리에게 믿음과 건강과 기쁨과 사랑이 있다면, 우리는 지체하지 말고 그들을 돌아보아야 한다.

(3) 약한 자들

"힘이 없는"이라는 말은 '약한'이라는 뜻이다. 이 단어는 몸이 연약하고 아프거나 믿음이 약하거나 심지어 경제적 어려움을 의미할 수 있다. 교회에는 몸이 병약한 자들, 믿음이 약한 자들, 경제적 어려움에 처한 자들이 있다. 그런 자들을 붙들어 주라는 가르침이다.

"붙들어 준다"는 말은 '견고히 붙잡다, 열심으로 보살피다'는 뜻을 가진다. 우리는 약한 자들을 붙들어 주고 열심으로 보살펴야 한다. 이렇게 함으로써 다른 성도의 인격을 건립하며 하나님의 교회를 든든히 세워나가야 한다.

2) 주 안에서 있도록 붙들어 줌

히브리서에는 성도들에게 "형제들아 너희는 삼가 혹 너희 중에 누가 믿지 아니하는 악한 마음을 품고 살아계신 하나님에게서 떨어질까 조심할 것이요 오직 오늘이라 일컫는 동안에 매일 피차 권면하여 너희 중에 누구든지 죄의 유혹으로 완고하게 되지 않도록 하라"(히 3:12-13)라고 당부하고 있다. 옛 이스라엘 백성의 광야 생활의 역사를 생각할 때, 우리는 우리 가운데에 불신앙을 품고 하나님께로부터 떨어져 나가는 사람이 없도록 조심해야 한다.

여기 "믿지 아니하는 악한 마음"은 불신앙의 악한 마음을 가리킨다. 하나님을 믿는 것은 인간으로서 지극히 마땅하고 기본적인 일인데, 하나님을 믿지 않으니 그것이 곧 근본적인 악이라는 의미이다. 우리는 하나님을 믿고 하나님께 밀착하여 그를 붙잡고 따라가야 한다. 그러나 불신앙은 하나님께로부터 떨어져 나가는 일이다. 하나님께로부터 떨어져 나가면 그 결과는 죽음과 불행이요 영원한 멸망에 이르게 한다.

또 "오늘이라 일컫는 동안"은 성도들의 현재의 상황을 가리킨다. 우리에게는 오늘이 중요하다. 어제는 이미 지나갔고 내일은 아직 오지 않았다. 오늘 우리가 무엇을 바로 할 때, 그것이 우리의 좋은 과거로 기록되고 기억될 것이며, 오늘 우리가 무엇을 바로 할 때 우리의 내일도 좋아질 것이다. 오늘이 중요하다. 우리는 현재를 바르게 살아야 한다.

교회는 오늘이라 일컫는 동안에 매일 서로 권면함으로써 우리 중에 죄로 완고하게 되는 사람이 없도록 힘써야 한다. "권면한다"는 말에는 권면한다는 뜻과 아울러 '격려한다, 위로한다'는 뜻도 가지고 있다.

불붙는 장작을 각각 따로 놓으면 쉽게 꺼지지만, 서로 포개어 놓으면 더 잘 붙듯이, 우리는 서로 권면하고 격려하고 위로함으로써 더욱 신앙생활을 잘 할 수 있는 것이다.

교회는 성도들이 죄의 유혹을 받아 완고하게 되지 않도록 도와주어야 한다. "죄의 유혹"이라는 말은 '죄의 속임수'라는 뜻이다. 죄는 사람을 속인다. 죄는 사람에게 좋은 것, 유익한 것, 기쁘고 즐거운 것을 줄 것처럼 다가온다. 죄가 일시적으로 그런 것을 줄지도 모른다.

그러나 얼마 가지 않아 죄는 갈등과 두려움과 슬픔과 고통과 파탄을 가져온다. 죄는 행복을 주지 않고 불행만을 준다. 죄는 사기꾼이다. 죄의 속임으로 완고하게 된다는 것은 경험적으로 사실이다. 죄는 사람을 완고하도록 만든다. 그러므로 죄는 즉시 회개해야 한다.

사람이 죄를 회개할 때 온유해지고 믿음이 회복되고 순종하는 발걸음으로 나아가게 된다. 그러므로 우리는 우리 중에 죄로 인해 마음이 완고하게 되는 자가 없도록 매일 서로 권면하고 격려해야 할 것이다.

3) 사랑과 선행을 격려함

히브리서의 저자는 성도들에게 "또 약속하신 이는 미쁘시니 우리가 믿는 도리의 소망을 움직이지 말며 굳게 잡고 서로 돌아보아 사랑과 선행을 격려하며"(히 10:23-24)라고 당부하고 있다.

교회의 모든 지체들은 교회에서 서로 돌아보아 사랑과 선행을 격려하는 것에 최선을 다해야 한다. 사랑과 선행의 이 의무를 위해 우리는 서로 돌아보며 서로 격려해야 한다. 여기에 성도의 교제의 필요성이 있다. 주님께서는 우리에게 서로 사랑하라는 새 계명을 남겨주셨다.

하나님의 구원의 목표는 우리가 이 세상에서 선한 행실의 열매를 많이 맺는 것이다. 디도서 2장 14절은 그리스도의 구원의 목표는 우리로 하여금 "선한 일을 열심히 하는 자기 백성이 되게 하려 하심이라"고 권면하고 있다.

에베소서 2장 10절은 우리가 "그리스도 예수 안에서 선한 일을 위하여 지으심을 받은 자"라고 했다.

심방을 섬기는 이들에게는 선한 행실의 증거가 있어야 한다. 선한 행실의 예들로서, 그가 자녀들을 양육한 일이나 나그네들을 대접한 것이나 성도들의 발을 씻긴 것이나 환난 당한 자들을 구제한 일이나 모든 선한 일을 부지런히 행한 것 등을 들었다. 교회가 사랑의 공동체요, 우리 각 사람이 흩어진 교회가 되어 세상으로 보내졌다면, 장로는 마땅히 사람을 불쌍히 여기는 마음을 가져야 한다.

그 대상이 교회의 권속이든, 교회의 밖에 있는 사람이든지 이웃을 불쌍히 여기는 마음을 가져야 한다. 이웃을 향한 사랑은 여기에서 시작된다. 강도를 만난 자에게 자비를 베푼 사마리아 사람은 긍휼한 마음을 가졌을 뿐 아니라, 또한 자기의 시간과 수고와 물질을 아끼지 않았다. 그는 참된 사랑을 실천하였던 것이다.

3 심방자의 대표기도 자세

예수님의 기도의 교훈은 복음서에 언급되어 있다. 주님께서는 기도를 가르치시면서 무엇보다도 '간구하는 자세'에 대하여 말씀하셨다. 그것은 간구하는 자세에 따라 하나님께 상달될 수 있는 기도가 되고, 아니면 하나님께서 응답하시지 않는 중얼거림에 지나지 않는 기도가 되기 때문이다.

예수님의 말씀에서도 기도의 자세를 하나님의 응답과 연결시키셨다. 가령 외식하는 사람의 기도에 대하여 이르시기를, "자기 상을 이미 받았느니라"고 하신 것이다(마 6:5).

1) 외식하는 자세를 버림

"또 너희는 기도할 때에 외식하는 자와 같이 되지 말라 그들은 사람에게 보이려고 회당과 큰 거리 어귀에 서서 기도하기를 좋아하느니라 내가 진실로 너희에게 이르노니 그들은 자기 상을 이미 받았느니라 너는 기도할 때에 네 골방에 들어가 문을 닫고 은밀한 중에 계신 네 아버지께 기도하라 은밀한 중에 보시는 네 아버지께서 갚으시리라" (마 6:5-6).

외식하는 자의 기도의 특징은, 첫째, 사람에게 보이려는 것이다. 예수님께서는 이러한 기도를 '사람 앞에서 의를 행하려고 하는 것'(마 6:1)으로 규정하셨다.

이와 같은 외식의 기도는 의도하는 바대로 이미 사람들로부터 자기 상을 받았기 때문에 하늘에 계신 아버지께로부터 상을 얻지 못한다. 하나님께서는 조용히 일을 하신다. 자신의 의도와 계획에 따라 일을 하신다. 그러므로 인간의 은밀한 중에 하는 기도에 응답하신다.

2) 중언부언하지 않음

"또 기도할 때에 이방인과 같이 중언부언하지 말라 그들은 말을 많이 하여야 들으실 줄 생각하느니라 그러므로 그들을 본받지 말라 구하기 전에 너희에게 있어야 할 것을 하나님 너희 아버지께서 아시느니라"(마 6:7-8).

기도에 있어서 중언부언하지 말라는 말은 아무런 뜻도 없는 중얼거림을 의미한다. 중얼거림이란 '무의미한' 혹은 '쓸데없는'이란 뜻을 가진 아람어에서 유래되었는지, 아니면 일종의 의성어인 '말더듬이'에서 유래되었는지는 잘 알 수 없다. 그러나 이 말은 생각이 없이 말을 많이 하거나, 뜻도 모르고 같은 말을 반복하는 것을 가리킨다.

그런데 예수님은 길게 기도하는 것이나 반복적인 기도 자체를 금하신 것이 아니다. 주님께서는 자신이 길게 기도를 하셨고(마 6:12), 반복하는 기도도 하셨다(마 26:44).

주님께서 금지하신 중얼거림은 길게 하는 기도가 효력을 보장한다는 이교도들의 주문 형식의 기도를 금하신 것이다. 우리의 기도가 효력이 있는 것은 주문 형식의 무의미한 반복에 있는 것이 아니다. 오직 주님의 약속을 신뢰하는 믿음에 있는 것이다.

예수님께서는 바리새인들의 외식적인 기도와 이방인들의 중언부언의 기도를 강력하게 금하시고, 하나님께서 우리의 필요를 이미 아신다는 것을 기억하라고 하면서 구하라고 가르치셨다.

사실, 기도는 나의 간구보다 하나님의 말씀을 듣는 것이다. 하나님을 나의 편으로 삼으려는 시도가 아니라, 나를 하나님께 맡기려는 행위이다. 하나님께서 나를 하나님의 뜻에 따라 인도해달라고 맡기는 것이다. 아브라함이 그의 아들을 제물로 드렸던 시간에 대한 경험이다.

그러므로 기도는 하나님께서 나의 사정을 다 아시는 것을 전제로 하고 간구하게 된다. 우리 자신에 대한 무능력함의 고백이요, 그 도움은 오직 하나님 외에는 다른 어떤 것으로부터 찾을 수 없다는 것과 하나님 외에는 어떤 것으로부터도 그 도움을 찾지 않겠다는 공언된 포기이다. 바로 이 고백과 승인이 하나님께 영광이 되는 것이요, 우리를 하나님의 자녀가 되게 하는 것이다.

3) 믿음으로 간구함

"내가 진실로 너희에게 이르노니 누구든지 이 산더러 들리어 바다에 던져지라 하며 그 말하는 것이 이루어질 줄 믿고 마음에 의심

하지 아니하면 그대로 되리라 그러므로 내가 너희에게 말하노니 무
엇이든지 기도하고 구하는 것은 받은 줄로 믿으라 그리하면 너희에
게 그대로 되리라"(막 11:23-24).

우리는 하나님께 간구할 때, 기도의 응답에 대해서 의심을 해서
는 안 된다. 믿음으로 간구한다는 것은 나의 기도를 하나님께서 들
으신다는 확신으로 말미암아 요청해야 한다는 가르침이다.
'산을 명하여 바다에 던져지라'는 말씀은 그와 같은 기적적인 일,
즉 인간으로서는 불가능하나 하나님으로서는 가능한 일들이 이루
어질 수 있다는 확신을 가지라는 교훈이다.

4) 겸손히 회개하는 마음으로 간구함

"또 자기를 의롭다고 믿고 다른 사람을 멸시하는 자들에게 이 비
유로 말씀하시되 두 사람이 기도하러 성전에 올라가니 하나는 바
리새인이요 하나는 세리라 바리새인은 서서 따로 기도하여 이르
되 하나님이여 나는 다른 사람들 곧 토색, 불의, 간음을 하는 자들
과 같지 아니하고 이 세리와도 같지 아니함을 감사하나이다 나는
이레에 두 번씩 금식하고 또 소득의 십일조를 드리나이다 하고 세
리는 멀리 서서 감히 눈을 들어 하늘을 쳐다보지도 못하고 다만 가
슴을 치며 이르되 하나님이여 불쌍히 여기소서 나는 죄인이로소이
다 하였느니라 내가 너희에게 이르노니 이에 저 바리새인이 아니고
이 사람이 의롭다 하심을 받고 그의 집으로 내려갔느니라 무릇 자
기를 높이는 자는 낮아지고 자기를 낮추는 자는 높아지리라 하시니
라"(눅 18:9-14).

예수님은 하나님께 나아오는 사람의 겸손을 강조하셨다. 주님께
서 아버지 하나님께 겸손하셨던 것처럼, 그분의 자녀들은 겸손히
아버지를 찾아야 한다. 여기에서 강조되는 것은 기도에 응답받는
원리와도 연관된다.

하나님의 응답은 우리가 율법의 규정들을 그대로 다 지킨다는 사실에 있는 것이 아니다. 오히려 그런 규정들을 다 지키지 못하였다 하더라도 자신의 죄인 됨을 통감하고, 하나님의 긍휼을 구하는 자의 기도에 응답하신다는 것이다. 이것은 하나님 앞에 나아가는 자들이 가져야 할 기도의 영적인 자세다.

1

축복 심방

일반 성도-젊은이(1)

기도를 이끌어주는 말씀_막 9:23
하늘의 신령한 은혜로 풍성하게

새해의 날을 열어주신 하나님,

여호와 앞에서 시작된 새해의 삶에, 천지를 지으신 여호와께서 이 가정에 도움이 되어주시옵소서. 오늘까지도, ○○○(이름) 성도님께서 온유한 자 라 하는 증거 얻기를 사모하시기에 감사드립니다.

이 시간에, 성도님께서 영의 세계는 하나님께 속해 있고, 육의 세계는 세상의 권세를 잡은 자의 손 안에 있음을 깨닫게 하시옵소서. 사랑하는 지체에게 하나님의 나라와 세상을 구분해서 자신의 자리를 지키도록 지혜롭게 해 주시옵소서. 그리하여 하나님의 나라와 세상의 나라를 구별하고, 양쪽에 대하여 자신의 의무를 다하도록 인도해 주시옵소서. 여호와께서 복이 넘치는 한 해가 되게 하심을 기다리게 하시옵소서.

목사님을 통해서 이 가정에 주실 말씀을 사모합니다. 그 말씀이 성도님의 소원에 응답이 있는 말씀이 되게 하시옵소서. 치유가 있는 말씀이 되게 하시옵소서.

금년 한 해를 살아가는 동안에 힘이 되어주시는 말씀이 되게 하시옵소서. 이 가정에서 소용이 되는 대로 필요를 채움 받게 하시옵소서.

하늘의 신령한 은혜로 풍성하게 하신 그 손이 재정에 있어서도 후하게 되어 부어주심을 믿습니다. 땅에서 지내는데 조금의 아쉬움이 없도록 누르고 흔들어 넘치게 채워주시옵소서. 외아들의 생명까지도 주신 하나님의 사랑에 소용대로 주심을 믿습니다.

| -이어서, 이 가정의 상황을 성령님의 감동하심에 따라 간구한다. |
금년에도 주가 되시는 예수님의 이름으로 기도드립니다. 아멘.

기도를 이끌어주는 말씀_요 1:12
믿음의 반석으로 세워지게

범사가 잘 되게 해 주시는 하나님,

성도의 모임 가운데서 여호와를 찬양하라 하셨사오니 영광을 드립니다. 오늘까지도 ○○○(이름) 성도님께서 온유한 자라 하는 증거 얻기를 사모하시기에 감사드립니다.

영혼이 잘 됨 같이 범사가 잘 되고, 강건하기를 원하시는 하나님의 은혜가 성도님과 이 가정에 넘치기를 소망합니다. 이 시간에, 저희들이 누릴 수 있는 복이 하나님께로부터 말미암음을 깨닫게 하시고, 감사로 예배하는 한 시간으로 받아들이게 하시옵소서.

목사님께서 준비하신 설교가 이 가정과 삶의 터전 위에 하나님의 축복하심으로 함께 하여 주시옵소서. 주시는 말씀마다 능력이 있게 하셔서, 심령에 부족함이 없게 하시옵소서.

주님께서 마련해 주신 진리와 은혜의 자리에서 기쁨의 공동체를 이루는 가정이기를 소망합니다. 하나님의 사랑을 입은 성도님의 기도로 말미암아 믿음의 반석으로 세워지게 하시옵소서.

저희들은 하나님만을 의지할 수밖에 없음을 고백합니다. 여호와 앞에서 존귀하신 성도님께 '나의 주, 나의 하나님'께 삶의 모든 것을 맡기게 하시고, 하나님께서 인도해 주심을 풍성히 누리게 하시옵소서.

성도님의 가정에서 주님의 오심을 경험하는 저희들에게 은혜를 사모하는 열정을 주옵소서. 오늘, 심방으로 인하여 성도님의 가족 모두가 복을 간절히 바라게 하시옵소서.

| -이어서, 이 가정의 상황을 성령님의 감동하심에 따라 간구한다. |
귀한 가정에 주가 되시는 예수님의 이름으로 기도드립니다. 아멘.

기도를 이끌어주는 말씀_요 20:27
여호와 앞에서 구별되기를

여호와 앞에서 구별되게 해 주시는 하나님,

영광 중에 즐거워하며, 거룩한 자리에서 기쁨으로 찬양하게 하시옵소서. ○○○(이름) ○○(직분)님께서 세상을 이긴 자의 상급으로 금 면류관을 바라보게 하시니, ○○교회의 지체들과 더불어 감사드립니다.

하나님의 은총을 받고 있는 성도님의 가정에서 예배할 때, 주님의 예비하심에 따라 세워진 믿음의 공동체를 즐거워합니다. 이 가정이 여호와 앞에서 구별되기를 소원합니다. 자녀들에게 성경을 가르쳐서 가정의 사명을 복되게 감당하는 부모가 되게 하시옵소서.

아버지가 영생의 복 받은 말씀을, 어머니가 은혜 받은 말씀을 자녀에게 물려주는 복스러움을 보도록 도와주시옵소서. 믿음의 다음 세대를 세우는 가정, 생명의 역사를 잇는 가정이 되게 하시옵소서.

특별히 주의하여 가질 마음의 자세는 재물에 대한 탐욕이 아님을 깨닫도록 인도해 주시옵소서. 재물보다는 우리에게 영원히 복이 되시는 하나님을 구하시는 한 해가 되게 하시옵소서.

하나님의 말씀에 귀를 기울입니다. 말씀에 은혜를 주셔서 ○○(직분)님께 위로가 넘치게 하시옵소서. 하나님의 능력으로 치료받는 기적을 체험하게 하시옵소서. 하나님의 회복해 주심을 소망합니다.

성도님과 이 가정의 지체들이 여호와를 경외함에 더욱 힘쓰는 권속이 되기를 빕니다. 금년 한 해의 삶을 계획하면서, 사랑하는 종이 하나님을 사랑하는 마음으로 자신의 가슴을 채우게 하시옵소서.

| -이어서, 이 가정의 상황을 성령님의 감동하심에 따라 간구한다. |
우리 주 예수님의 이름으로 기도드립니다. 아멘.

기도를 이끌어주는 말씀_엡 3:17
간절한 기대와 소망이 응답되는

자비로우신 하나님,

주님의 이름에 찬양을 드릴 때, 하늘에서 여호와를 찬양하는 소리가 울려 퍼지게 하시옵소서. ○○○(이름) ○○(직분)님께서 "하나님이 능히 모든 은혜를 너희에게 넘치게 하시나니"라고 하신 축복의 주인공이 되어 지내게 하셨음에 감사드립니다.

금년에는 성도님이 봉사의 직무를 맡기를 바라시는 하나님의 계획을 알게 하시옵소서. 저의 기도와 헌신으로 말미암아 주님의 몸된 교회가 세워져가는 비전에 대한 깨달음을 주시옵소서.

담임목사님을 도와서 교회를 세워나가는 일에 충성하는 종이 되어 봉사의 직무를 감당하는 은혜를 보여 주시옵소서. 기도로 세워지는 종이 되기를 원합니다. 그리하여 주님의 교회가 부흥되는 영광의 주인공이 되게 하시옵소서.

오늘, 말씀을 받으면서 주님께서 지신 십자가를 지고 주를 따르는 삶을 결단하도록 인도해 주시옵소서. 오직 주님만을 바라보며 살게 하시고, 주님과 동행하는 임마누엘의 삶이 되게 하시옵소서. 그 은혜가 이 가정에서 지내는 모든 이들에게로 넓혀지도록 도와주시옵소서.

이 시간에, 하나님을 사랑해 드려야 할 성도님의 가슴에 세상에서의 재물에 욕심을 내는 유혹이 들어오지 않게 하시옵소서. 금년 일 년을 살아가는 중에, 자신의 간절한 기대와 소망이 응답되는 은혜를 내려 주시옵소서.

| –이어서, 이 가정의 상황을 성령님의 감동하심에 따라 간구한다. |
보혈을 흘려주신 주 예수님의 이름으로 기도드립니다. 아멘.

기도를 이끌어주는 말씀_갈 3:26
주님의 이름에 합당한 영광을

영광을 받으시는 하나님,

찬송하는 일이 아름답고, 마땅하다 하셨사오니 이 자리에 모인 지체들로 여호와께 찬양을 드리게 하시옵소서. 예수님을 따라가며, 하나님의 말씀에 순종하고, 성령님의 충만을 사모하는 ○○○(이름) ○○(직분)님으로 말미암아 감사드립니다.

주님의 십자가를 바라보면서 드리는 예배에 하늘의 영광이 가득하기를 원합니다. 아름다운 주님의 이름에 합당한 영광을 드리게 하시옵소서. 주님의 자비에 감사하면서 예배하는 저희들이 되게 하시옵소서.

사랑하는 성도님께서 예수님의 세상에 오심은 빛의 비추임이 되셨다는 사실에 새롭게 주목하는 한 해가 되기를 간절히 원합니다. 주님께서 세상에 오심에 대한 의미의 삶이 성도님께 임하도록 복을 내려 주시옵소서.

주님을 통해서 당시의 종교지도자들의 위선이 드러나게 되었고, 예수님으로 말미암아 집권자들의 불의함이 고발되었습니다. 예수님께서 억압을 받고 있던 대중들에게 생명에 이르는 빛이 되어 주셨음이 ○○○ 성도님으로 말미암아 증거되게 하시옵소서.

말씀을 전해 주실 목사님께 능력과 권세를 내려 주시옵소서. 그의 대언하시는 말씀으로 성도님을 진리의 빛 가운데로 인도해 주시옵소서. 십자가의 은혜 안에 사는 복을 받게 하시옵소서. 이 말씀의 은혜가 부모에게서 만족하지 않고, 자녀에게까지 이어지게 하시옵소서.

| –이어서, 이 가정의 상황을 성령님의 감동하심에 따라 간구한다. |
생명의 빛이신 주 예수님의 이름으로 기도드립니다. 아멘.

기도를 이끌어주는 말씀_창 26:5

하늘의 문을 여시고 큰 복을

큰 복을 내려 주시는 하나님,

자기를 경외하는 자들과 그의 인자하심을 바라는 자들을 기뻐해 주시옵소서. ○○○(이름) ○○(직분)님께서 하나님 앞에서 애통하는 자로 살아드리기를 소망하시오니 감사드립니다.

우리 주님의 이름으로 복된 가정에 찾아왔으니, 하늘의 문을 여시고, 큰 복을 내려 주시옵소서. 저희들이 예배할 때, 이 가정을 영광의 처소로 구별해 주시고, 영과 진리로 예배하게 하시옵소서.

사랑하는 성도님께서 복음의 일꾼으로 수고를 다하기 원합니다. 하나님의 자녀로 부르신 동시에, 천국의 일꾼으로 삼기 원하시는 주님의 뜻에 따라 달란트를 갑절 이상으로 남기는 종이 되게 하시옵소서. 하나님께 충성을 다하고, 천국 일꾼으로 살아드리기를 소원하시는 금년이 되기를 빕니다.

이 가정에서, 말씀을 선포하시는 목사님을 성령의 권능으로 붙들어 주시옵소서. 주님의 권세와 주권이 선포되는 귀한 시간이 되게 하시옵소서. 이 가정에는 믿음으로 회복하는 은혜를 체험하게 하시옵소서. 하나님의 말씀으로 금년 한 해의 삶이 세워지도록 도와주시옵소서.

주의 성령님께서 성도님을 만져주심으로 하늘의 사람으로 살아가도록 인도해 주시옵소서. 하나님의 음성을 듣기 위해 무릎으로 나아가게 하시고, 여호와의 손과 발이 되어 주의 나라에 영광을 돌리게 하옵소서. 이 가정이 바로 여호와께 성전이 되게 하시옵소서.

| -이어서, 이 가정의 상황을 성령님의 감동하심에 따라 간구한다. |
오직 주님이 되시는 예수님의 이름으로 기도드립니다. 아멘.

기도를 이끌어주는 말씀_마 5:14-16

하나님의 위로와 권능으로

예배의 복을 주신 하나님,

여기에 모인 이들이 "나의 생전에 여호와를 찬양하며, 나의 평생에 내 하나님을 찬양하리로다"라고 찬송을 부르게 하시옵소서. ○○○(이름) ○○(직분)님께서 하나님 앞에서나 사람들 앞에서 주님의 뜻을 이루어드리는 삶에 충성해 오셨음에 감사드립니다.

주 안에서 저희들의 심방을 받으신 ○○(직분)님께서 예배의 복에 참여하게 하시옵소서. 저희들은 잘 알지 못하지만 사랑하는 지체가 눈물로 간구하는 소원이 이루어지게 하시며, 이 가정의 복된 삶을 훼방하는 사탄의 역사를 물리쳐 주시옵소서.

목사님께서 대언하시는 하나님의 말씀으로 위로해 주심에 감사드립니다. 사랑의 음성, 생명의 말씀을 ○○(직분)님과 저희들이 들을 때 성령님께서 영감을 주시고, 깨닫게 하셔서 산 믿음을 갖게 하시옵소서. 주님의 풍성하심에 따라 성도님의 생활이 넉넉하게 되었음을 믿습니다. 이제까지와 같이 앞으로도 모든 쓸 것이 채워지는 은총을 주시옵소서. 성도님께서 주님을 위하여, 교회를 위하여 재물을 쓰시려 할 때, 아무 부족함이 없게 하시옵소서.

하나님의 위로와 권능으로 두려움과 낙심을 물리치시고, 그리스도의 평강을 누리게 하시옵소서. 주님의 평강이 ○○(직분)님의 마음과 생각을 지켜 주시옵소서. 그리고 이 가정에 속해 있는 모든 지체들에게도 똑같이 은혜가 임하여 천국을 누리는 가정이 되게 하시옵소서.

| -이어서, 이 가정의 상황을 성령님의 감동하심에 따라 간구한다. |

평강의 주 예수님의 이름으로 기도드립니다. 아멘.

기도를 이끌어주는 말씀_벧전 1:22
여호와 앞에서 의롭다 인정받기를

찬양으로 경배를 받으시는 하나님,

자기를 사랑하는 자들을 다 보호하시는 여호와께 찬양으로 경배하게 하시옵소서. 주님의 사랑 안에 살면서 ○○교회의 지체들에게 두려움에서 승리하는 증거를 보여주신 ○○○(이름) ○○(직분)님이시라 감사드립니다.

예수님께서 시몬의 집에 오셨을 때, 주님의 머리에 향유를 부은 여인의 은혜를 저희들에게도 주옵소서. 지금, 여기에 홀연히 이루어지는 성령님의 충만하심에 따른 역사를 내려 주시옵소서. 이 시간에, 심방을 받으시는 성도님의 가정을 축복합니다. 함께 예배하는 저희들에게 주님을 영화롭게 해드린 마리아의 사랑을 경험하게 하시옵소서.

하나님께서 주신 생명의 시간을 사는 동안에, ○○(직분)님께서 여호와 앞에서 의롭다 인정받기를 간구합니다. 잠깐 동안의 유익을 얻기 위해서 거짓과 술수의 미혹이 올 때, 거절하게 하시옵소서.

저희들을 위하여 목사님께서 말씀을 전하십니다. 천국의 말씀을 대언하실 때, 능력을 더하시옵소서. ○○(직분)님과 저희들은 그 말씀에 응답하여 하나님의 뜻을 나타내는 결단을 하게 하시옵소서.

이 시간에 간절히 원하오니, 성도님의 삶이 하나님의 말씀 위에 세워지게 하시옵소서. 성도님께서 믿음을 갖고 기도할 때, 육체의 연약함에도 강건하게 해 주심의 은총이 베풀어지기를 간절히 원합니다. 달음박질을 해도 피곤하지 않게 함께 하시옵소서.

| –이어서, 이 가정의 상황을 성령님의 감동하심에 따라 간구한다. |
깨끗하게 해 주시는 예수님의 이름으로 기도드립니다. 아멘.

기도를 이끌어주는 말씀_신 1:36
부끄럽지 않은 일꾼이 되게

거룩하신 이름의 하나님,

머리를 숙인 지체들에게 여호와의 거룩하신 이름을 송축하게 하시옵소서. ○○○(이름) 집사님께서 주님 앞에서 욕을 보는 것을 두려워하지 않고, 하나님의 영광을 구하게 하시오니 감사드립니다.

오늘, 함께 예배하는 집사님의 부부와 지금은 학교에서 공부하고 있을 자녀들을 만나주시는 은혜를 주시옵소서. 가나안 여자를 불쌍히 여기시고, 흉악한 귀신들린 그녀의 딸을 고쳐주셨던 것처럼, 이 가정을 불쌍히 여기시는 여호와의 은총을 보게 하시옵소서.

말씀을 준비하신 목사님께 영력을 칠 배나 더하시옵소서. 선포되는 하나님의 말씀을 사모하게 하시옵소서. ○○○(이름) 집사님께는 그 말씀에 굴복하여 '아멘' 하게 하셔서 순종적인 성도가 되도록 은혜를 주시옵소서. 그 은혜가 이 가정의 지체들에게로 확산되게 하시옵소서.

오늘도 예비하신 하늘의 복으로 집사님과 이 가정을 둘러 주시옵소서. 우리 주님의 몸 된 교회를 사랑하고, 성도의 사명을 감당하도록 오늘도 은혜를 주시니 감사드립니다. 주님의 이름으로 심방하여 예배할 때, 성령님의 충만하심을 보게 하시옵소서.

수종을 들게 하시는 하나님 앞에서 부끄럽지 않은 일꾼이 되게 하시옵소서. 집사님의 아름다운 봉사를 보면서 성도들이 거룩한 일에 도전하도록 해 주시옵소서. 이름 없이 섬기는 충성으로 인해서 배나 존경을 받게 하시옵소서.

| -이어서, 이 가정의 상황을 성령님의 감동하심에 따라 간구한다. |
우리를 일꾼 삼으신 예수님의 이름으로 기도드립니다. 아멘.

기도를 이끌어주는 말씀_히 11:8

끊을 것을 끊고, 버릴 것을 버리는 결단

세상에서 구별되게 해 주시는 하나님,

하나님의 백성에게 마음으로 소고를 치며, 춤을 추면서 주님의 이름을 찬양하게 하시옵소서. ○○○(이름) 집사님이 자비한 자로 살아가기를 성령님께서 인도해 주시니 감사드립니다.

이 시간에, 택함을 받은 집사님의 식구들이 목숨을 걸고 예수님을 믿게 하셨음에 감사드립니다. 이제와 같이 앞으로도 부모는 부모로서 하나님 앞에 서고, 자녀들은 자녀들로서 주님 앞에서 자기의 역할을 다하게 하시옵소서.

바라기는, 혹시라도 저희들이 세상의 것들에 마음을 두지 않게 하시옵소서. 더 가지려는 욕심을 거절하게 하시옵소서. 사용하라고 맡겨 주셨사오니 주인의 뜻을 헤아려서 물질을 바로 사용하는 충성스러운 청지기로 지내게 하시옵소서.

○○○(이름) 집사님께서 하나님의 말씀을 들으실 때, 세상에 대하여 끊을 것을 끊고, 버릴 것을 버리는 결단이 있게 하시옵소서. 하나님의 원하시고 온전하신 뜻이 무엇인지 깨달아 실천할 수 있도록 도와주시옵소서. 단 마음을 주셔서 하나님의 말씀에 순종하게 하시옵소서.

담임목사님의 목회를 도와 기도하는 중에, ○○교회의 성도들이 하나님의 말씀대로 살아가도록 돕는 간구를 쉬지 않게 하옵소서. 순종을 예배보다도 더 귀하게 보신 하나님께 합당한 성도들이 되도록 간구하게 하시옵소서. 오직 은혜로 세워지는 지체들이 되게 하시옵소서.

| -이어서, 이 가정의 상황을 성령님의 감동하심에 따라 간구한다. |
믿음의 주 예수님의 이름으로 기도드립니다. 아멘.

기도를 이끌어주는 말씀_행 5:29
원하는 소원이 이루어지는 은혜

애통하는 자로 살아가도록 해 주신 하나님,

저희들을 실족하지 않게 해 주시고, 자기의 자녀를 지키시느라 졸지도 않으시는 여호와께 감사드립니다. 사랑하는 ○○○(이름) ○○(직분)님께 하나님 앞에서 애통하는 자로 살아드리려는 소망을 주옵소서. 이 가정의 소망이 오직 하나님께 있기를 간절히 원합니다.

저희들이 예배하는 이 시간에 주님을 만나는 은혜를 경험하게 하옵소서. 길에서 두 맹인을 만나주셨던 것처럼, 여호와의 심방이 되기를 사모하시는 권찰님에게 주님의 찾아오심을 경험하게 하시옵소서. 사랑하는 종이 불쌍히 여기심을 간구하실 때, 친히 손을 잡아 주시옵소서.

오늘, 이 가정에 은총을 내려 주시옵소서. 마음으로 원하는 소원이 이루어지는 날이 되기 원합니다. 안식일에 선을 행하셨던 주님의 은혜를 오늘은 이 가정에 베풀어 주시옵소서.

저희들은 잘 알지 못하지만, 이 가정에도 손 마름과 같은 고통의 아픔들이 있사오니 치료해 주옵소서. 회복의 은혜를 내려 주옵소서.

생명과 진리의 말씀을 베풀기에 부족함이 없도록 목사님을 강건케 해 주시옵소서. ○○(직분)님을 누르고 있는 삶의 문제가 말씀을 듣는 중에 해결 받게 하시옵소서. 말씀의 능력으로 일으켜 주시옵소서.

이 세상에 있는 모든 것들이 하나님께로부터 왔음에 감사한 마음으로 사용하게 하시고, 우리처럼 부족한 자들에게 하나님의 귀한 것들을 맡기셨사오니 성실한 마음으로 사용하게 하시옵소서.

| ─이어서, 이 가정의 상황을 성령님의 감동하심에 따라 간구한다. |

생명을 주신 주 예수님의 이름으로 기도드립니다. 아멘.

기도를 이끌어주는 말씀_갈 5:10
영생의 복을 얻게 하신 가정

왕이신 우리 하나님,

이곳에서 성소를 삼아 저희들이 주님만 높이기를 원합니다. 오직, 좁은 문과 좁은 길, 곧 십자가의 길을 가기를 소원하시는 ○○○(이름) 권찰님과 한 몸을 이루게 하시오니 감사드립니다.

영생의 복을 얻게 하신 믿음의 가정을 축복합니다. 권찰님의 부부가 믿음의 삶으로 이 가정을 일구고, 교회를 위해서 봉사해 오셨음을 기뻐합니다. 주님께서 저희를 사랑하시되 끝까지 사랑하셨듯이, 이 가정에서도 하나님을 경외하고 섬기기를 끝까지 하는 모범이 됨에 감사드립니다. 범사에 억만 가지가 다 잘 되는 길이 하나님을 경외하는 길임을 보이는 가정에 복을 더하여 주시옵소서.

사람이 살아가면서 행복을 추구하는 것처럼, 하나님께서는 자기의 자녀들이 복되게 지내기를 원하심을 믿습니다. 지금, 권찰님께 끊임없이 우리에게 복된 인생이 되라고 촉구하시는 하나님의 음성을 들려주시옵소서. 만일, 우리가 복되지 않으면 저주 아래 놓여 살아가게 된다는 사실을 소홀히 하지 않도록 해 주시옵소서.

이 시간에, 전해지는 진리의 말씀에 응답하는 복을 받게 하시옵소서. 권찰님께서 자기를 위해 사는 자가 되지 않고, 주님을 위해 살기를 결단하게 하시며, 주님 가신 그 길을 따르게 하시옵소서.

여호와 앞에서 복된 결단을 하게 하시옵소서. 그리하여 하나님께서 약속해 주신 복으로 들어가 풍성한 삶을 살도록 도와주시옵소서.

| -이어서, 이 가정의 상황을 성령님의 감동하심에 따라 간구한다. |
진리의 문, 예수님의 이름으로 기도드립니다. 아멘.

기도를 이끌어주는 말씀_히 3:14

주님의 빛으로서 거룩한 사명

믿음을 주시는 하나님,

날마다 주님을 송축하고, 영원히 그 이름을 송축하는 가정에서 여호와께 머리를 숙였습니다. ○○○(이름) 구역장님께서 "바랄 수 없는 중에 바라고 믿어" 오도록 하셨음에 감사드립니다.

이제까지도 충성을 다하신 구역장님이 목사님께서 교회의 비전을 위해 애쓰실 때, 마음을 하나로 묶어 주시옵소서. 교회 안에서는 성도들을 잘 대접하고, 교회가 해야 할 일에 먼저 나서도록 하시옵소서. 여호와 앞에서 경건한 가정을 이루게 하옵소서. 또한 재물의 은혜를 통하여 교회를 섬기게 하시옵소서.

구역장님과 저희들에게 하나님의 말씀이 그리워 애가 타는 심령이 되게 하시옵소서. 목사님의 입술로 증거 되는 말씀에 설득되게 하셔서 심령이 변화를 받게 하시옵소서. 말씀을 붙들고, 매일 승리하도록 도와주시옵소서. 성령님의 인도하심을 기다립니다.

이 시간에, 구역장님께 주님의 빛으로서 거룩한 사명을 깨닫게 하셨사오니 순종하게 하시옵소서. 세상에 대하여 빛으로 살게 하시며, 여호와께 대하여 착한 행실의 삶이 되게 하시옵소서. 하나님을 두려워하는 종이 되어, 자신을 깨끗하게 하려는 은혜를 주시옵소서.

복음과 함께 받는 고난을 기쁨으로 여기게 해 주시옵소서. 성령님으로 충만해지기를 사모하게 하시옵소서. 하늘에 마음을 두고서 하나님 중심, 말씀 중심, 교회 중심으로 살아가도록 인도해 주시옵소서.

| -이어서, 이 가정의 상황을 성령님의 감동하심에 따라 간구한다. |
보혈을 흘려주신 예수님의 이름으로 기도드립니다. 아멘.

기도를 이끌어주는 말씀_롬 4:21

가정은 복되고 형통하여

모든 것 위에 위대하신 하나님,

오늘도 여호와는 위대하시니 여기에 모인 자들에게서 찬양을 받으시옵소서. 성령님께서 ○○○(이름) 구역장님의 심령에, 화목케 하는 자로 살아가기를 사모하시기에 감사드립니다.

우리에게 능력이 되시는 주님 안에서 모든 것을 할 수 있게 해 주셨음을 믿습니다. 바울 사도를 따라서 부하거나 가난하거나, 주님이 우선이기에 모든 것에 감사할 수 있게 하셨습니다. ○○○(이름) 구역장님께서 여호와를 기뻐하심으로 힘을 얻게 하시옵소서.

이 시간에, 말씀을 선포하시는 목사님께 크신 은혜와 능력을 허락하심으로 말씀의 역사가 일어나게 도와주시옵소서. 심방을 받으신 ○○(직분)님과 이 가정의 지체들에게 말씀의 복으로 새롭게 하시옵소서. 하나님의 에비하신 복이 임하기를 소원합니다.

우리 구역장님께서 언제나 저의 마음을 교회와 교역자들에게 두게 하시옵소서. 담임목사님과 여러 목사님들을 도와 ○○교회의 사명이 아름답게 이루어지도록 봉사하는 은혜를 주시옵소서. 여호와 하나님이 생명이 되고, 능력이 되어 주시며, 어떤 경우에도 이기게 하시옵소서.

사랑하는 구역장님의 가정은 복되고 형통하여 날마다 잘 되는 것을 보게 하시옵소서. 구역장님께서 복된 사람이 되어, 가정에서 축복의 통로로서의 사명을 감당하게 하옵소서. 종에게 수고의 떡을 먹게 하실 때, 자신을 위해서 뿐만 아니라, 이웃을 위해서 나누게 하시옵소서.

| -이어서, 이 가정의 상황을 성령님의 감동하심에 따라 간구한다. |
영생에 이르는 문, 예수님의 이름으로 기도드립니다. 아멘.

기도를 이끌어주는 말씀_엡 3:12

기쁨과 평강을 믿음 안에서

각 사람을 주목하시는 하나님,

오늘, 하나님께서 저희들에게 행하신 일들을 나누면서 찬양을 올려드리게 하시옵소서. ○○○(이름) ○○(직분)님께서 자신에 대한 하나님의 계획에 주목하여 지내오심으로 ○○교회의 지체들에게 신앙의 유익을 도모하셨음에 감사드립니다.

저희 모두에게 큰 소망이 있게 하시는 여호와이심을 믿습니다. 하나님이 모든 기쁨과 평강을 믿음 안에서 ○○○(이름) ○○○(직분)님의 가정에 충만하게 하사 능력 가운데 소망이 넘치게 하시니 찬양과 영광을 올려드립니다.

오늘, 심방 예배로 말미암아 소망이 더욱 넘치게 하시옵소서. 목사님께서 설교하실 때, 은혜와 진리가 충만한 이 가정이 되게 하시옵소서. ○○(직분)님께서는 예수님을 닮아가게 하시고, 이 땅에서 지내는 동안에, 말씀생활과 기도생활에 승리하게 하여 주시옵소서.

○○(직분)님에게 교회를 위하여 봉사하는 직분을 주셨사오니, 즐거움으로 감당하게 하시옵소서. 목사님께서 기도를 하시는 일과 말씀을 전하시는 일에 전무하시도록 협력하는 종이 되게 하시옵소서. 오직 하나님과 교회를 위하여 목회자에게 충성스럽게 해 주시옵소서.

나아가, 사랑하는 지체가 여호와 앞에서 사는 날 동안에 거룩하지 않은 것들을 거절하게 하시고, 특히 더러운 이익을 구하지 않게 하시옵소서. 하나님께 칭찬을 듣는 일꾼이 되게 하시옵소서.

| -이어서, 이 가정의 상황을 성령님의 감동하심에 따라 간구한다. |
구원의 주 예수님의 이름으로 기도드립니다. 아멘.

기도를 이끌어주는 말씀_고후 3:4
더욱 풍성함을 누리게 하시는

영광을 선포하시는 하나님,

우리 하나님의 존귀하고, 영광스러운 위엄을 선포하는 한 시간이기를 빕니다. 가락에 따라 부르는 찬송이 아니라, 자신의 영혼에서부터 찬송이 울려나오게 하시는 ○○○(이름) ○○(직분)님으로 말미암아 감사드립니다.

주님께서 불꽃같은 눈동자로 사랑하시는 ○○○(이름) ○○(직분)님의 가정에 복을 주셨음에 감사드립니다. 이 가정의 식구들이 주님의 사랑 안에서 하나가 되게 대화를 주셨음에 감사드립니다. 부모와 자녀가 서로에 대하여 관심을 나타내는 대화가 넘치게 하시고, 혹시 개인적으로 무거운 짐을 지게 될 때, 대화를 통해서 함께 짊어지는 가족이 되게 하시옵소서.

진리의 말씀으로 저희들의 삶이 온전함에 이름에 도전받기를 원합니다. 목사님께서 대언해 주시는 말씀에, 성령으로 충만하게 하사, 삶의 능력이 나타나게 인도하여 주시옵소서. ○○(직분)님의 삶이 하나님의 나라 확장에 쓰임 받게 하시옵소서.

우리 하나님의 부어주시는 생명을 얻으신 종에게 더욱 풍성함을 누리게 하시는 하나님의 계획을 찬양합니다. 여호와께서 목자가 되시어 날마다 부족함이 없게 하시는 자리에 앉혀 주시옵소서.

푸른 초장과 잔잔한 물가의 재정을 경험하도록 도와주시옵소서. 하나님께 충성을 다한 결과로 부요하게 하시는 복을 받게 하시옵소서.

| -이어서, 이 가정의 상황을 성령님의 감동하심에 따라 간구한다. |
선한 목자, 예수님의 이름으로 기도드립니다. 아멘.

기도를 이끌어주는 말씀_민 6:25

세상보다는 천국을 사모하여

인자하심이 크신 하나님,

여기에 모인 저희들에게도 여호와는 은혜로우시며, 긍휼이 많으시며, 인자하심이 크심을 찬송하게 하시옵소서. 주님께서 가셨던 섬김의 길을 따름에 ○○○(이름) 집사님께서 ○○교회의 지체들에게 본이 되게 하셨음에 감사드립니다.

우리 주님께서 천국의 그림자로 주신 집사님의 가정을 위해 기도합니다. 주님께서 교회를 위해 목숨을 주신 것 같이 집사님께서 아내를 깊이 사랑하는 가정이 되게 하시옵소서. 또한, 자녀들에게는 하나님의 사랑과 거룩하심을 보여주는 믿음의 아버지가 되게 하시옵소서. 자녀들은 세상보다는 천국을 사모하고 부모님을 기쁘게 하는 순종함으로 교회와 나라의 신실한 일꾼이 되기를 소망합니다.

목사님이 준비하신 하나님의 말씀이 집사님과 이 가정의 지체들에게 생명이 되기를 빕니다. 그리하여 하나님의 영광을 가리지 않게 하시옵소서. 범사에 하나님 앞에서 복된 삶이 되게 하시옵소서.

이스라엘 백성들이 광야에서 40 년을 지나는 동안에 옷이 낡지 않았고, 신이 해어지지 않았던 은혜가 집사님의 것이 되기 원합니다. 결핍함이 없도록 족한 은혜를 주시옵소서.

귀한 종이 교회에서 봉사할 때, 하나님께서 재정을 공급해 주시옵소서. 나누고, 베풀려 할 때마다 그 손에 넉넉함이 있게 하시옵소서. 이로써 저희들에게 선한 일꾼의 모델이 되도록 인도해 주시옵소서.

| –이어서, 이 가정의 상황을 성령님의 감동하심에 따라 간구한다. |
길이 되시는 예수님의 이름으로 기도드립니다. 아멘.

기도를 이끌어주는 말씀_시 5:12

<h1 align="center">소명을 따라 충성함으로</h1>

이름을 즐거워하게 하시는 하나님,

모든 은혜로 말미암아 여호와의 이름을 높이고, 주의 백성이 하나님의 이름을 즐거워하게 하시옵소서. 하나님의 영이 ○○○(이름) 집사님을 마음이 가난한 자로 여호와 앞에 세워주시니 감사드립니다.

초대교회의 일곱 집사들과 같이, 믿음과 성령에 충만한 집사님이 되시도록 은혜를 더하여 주시옵소서. 여호와께 붙들린 종이 성령님의 충만함으로 교회를 섬길 때, 오직 충성을 다하게 하시옵소서. 하나님 앞에서 유익함을 드리는 종이 되게 하시옵소서.

이로써 이 교회를 통해서 생명을 살리는 역사가 나타나고, 복음이 땅 끝까지 전해지는 것을 보게 하시옵소서. 하나님을 사랑하는 종이 기도와 말씀을 가까이 하며 사명을 감당하게 하시옵소서.

하나님의 말씀으로 새롭게 해 주시옵소서. 세상과 구별되어 성결하게 하시고, 세상에 복음을 전하는 선교적인 사명을 감당하되, 하나님의 부르심의 소명을 따라 충성되이 감당하겠다고 결단하게 하시옵소서.

사랑하는 집사님의 모든 삶의 영역에서 예수님이 주인이 되고 계심을 보게 하시니 즐겁습니다. 여호와 앞에서 존귀한 종의 주님을 향한 열정이 성도들에게 좋은 영향을 끼치게 하시옵소서.

집사님의 주님에 대한 사랑이 ○○교회에 하나님 중심의 분위기가 만들어지게 해 주옵소서. 그의 헌신과 충성의 열매가 교회 안에서 아름답게 맺어져 ○○의 지체들에게 흠모할 만하게 하시옵소서.

| -이어서, 이 가정의 상황을 성령님의 감동하심에 따라 간구한다. |
영원에 이르게 해 주시는 예수님의 이름으로 기도드립니다. 아멘.

기도를 이끌어주는 말씀_창 32:12

가정이 창대하게 되는 역사를

창대하게 해 주시는 하나님,

여호와를 자기 하나님으로 삼고 있는 지체들이 주님의 이름에 찬송을 드립니다. 우리는 사람의 시선을 두려워하는데, 오직 하나님의 시선을 두려워하면서 자신의 길을 묵묵히 걸어가시는 ○○○(이름) 권사님이시라 감사드립니다.

아브라함에게 찾아오셨던 하나님의 심방이 오늘, 권사님의 가정에도 있게 하옵소서. 아브라함에게 큰 민족을 이루고 복을 주신 은혜를 경험하게 하시옵소서. 이로써 이 가정이 창대하게 되는 역사를 이루어 주시옵소서. 이 가정에 임한 복으로 말미암아 하나님의 교회에 영광이 되고, 자신의 생애에는 감사가 넘치고, 함께 예배하는 저희들도 복의 근원이 되는 은혜에 동참하게 하시옵소서.

오늘, 하나님 앞에서 꿀 송이보다 더 단 주의 말씀을 사모하게 하시옵소서. 그 말씀으로 인하여 권사님과 이 가정의 지체들의 믿음이 더욱 자라나게 하시고, 메마른 심령이 말씀으로 살아나게 하시옵소서.

권사님께서 교회를 위하여 착한 여종이 되시기를 간구합니다. 하나님의 나라를 위한 충성을 성실하게 감당하는 여종이 되시기를 원합니다. 주님께서 제자들을 끝까지 사랑하셨던 그 심정으로, 권사님께서도 끝까지 교회를 사랑하는 마음을 갖게 해 주시옵소서.

하나님께 끝까지 이르는 마음, 교회를 향하여 끝까지 봉사하는 은혜를 주시옵소서. 권사님의 삶이 성도들에게 모범이 되게 하시옵소서.

| -이어서, 이 가정의 상황을 성령님의 감동하심에 따라 간구한다. |
생명의 문, 예수님의 이름으로 기도드립니다. 아멘.

기도를 이끌어주는 말씀_욥 10:12
평생을 하나님과 교회를 위해서

영광과 존귀를 받으시는 하나님,

우리의 반석이 되신 여호와께 영광과 존귀를 드리게 하옵소서. 크게 소리를 내지 않고, 자신의 자리를 지켜 교회의 유익을 도모해 오신 ○○○(이름) 권사님이시기에 감사드립니다.

이 가정을 지켜주시고, 날마다 복 되게 하시는 하나님 아버지의 무한한 은혜와 사랑에 감사드립니다. 예수님을 구주로 모신 날부터 성령님의 충만하심에 따라 지내오게 하셨음에 감사드립니다. ○○○ 권사님 부부의 가정은 주 안에서 행복하게 해 주셨습니다. 사랑하는 자녀들과 함께 주님을 모시고 믿음으로 사는 가정, 기도하는 가정, 항상 성전 중심의 가정이 되게 해 주셨음을 감사드립니다.

하나님의 말씀을 대언하실 목사님 위에 크신 은혜와 능력으로 함께 하사 권사님과 이 가정의 지체들의 심령을 치유하여 주시옵소서. 또한 저희들의 완악한 심령도 주님의 말씀으로 녹여 주시옵소서.

평생을 하나님과 교회를 위해서 살아온 여종이 지금도 기도를 계속하게 하심을 즐거워합니다. 교회의 사명이 되는 예배와 가르치는 일, 전도와 구제를 위해서 자신에게 있는 것을 다 드려온 여종에게 앞으로도 그렇게 하실 수 있는 은혜를 주시옵소서.

여종이 자신을 하나님께 전적으로 맡겨 하시는 손길에 선한 열매들이 많이 쌓이고, 교회의 살림꾼으로서 맡겨진 사명에 거룩한 수종을 들게 하옵소서. 권사님의 모습이 지체들에게 도전이 되게 하시옵소서.

| -이어서, 이 가정의 상황을 성령님의 감동하심에 따라 간구한다. |
천국 백성이 되게 하신 예수님의 이름으로 기도드립니다. 아멘.

기도를 이끌어주는 말씀_출 34:6

성도들을 제 몸처럼 여겨

자원하는 일꾼이 되게 하시는 하나님,

저희들의 오른쪽에서 그늘이 되어주시는 여호와의 이름에 영광을 드리게 하시옵소서. ○○○(이름) 장로님이 자비한 자로 살아가기를 성령님께서 인도해 주시니 감사드립니다.

장로님께서 교회 안에서 배나 존경을 받아야 할 분으로서 단정함을 보이시는 은혜를 내려 주옵소서. 장로님의 말씀이나 행동 그리고 생활이 아름다운 신앙인의 본이 되어 성도들이 따르게 하옵소서. 이로써 주님의 몸을 세우는데 저희 모두가 부족함이 없게 하옵소서.

성도들을 제 몸처럼 여겨 말씀으로 가르치는 일과 양떼를 섬기는 일에 자원하는 일꾼이 되게 하옵소서. 집에서 생활하실 때는 자녀들을 주의 교양과 훈계로 양육하는데 본을 보이시는 은혜도 주옵소서. 장로님의 가정이 ○○교회의 지체들에게 본이 되게 하옵소서.

하나님의 말씀에 소망의 기대를 둡니다. 목사님을 사용하셔서 저희들에게 주시는 말씀의 복으로 인하여 날마다 승리케 하시옵소서. 연약함과 부족함을 주님의 강하심과 부요하심으로 채워주실 줄로 믿습니다.

장로님께서 담임목사님의 기도 동역자가 되도록 하시옵소서. 담임목사님의 목회를 도와 기도하는 중에, 성도들이 하나님의 영광을 보는 아름다운 ○○교회가 되도록 간구하게 하시옵소서.

장로님의 수고를 통해서 성도들이 주님의 온전하신 분량에 이르게 하시옵소서. 교회를 위하여 여호와께 신실하신 종이 되기 원합니다.

| -이어서, 이 가정의 상황을 성령님의 감동하심에 따라 간구한다. |
소망의 주, 예수님의 이름으로 기도드립니다. 아멘.

장로(2)

기도를 이끌어주는 말씀_시 37:9

자기의 집을 잘 다스려서

저희들의 사랑이신 하나님,

이 시간에, "여호와는 나의 반석이시요 나의 요새시요 나의 산성이시요 나를 건지시는 이시요"라고 찬양을 올려드리게 하시옵소서. ○○○(이름) 장로님께서 지금까지도 의를 사모하는 자의 심령으로 자신을 하나님께 드리니 감사드립니다.

주님께서 충성스럽게 여기신 장로님을 위하여 간구하오니, 이제와 같이 앞으로도 더욱 선한 일을 사모하게 하시옵소서. 자신의 직분에 순종해서 교회와 목회자를 받드시는데 최선을 다하게 해 주시고, 교인들의 대표로서 섬기는 일에 앞장서게 하시옵소서.

사랑하는 장로님께서 집에서는 자기의 집을 잘 다스려서 모범적인 가정을 이루시도록 은혜를 더해 주시옵소서. 그리하여 성경적으로도 하나님께 존귀한 장로로서 자신을 잘 구비하게 하시옵소서.

목사님께서 하나님의 말씀을 들려주실 때, 장로님을 새롭게 하시옵소서. 무지한 인생을 천사가 흠모하는 귀한 인생으로 바꾸어 주시고, 길가와 같은 심령을 열매 맺는 옥토의 마음이 되게 하시옵소서.

장로님께 하나님 앞에서나 성도들 앞에서 책망할 것이 없는 일꾼으로 봉사하는 은혜를 주시옵소서. 장로님의 삶이 교회의 성도들에게 청지기에 대한 영적인 모범이 되시도록 인도해 주시옵소서.

신령한 삶에 힘을 쓰셔서 종의 삶이 곧 성도들에게 가르침이 되게 하시고, 목회자를 잘 받들어 섬기는 동역의 은혜를 주시옵소서.

| –이어서, 이 가정의 상황을 성령님의 감동하심에 따라 간구한다. |
구원의 주가 되시는 예수님의 이름으로 기도드립니다. 아멘.

기도를 이끌어주는 말씀_엡 1:18
여호와의 이름을 찬양하게

날마다 찬양이 되시는 하나님,

하나님의 백성으로 선택하신 은혜에 감격하여 소리를 높여 여호와의 이름을 찬양하게 하시옵소서. 주님의 음성을 기쁨으로 여기고, 이 세상에서 살아가는 동안에 주님께로 가까이 가기를 소원하시는 ○○○(이름) ○○(직분)님의 모습을 통해 신앙적인 도전을 받게 하시니 감사드립니다.

교회를 통해서 하나님의 영광을 추구하시는 ○○(직분)님에게 성령님의 충만하심이 있는 오늘의 심방이 되게 하시옵소서. 사랑하는 종이 주 안에서 교회를 위하여 자신의 몸을 드리고 있사오니, 주님의 재림 시에 큰 상이 있음을 믿습니다.

오늘, 말씀과 기도를 통하여 능력을 얻게 해 주시옵소서. 어리석음 가운데 지혜롭게 해 주시고, 믿음 없음에 더욱 강건한 믿음으로 성장하게 하옵소서. 주님의 십자가를 가슴에 안고 일어서게 하옵소서. 하나님의 나라와 교회를 위하여 자신을 준비하는 시간이 되기 원합니다.

여호와 하나님은 자기 백성들의 형통함을 기뻐하실 줄로 믿습니다. 저희 모두에게 아브라함에게 주셨던 부요의 복을 주실 줄 믿습니다. 오늘의 심방에서 내려지는 은혜로 ○○(직분)님의 가정에도 재정의 풍성함을 허락하옵소서. 물질 때문에 어려움을 겪지 않도록 넉넉하게 채워주시고, 남에게 나누어주고, 거저 베푸는 생활이 되도록 이끌어 주시옵소서. 때마다 잔을 채우시는 하나님을 경험하게 하시옵소서.

| -이어서, 이 가정의 상황을 성령님의 감동하심에 따라 간구한다. |
죄를 씻어주신 예수님의 이름으로 기도드립니다. 아멘.

기도를 이끌어주는 말씀_시 62:5

은혜의 삶을 살게 하시는

은혜의 삶을 살게 하시는 하나님,

여호와는 우리의 피난처이시고 우리의 분깃이라, 오늘 저희들로부터 찬양을 받으시기에 모자라지 않으심을 고백하게 하옵소서. 주님의 제자들이 주님과 하나 된 것 같이 ○○○(이름) ○○(직분)님께서도 ○○교회의 지체들과 하나 되게 하려 하셨음에 감사드립니다.

오늘도 ○○(직분)님이 시냇가에 심은 나무가 철을 따라 열매 맺는 은혜의 삶을 살게 하시는 여호와를 만나게 해 주시옵소서. 사랑하는 종에게 하나님을 사랑하는 자에게는 그 잎사귀가 마르지 않는다는 증거를 주시옵소서.

○○(직분)님께서 하나님을 아는 지식에서 자라게 하심에 감사드립니다. 이제, 젊은 종과 종의 가족들이 주님의 영광의 힘을 따라서 모든 능력으로 강건하게 하시옵소서. 저가 저희 교회에서 사역하시는 동안에 위로부터 내리는 힘으로 강건해져서 범사에 형통함을 보게 하시옵소서.

짧은 시간에, 하나님의 말씀을 대언하시는 목사님을 붙들어 주시옵소서. 그의 입술로 전해지는 말씀에 ○○(직분)님과 저희들의 심령이 새로워지게 하시옵소서. 주님의 피로 저희들의 심령을 채워주시옵소서.

종을 돌보시는 여호와의 은혜로 직분을 감당하게 하시옵소서. 그 삶이 때로는 힘이 들고 외로울지라도 감사함으로 가게 해 주시옵소서. 하나님의 교회를 섬기시는 은총으로 삶에서도 열매를 맺게 하시옵소서.

| ─이어서, 이 가정의 상황을 성령님의 감동하심에 따라 간구한다. |
의가 되시는 예수님의 이름으로 기도드립니다. 아멘.

기도를 이끌어주는 말씀_롬 12:12
하나님의 교회는 흥왕하게

사명을 감당하게 해 주시는 하나님,

우리를 죄악에서 건지시고, 주의 이름을 위하여 살도록 하신 은총을 기억하게 하시옵소서. ○○○(이름) 목사님을 "그리스도 안에서 하나님의 의가 되게" 하셨음에 감사드립니다.

주님으로 말미암아 ○○○ 목사님께서 ○○교회에서 사역하시는 동안에 생명의 열매를 많이 맺어 그 열매들로 가득하게 하시옵소서. 바울과도 같이 "나의 달려갈 길을 다가도록" 애쓰시는 목사님께서 이전보다 더 성령님께 붙들린바 되시는 감화로 살아가게 하시옵소서.

하나님을 사랑하는 종이 기도와 말씀을 가까이 하는 중에 목자의 사명을 감당하도록 인도해 주시옵소서. 그의 사랑의 수고로 말미암아 하나님의 교회는 흥왕하게 해 주시옵소서.

하나님 앞에서 목사님과 이 가정의 지체들이 말씀을 사모하기를 빕니다. 지금도, 하나님의 말씀으로 기도에 힘쓰는 지체들이 되게 하시옵소서. 저희들도 함께 하나님께 부족함이 없게 해 주시옵소서.

교회를 위해서 전심으로 사역하시는 동안, 건강이 뒷받침되도록 도우시며, 조금도 피곤하지 않게 하옵소서. 교회의 여러 일들과 성도들을 돌아보는 일들로 분주하실 때, 건강을 잃지 않도록 도와주시옵소서.

여호와로 말미암은 건강의 은혜가 식구들에게 나타나 범사에 강건하게 하옵소서. 공부를 하는 중에 있는 자녀들에게도 지혜와 명철로 충만하게 하시고, 아버지를 존경하면서 성장하도록 도와주시옵소서.

| -이어서, 이 가정의 상황을 성령님의 감동하심에 따라 간구한다. |
구원의 빛이 되신 예수님의 이름으로 기도드립니다. 아멘.

기도를 이끌어주는 말씀_눅 8:15

진리 안에서 바른 행실을

능력으로 함께 해 주시는 하나님,

여호와의 이름을 찾는 거룩한 시간에, 주님 홀로 이 백성에게서 찬양을 받으시옵소서. 언제나 소원은 하나님께 영광을 드리고, 교회를 위하여 자신을 드림으로 살아오신 ○○○(이름) 전도사님으로 말미암아 감사드립니다.

전도사님께서는 무엇에든지 "주가 쓰시겠다" 하시는 일에 전적으로 헌신하여 드리는 종이 되게 하시옵소서. 저의 헌신과 섬김으로 통해서 하나님의 교회가 부흥하게 하시옵소서. 저희 교회와 하나님의 일을 위하여 순전한 모습으로 섬김을 다하게 하시옵소서.

성도들을 보살피고 돕는 중에, 믿음이 연약한 이들을 붙잡아주며, 진리 안에서 바른 행실을 하는 은혜를 주시옵소서. 저가 하나님 앞에서 복을 짓는 생활의 결실이 교회의 사역에 나타나게 하시옵소서.

목사님의 입술에서 말씀이 선포될 때마다 하나님의 능력이 함께 해 주시옵소서. 하나님의 온전하시고 기뻐하시는 뜻이 전달되며, 전도사님과 저희들은 그 말씀에 결단하는 역사가 일어나게 하시옵소서.

전도사님의 기도와 사랑으로 이 가정의 식구들이 행복하게 지내는 것을 볼 때, 저희들에게도 즐거움입니다. 아침과 저녁으로 기도하는 가운데 화목하게 하신 주님의 사랑이 가득한 가정이 되게 하시옵소서. 세상에 있는 그 어떤 돈으로도 살 수 없는 복된 가정을 이루도록 이끌어 주시옵소서.

| -이어서, 이 가정의 상황을 성령님의 감동하심에 따라 간구한다. |
영원히 주가 되시는 예수님의 이름으로 기도드립니다. 아멘.

일반 성도–젊은이(1)

기도를 이끌어주는 말씀_히 6:12
믿음과 오래 참음으로

자비로우신 하나님,

저희들이 주님의 이름을 높이고, 아름다운 가락으로 찬송을 드릴 때, 하늘의 문을 여시옵소서. ○○○(이름) ○○(직분)님께서 여호와께 마음이 청결한 자가 되기를 소원하게 하시는 성령님께 감사드립니다.

주님 앞에서 거룩하게 세워지는 성도님 부부에게 가정이라는 아름다운 삶의 울타리를 주시고 평안 속에 거하게 하시니 감사드립니다. 성령님께 온전히 붙들린바 된 두 분이 되시도록 인도해 주시옵소서.

○○○(이름) 성도님과 ○○○(이름) 성도님께서 남편과 아내로서 하나님의 사랑으로 하나 되게 하시옵소서. 좋은 부모에게 착한 자녀들을 주셨으니, 자녀들이 부모에게 상급이기를 빕니다. 자녀들이 주님 안에서 서로 섬기는 아름다움을 이루어가게 하시옵소서.

오늘도 저희에게 말씀을 대언하시는 목사님을 붙들어 주시옵소서. 선포되는 말씀에 저희들의 심령이 새로워지는 시간이 되게 하여 주시옵소서. 사로잡고 있는 귀신의 역사는 물러가고, 자유하게 하시옵소서.

성도님께서 젊음의 시간을 드려 교회를 위해 수고하시는 동안에 절제의 아름다움을 통해서 성도들에게 유익을 끼치는 귀한 성도님이 되게 하옵소서. 교회와 하나님의 나라에 영광이 되게 하옵소서. 성도님의 덕스러움으로 교회에 부흥의 초석이 되게 하시옵소서. 여호와의 은혜로 진실 된 심정으로 봉사하는 종이 되게 하시옵소서.

| –이어서, 심방을 받는 이의 개인적인 소원을 간구한다. |
우리 주 예수님의 이름으로 기도드립니다. 아멘.

기도를 이끌어주는 말씀_롬 15:4

경건으로 자신을 지켜

왕으로 좌정하시는 하나님,

저희들이 올려드리는 찬송을 받으시고, 저희들이 내어드리는 자리에 왕의 왕으로 좌정해 주시옵소서. ○○○(이름) ○○(직분)님께서 자신의 기도 제목이 첫째도, 주님의 뜻, 둘째도 주님의 뜻, 셋째도 주님의 뜻이므로 감사드립니다.

하나님 아버지 앞에서 성도님께서 정결하고 더러움이 없는 경건으로 자신을 지켜 교회 안에서 본이 되기를 기도하며 지내오도록 하셨음에 감사드립니다. 또한 성도님을 미쁜 말씀의 가르침에 순종하게 하시는 은혜로 말미암아 감사를 드립니다.

성도님께서 더욱 더 성령님으로 충만하셔서 교회를 섬기도록 인도해 주시옵소서. 사랑하는 지체가 단정한 인품으로 성도들을 대하게 하시고, 교회의 어려운 일에 즐거움으로 섬기게 하시옵소서. 성도님의 충성으로 영적으로 더욱 성숙함에 이르게 하시옵소서.

이제, 말씀을 대언하실 목사님께 성령님의 갑절의 영감으로 강하게 역사해 주시기를 빕니다. 축복의 시간에, 말씀의 검에 날이 서게 하심으로써 ○○(직분)님의 심령이 쪼개어지며, 모든 문제가 풀려지는 은혜를 내려주시옵소서.

자기를 깨끗케 하실 수 있다고 믿고 주님께로 나온 나병환자를 고쳐주신 주님의 역사가 이 가정에서 나타나기를 소망합니다. 아침마다 하나님의 치료, 회복, 풍성하게 하심, 이기도록 하심을 보여 주시옵소서.

| -이어서, 심방을 받는 이의 개인적인 소원을 간구한다. |

죄에서 깨끗하게 하신 예수님의 이름으로 기도드립니다. 아멘.

기도를 이끌어주는 말씀_ 전 2:24
교회를 세워나가는 일꾼

믿음으로 살아가게 해 주시는 하나님,

주를 향하여 손을 펴고, 저희들의 심령을 하나님께 드리기를 원하오니 받아주시옵소서. 하나님의 인도하심과 보호하심의 증거가 되어 ○○교회의 지체들에게 믿음으로 살아갈 것을 도전 받게 하시는 ○○○(이름) ○○(직분)님이시기에 감사드립니다.

하나님께서 사랑하시는 성도님께서 주님의 교회에서 귀한 일꾼이 되어 충성을 다하기를 소원하게 하시옵소서. 주님의 은혜에 감사하면서 순종하여 섬기는 일이 온 교회를 시원하게 하는 봉사가 되게 하시옵소서. 그리하여 하나님의 교회는 부흥이 되게 하시옵소서.

함께 천국의 백성이 된 지체들을 도우며, 서로 하나 되기를 힘써서 교회를 세워나가는 일꾼이 되게 하시옵소서. 성도님께서 가정에서도 덕을 끼쳐서 그 영광의 열매를 교회로 가져오게 하시옵소서. 이로써 신앙생활의 성공자가 되게 하시옵소서.

오늘도 말씀을 준비하신 목사님께 생명을 회복케 하는 성령으로 붙들어 주시옵소서. 은혜를 기다리는 ○○(직분)님에게는 말씀의 한 마디 한 마디에 성령이 운행하심을 체험하는 시간이 되게 하여 주시옵소서.

사랑하는 성도님이 오늘의 심방을 통해 하나님께 가까이 가려는 결단을 하게 하시옵소서. 이제까지도 하나님과 가까이 하셨으나 여호와의 거룩하심에 들어가시는 다짐의 은혜를 주시옵소서. 그 은혜가 가정의 생활에도 나타나 온갖 열매들을 보게 하시옵소서.

| -이어서, 심방을 받는 이의 개인적인 소원을 간구한다. |
보혈을 흘려주신 예수님의 이름으로 기도드립니다. 아멘.

기도를 이끌어주는 말씀_대하 30:12
주님의 풍성한 사랑을 힘입어

귀를 기울여주시는 하나님,

이제까지도 저희들의 기도를 들으시고, 간구에 귀를 기울여주셨던 여호와의 이름을 높여드립니다. ○○○(이름) ○○(직분)님께서 시험을 받으셨지만 참는 자로 자기 자신을 지키게 하신 성령님께 진심으로 감사드립니다.

갈릴리 해변을 찾아오신 주님을 만난 시몬과 안드레의 축복이 오늘, 이 가정에 임하기를 소원합니다. 그들이 주님의 말씀에 순종하고 따라나섰던 것처럼, 오늘의 심방을 통해서 이 가정에도 말씀에 순종하는 은혜가 있게 하시옵소서. 저희들이 모르고 있던 가정의 문제가 풀려지고, 소원이 이루어지는 역사가 나타나기 원합니다.

제자로 부르심을 받은 그들은 즉시 모든 것을 버리고 주님을 따랐던 것과 같이 이 가정에서도 하나님의 영광을 바라고, 주님의 뜻에 순종하는 일이 나타나게 하시옵소서.

목사님의 말씀으로 생명의 역사가 펼쳐지기를 소원합니다. 하나님께서 이 가정에 말씀을 주시려고 심방하게 하셨사오니, 말씀을 사모하는 ○○(직분)님과 이 가정의 지체들이 기쁨으로 충만하게 하시옵소서. 은혜의 단비를 체험하는 귀한 시간이 될 수 있도록 도와주시옵소서.

성도님께서 주님의 풍성한 사랑을 힘입어 성공적인 생애를 살게 하셨음에 마음의 무릎을 꿇습니다. 성도님의 하나님을 부르며, 함께 주를 경외함으로 살아가고자 결단하는 한 시간이 되게 하시옵소서.

| —이어서, 심방을 받는 이의 개인적인 소원을 간구한다. |
생명이 되신 예수님의 이름으로 기도드립니다. 아멘.

기도를 이끌어주는 말씀_시 91:4
하나님의 원대로 살겠다는 결단

예배하기를 즐겨하게 하시는 하나님,

모든 환란에서 면하게 하시며, 영혼을 지켜주시는 여호와, 그 자비하심에 찬양을 올려드리게 하시옵소서. 성령님께서 ○○○(이름) ○○(직분)님의 심령에 화목케 하는 자로 살아가기를 사모하심에 감사드립니다. 매일 매일의 삶이 천국이 되게 하시옵소서.

노아와 그의 아들들의 예배를 받으시고, 생명의 언약을 하셨던 은혜가 이 가정에 있기를 원합니다. 하나님께 예배하기를 즐겨하고, 여호와를 의지하며 살아가는 귀한 지체들에게 하늘로부터 은총이 내려지고, 이 가족들에게만 베풀어주시는 주님의 손길을 기다립니다.

이 시간에 영과 진리로 예배할 때, 생명의 언약을 경험하게 하시옵소서. 지금, 하늘의 문을 여시고, 성도님의 삶과 이 가정을 위해서 예비하신 복을 내려주시옵소서. 예배를 통해서 이 가정을 사로잡고 있었던 악한 것들이 물러가게 하시옵소서.

주님의 말씀을 대언하시는 목사님을 성령님의 권능으로 붙들어주시옵소서. 사랑하는 ○○(직분)님과 이 가정의 지체들이 은혜 받음으로 말미암아 기쁨을 얻고, 하나님의 기뻐하시는 뜻을 깨닫는 시간이 되게 하시옵소서. 하나님의 원대로 살아드리겠다는 결단의 복을 경험하게 해 주시옵소서. 범사가 잘 되는 복도 누리도록 도와주시옵소서.

이 가정에 속한 권속이 여호와 앞에서 제사장의 집안이 되어, 하나님 앞에서와 저희 교회의 성도들 앞에서 본이 되게 하시옵소서.

│ -이어서, 심방을 받는 이의 개인적인 소원을 간구한다. │
의의 길이 되신 예수님의 이름으로 기도드립니다. 아멘.

기도를 이끌어주는 말씀_룻 2:12
하나님의 은혜와 진리로

그리스도에게까지 자라가게 하시는 하나님,

저희들이 주님의 이름을 부를 때, 이 자리를 거룩하게 하시고, 성령님께 충만하게 하시옵소서. 이 세상의 끝 날까지 오직 주님만 섬기며 살기를 소망하시는 ○○○(이름) ○○(직분)님께서 ○○교회의 지체이심을 감사드립니다.

성도님께서 범사에 주 예수 그리스도에게까지 자라가게 하심에 감사드립니다. 성도님께서 하나님의 말씀의 진리를 가까이 하시고, 쓰러뜨리려는 온갖 악의 세력을 물리치며 지내시는 것을 볼 때, 즐겁습니다. 성도님 자신과 이 가정이 하나님께 성소가 되게 하시옵소서.

하나님의 은혜와 진리로 가족이 하나 되게 하시옵소서. 부부 사이에, 형제들 사이에, 부모와 자녀 사이에 사랑의 표현을 나누는 대화가 기도만큼이나 뜨거워지게 하시옵소서.

오늘도 ○○(직분)님과 이 가정의 지체들이 꿀 송이보다 더 단 주의 말씀을 사모하게 하시옵소서. 주님의 말씀으로 인하여 저희의 믿음이 더욱 자라나게 하시고, 메마른 심령은 말씀으로 살아나게 하시옵소서.

우리가 기도할 때, 응답해 주셨고, 모든 두려움에서 건져주셨습니다. 가깝거나 또는 먼 곳에서 살던 형제와 자매들이 모여 영광을 나타내기를 원합니다. 하나님은 크신 팔로 우리를 두르셨습니다. 사랑하는 성도님과 온 식구들이 하나님의 품 안으로 들어가서 그 품에서 보호하심을 받고, 평안을 누리게 하시옵소서.

| –이어서, 심방을 받는 이의 개인적인 소원을 간구한다. |
의롭다 하신 예수님의 이름으로 기도드립니다. 아멘.

기도를 이끌어주는 말씀_사 62:3
하나님 앞에서 의의 열매를

성도의 가정을 찾아주시는 하나님,

오늘, 저희들의 심방이 여호와께 분향함과 같이 되기를 원하오니, 성령님께서 충만하게 하시옵소서. 어디든지, 어느 때라도 주님과 함께 가시는 분이라는 모습으로 저희들에게 다가오시는 ○○○(이름) ○○(직분)님과 한 지체로 지내게 하시오니 감사드립니다.

우리 주님의 사랑이 성도님의 가정을 풍성하게 해 주셔서 감사드립니다. 귀한 지체가 이 가정에 신앙의 호주, 축복의 통로가 되어서 기도하는 중에 있사오니, 그 손길을 붙들어 주시옵소서. 주님의 은혜로 이 가정의 연약함을 긍휼히 여겨주시고, 하나님 앞에서 의의 열매를 맺게 하시옵소서.

말씀을 전하시는 목사님께도 주님께서 함께 하시옵소서. 주님의 진리의 말씀을 베풀기에 부족함이 없도록 도와주시옵소서. 그 말씀이 올해, 이 가정을 향한 하나님의 메시지가 되기 원합니다. ○○(직분)님과 저희들의 영육이 강건해지는 귀한 말씀이 되도록 함께 해 주시옵소서.

오늘, 간절히 바라기는 사랑하는 성도님께 교회를 위해 간구하는 은혜를 주시옵소서. 택함을 받은 종이 담임목사님의 기도 동역자가 되셔서 ○○교회를 위한 기도에 더욱 힘쓰게 하시옵소서. ○○교회의 성도들이 하나님의 사랑 안에서 한 몸을 이루는 지체들이 되도록 간구하게 하시고, 주님의 가르치심을 온전히 이루어드리는 성도들이 되도록 기도하게 하시옵소서.

| -이어서, 심방을 받는 이의 개인적인 소원을 간구한다. |
사랑의 주, 예수님의 이름으로 기도드립니다. 아멘.

기도를 이끌어주는 말씀_신 31:6
예수님만을 보배로 삼으며

주 우리 하나님,

저희들의 눈이 주께 향하게 하시고, 오직 하나님의 심방이 되는 시간이 되게 하시옵소서. 낙심할 수밖에 없는 환경에서도 주님을 소망하시는 ○○○(이름) ○○(직분)님으로 말미암아 ○○교회의 지체들이 오히려 위로를 받게 하시니 감사드립니다.

성도님은 예수님만을 보배로 삼으며, 구원의 은총을 누리고 지내시니 즐겁습니다. 성도님은 세상의 부귀영화를 얻을 수 있는 기회가 많으셨지만 언제나 거절하고, 예수님으로 만족하려는 마음을 갖게 하시는 여호와를 찬양합니다.

모든 지각에 뛰어난 하나님의 평강이 성도님과 이 가정에 속한 권속들의 마음과 생각을 지켜주심을 통하여 찬양합니다. 여호와 앞에서 성소의 삶을 살고 있는 가족에게 복을 더하시옵소서. 택한 백성을 지키시고, 좋은 것으로 만족케 하시는 하나님께 영광을 드립니다.

목사님께서 대언하시는 하나님의 말씀으로 성령의 불길이 저희들에게 임하게 하시기를 원합니다. 저희의 심령이 쪼개지는 역사가 일어나게 하시옵소서. 말씀을 통하여 삶의 문제를 해결 받게 하시옵소서.

주 안에서 성도님께서는 무엇에든지 '주가 쓰시겠다' 하는 일에 전적으로 헌신하여 드리는 종이 되시도록 인도해 주시옵소서. 성도들을 보살피고 돕는 중에, 믿음이 연약한 이들을 붙잡아 주며, 진리 안에서 바른 행실을 하는 은혜를 경험하게 하시옵소서.

| -이어서, 심방을 받는 이의 개인적인 소원을 간구한다. |
영생의 길이신 예수님의 이름으로 기도드립니다. 아멘.

기도를 이끌어주는 말씀_빌 1:20
생각과 마음이 변화되게

면류관을 바라보게 하시는 하나님,

이제까지 저희들과 함께 하시며 영광을 받으셨던 여호와께 ○○의 백성이 머리를 숙였습니다. 이제까지도, ○○○(이름) ○○(직분)님께서 여호와 앞에서 존귀한 자의 상급으로 썩지 않는 면류관을 바라보게 하시니 ○○(교회)의 지체들과 더불어 감사드립니다.

사람들이 귀신 들린 자들을 데리고 예수님께 왔을 때, 주님께서는 말씀으로 귀신들을 쫓아내시고 또 모든 병자들을 고쳐주셨습니다. 오늘, 예배를 드리면서 목사님이 말씀을 전하실 때, 그 말씀에 하나님의 능력이 나타나는 것을 보게 하시옵소서.

지금 혹시, 이 가정에 있는 권속들 중에 사탄이 공격을 한다면, 물리쳐 주시옵소서. 주님의 이름으로 흉악한 귀신이 쫓겨 가도록 하시옵소서. 올 때는 한 길로 왔으나 일곱 길로 물러가도록 쫓아주시옵소서. 여호와의 영광이 가득한 가정이 되게 하시옵소서.

하나님의 말씀을 받습니다. 집사님께서 그 말씀을 인하여 삶이 변화되게 하시고, 생각과 마음이 변화되게 하여 주시옵소서. 다시금 하나님의 사람이 되기를 결단할 수 있는 믿음을 허락해 주시옵소서.

좋은 것으로 ○○○(이름) 집사님의 소원을 만족하게 하사 그의 청춘을 독수리 같이 새롭게 하시는 여호와의 열심을 찬양합니다. 충성스러운 집사님을 강건하게 하셔서, 교회를 위하여 더욱 헌신하는 종이 되게 하시옵소서. 그 헌신으로 교회에 부흥의 열매를 맺게 하시옵소서.

| -이어서, 심방을 받는 이의 개인적인 소원을 간구한다. |
영생의 보증이 되신 예수님의 이름으로 기도드립니다. 아멘.

기도를 이끌어주는 말씀_수 1:7
주님을 좇아 십자가를 지고

거룩해져 가게 하시는 하나님,

진실로 주의 이름에 감사하며, 저희들에게 정직한 영으로 함께 하사 제사를 드리는 자리가 되게 하시옵소서. ○○○(이름) 집사님께서 주님의 뒤를 따라서 십자가를 등에 지고, 앞만 향해 가시는 모습을 보이도록 하셨음에 감사드립니다.

여호와 우리 하나님께 영광을 드리고, 하늘에서 내리는 은총으로 거룩해져 가는 집사님과 이 가정을 볼 때, 감사드립니다. 천에 하나, 만에 하나로 뽑으셔서 주님의 백성으로 삼으시고, 영원히 주님 앞에서 살아가게 하셨음을 즐거워합니다.

성령님께 충만해서 그리스도의 십자가 보혈로 죄 씻음의 은혜의 맛을 보는 식구들이 되게 하시옵소서. 영생의 은혜를 주신 여호와의 손으로 집사님의 생활을 만져 주시기를 원합니다.

하나님의 말씀을 기다립니다. 목사님께 성령님의 역사가 함께 하사, 말씀을 대언하실 때, 크신 은혜로 더하여 주시옵소서. ○○○(이름) 집사님의 삶이 그 말씀으로 인하여 세상을 이기게 하시기를 빕니다. 하나님의 뜻을 날마다 나타내게 하시옵소서.

집사님의 가정에서 예배하게 하신 하나님을 찬송합니다. 예비하신 하늘의 신령한 복과 땅의 기름짐이 이 가정에 주어지고, 저희들은 사랑의 줄로 하나 되어서 주님의 은혜를 기리게 하옵소서. 이 가정이 축복의 장소가 되고, 일가와 친척들에게 축복의 통로가 되게 하시옵소서.

ㅣ-이어서, 심방을 받는 이의 개인적인 소원을 간구한다.ㅣ

속죄의 제물이 되어주신 예수님의 이름으로 기도드립니다. 아멘.

기도를 이끌어주는 말씀_요 16:33

구원의 능력이신 여호와

합당한 영광을 드리게 하시는 하나님,

우리 구원의 능력이신 여호와를 사랑하며, 그 이름에 합당한 영광을 드리게 하시옵소서. ○○○(이름) 권찰님이 성령님께 충만하여 하나님께서 나타내신 모든 일에 증거를 지키는 자가 되기를 소망하게 하시니 감사드립니다.

주님께서 복을 주시는 권찰님의 가정에 하늘의 신비스러운 복의 원리가 있기를 소망합니다. 하나님께서 저희들에게 주신 질서가 바로 서있는 가정이 되게 하시옵소서. 먼저, 자녀들이 부모에게 순종하고, 부모를 공경하면서 부모의 믿음을 물려받게 하시옵소서.

아울러 부모는 자녀를 노엽게 하지 않아, 하나님의 뜻 안에서 자녀를 양육하는 은혜를 보게 하시옵소서. 천국의 거울이 되는 거룩한 가정을 만들어 나가도록 하시옵소서. 권찰님의 기도와 사랑으로 이 가정에서 축복의 통로가 되는 사명을 감당하시도록 도와주시옵소서.

생명의 복음을 전하시려고 목사님께서 성경을 펼치셨으니, 하나님의 은혜로 구원의 복음을 힘 있게 선포하실 수 있도록 이끌어 주시옵소서. ○○(직분)님과 저희들의 가슴이 십자가의 피로 적셔지게 해 주옵소서. 그 피의 흔적으로 새 생명에 이르게 하시옵소서.

신령한 집으로 세워져 가는 권찰님의 가정을 볼 때마다 감사드립니다. 늘 성령님께 충만해서 하늘의 일을 이루어드리는 종의 가정이 되도록 도와주옵소서. 복된 지체의 가정으로 삼아주시옵소서.

| -이어서, 심방을 받는 이의 개인적인 소원을 간구한다. |

십자가의 주, 예수님의 이름으로 기도드립니다. 아멘.

기도를 이끌어주는 말씀_시 27:14

아침마다 새롭게 하시고

영과 진리로 예배하게 하시는 하나님,

○○교회의 지체들을 감찰하시고 아시는 여호와께 영과 진리로 드려 찬송을 드리게 하시옵소서. 자신의 심령을 주님께 드려 주님의 형상을 이루어 가심을 ○○의 지체들에게 전하시는 ○○○(이름) 권찰님으로 말미암아 감사드립니다.

자기의 딸이 죽자, 살려달라고 애원했던 회당장의 기도를 들으셨던 주님의 은혜를 권찰님과 이 가정의 지체들이 누리게 하시옵소서. 목사님께서 주님의 이름으로 이 가정을 방문했사오니, 생명을 살리시는 여호와의 역사를 보게 하시옵소서. 죽은 자를 일으키셨던 예수님의 역사를 보게 하시고, 저희들 모두에게 즐거움을 주시옵소서.

말씀의 권세와 능력이 하나님의 말씀을 전하실 목사님과 함께 하시기를 기원합니다. 종의 입술로 전해 주시는 말씀마다 능력이 있게 하셔서, 심령 골수를 쪼개기에 부족함이 없도록 붙들어 주시옵소서.

지금까지도 온 가족이 하나님을 경외하게 하심에 감사드립니다. 특별히, 공부하는 중에 있는 자녀들이 우수한 성적을 거두게 하시고, 교회의 출석과 믿음을 지키는 생활에도 부지런하게 하시옵소서.

권찰님의 가정을 아침마다 새롭게 하시고, 새벽마다 드리는 간구가 날마다 응답되는 복을 허락하시옵소서. 이 가정이 여호와께 성소가 되어 하나님의 일하심을 보여드리게 하시옵소서. 믿는 자에게 주신 능치 못함이 없음을 자기의 것으로 삼도록 하시옵소서.

ㅣ-이어서, 심방을 받는 이의 개인적인 소원을 간구한다. ㅣ
선한 목자이신 예수님의 이름으로 기도드립니다. 아멘.

기도를 이끌어주는 말씀_렘 42:11

하나님을 대접해 드리는 은혜를

자비로우신 성삼위 하나님,

여기에 모인 저희들이 전심으로 여호와께 감사하며, 찬양을 올려 드리게 하시옵소서. ○○○(이름) 구역장님이 겟세마네 동산에서 피가 땀방울이 되도록 기도하셨던 주님의 기도하시는 모습을 닮고 싶어 하심에 감사드립니다.

여호와께서 나타나실 때, 사람 셋을 영접하여 대접했던 아브라함의 은혜가 오늘, 우리 구역장님의 것이 되기를 소망합니다. 주님의 이름으로 저희들이 심방을 왔으나, 성령 하나님께서 이 가정을 방문해 주셨음을 믿습니다.

이 시간에, 저희들도 하나님을 대접해 드리는 은혜를 경험하기 원합니다. 이 심방을 통해서 하나님의 은혜가 나타나고, 묶여 있던 문제들로부터 자유롭게 해 주시옵소서. 하나님께서 예비해 주신 복을 받는 시간이 되게 하시옵소서.

복된 시간에, 메마른 심령을 적셔줄 생명수를 기다립니다. 예배를 인도하시며 말씀을 전하시는 목사님과 함께 하시옵소서. 기도하시는 중에, 준비된 말씀이 구역장님의 가정과 삶의 터전 위에 하나님의 축복하심이 함께 하여 주시옵소서.

지금, 마음을 바쳐 예배할 때, 하나님을 위하여, 교회를 위하여 헌신하시기를 새롭게 다짐하는 복을 주시옵소서. 성령님의 능력을 통해서 땅에 충만하고, 땅을 정복하고, 세상을 다스리게 하시옵소서.

| -이어서, 심방을 받는 이의 개인적인 소원을 간구한다. |

믿음 주, 예수님의 이름으로 기도드립니다. 아멘.

기도를 이끌어주는 말씀_딤후 2:1

영혼이 소성케 되는 복

　성령님께 충만하게 하시는 하나님,

　주의 인자하심과 성실하심을 인하여 여호와의 이름을 높이 불러 찬송하게 하시옵소서. 십자가의 길, 비록 고난의 길이지만 그 길로만 가는 모습을 보여주시는 ○○○(이름) 구역장님이 저희들과 함께 계심에 감사드립니다.

　영생을 얻기 위해서 주님께 여쭈었던 한 부자 청년의 열정을 구역장님께서 경험하시도록 은혜를 내려 주시옵소서. 그 청년은 자신의 재물 때문에 주님의 말씀을 따르지 못하는 어리석음을 보였지만, ○○○(이름) 구역장님은 주님의 말씀에 순종하는 은혜를 주시옵소서.

　이 시간에, 성령님께서 저희들의 마음에 충만히 임하셔서 진리를 사모하게 하시옵소서. 우리가 갖는 신앙의 근거는 오직 하나님의 은혜에 있음을 잊지 않게 하시옵소서. 받은 바의 말씀에 따라 순종하여 영생의 삶을 살도록 인도해 주시옵소서.

　진리의 말씀을 대언하시는 목사님을 성령님께서 친히 인도해 주시옵소서. 그 말씀이 은혜의 말씀, 성령님께 충만한 말씀이 되게 하시며, 구역장님의 가슴이 뜨거움으로 가득 차게 하시옵소서.

　오늘, 하나님의 심방으로 영혼이 소성케 되는 복을 경험하게 하시옵소서. 이 가정이 하나님의 거룩한 성소가 되게 하시옵소서. 구역장님과 식구들에게 복을 주사 우리를 번성하게 하시는 여호와의 이름을 높여드리게 하시옵소서.

| -이어서, 심방을 받는 이의 개인적인 소원을 간구한다. |

　소망을 주신 예수님의 이름으로 기도드립니다. 아멘.

기도를 이끌어주는 말씀_창 15:1

구주를 높이고 잘 공경하며

자기 백성을 위하시는 하나님,

환란을 당하여 부르짖을 때 응답하시고, 감사하여 찬송을 부를 때 더욱 감사가 넘치도록 하시는 여호와를 사랑하게 하시옵소서. 하나님의 영이 ○○○(이름) ○○(직분)님에게 마음이 가난한 자로 여호와께 세워지기를 소망하게 하시니 감사드립니다.

구주를 높이고 잘 공경하며, 온유한 마음으로 섬기시는 ○○(직분)님이 저희들의 지체가 된 것을 감사드립니다. 저희들의 심방을 통해서 언제나 주님 안에서 즐거움을 찾으시는 귀한 종에게 은혜를 더하시는 한 시간이 되게 하시옵소서.

하나님과 교회를 위하여 수고하고자 하는 마음으로 가슴을 뜨겁게 해 주시고, 때마다 하늘의 문이 열려 땅의 기름짐을 누리게 하옵소서. 가정이 평안하고, 자녀들은 잘 자라게 도와주시옵소서.

오늘, 목사님의 설교를 통해 하나님의 역사가 있게 하시옵소서. ○○(직분)님의 연약함을 만져주시고, 인간의 교만함이 낮아지게 하시옵소서. 아울러 ○○(직분)님의 부족이 채워지는 역사가 일어나게 하시옵소서. 필요할 때마다 요긴하게 쓰이고 넘치게 하시옵소서.

○○(직분)님께서 개인적인 생활과 성도들을 섬기는 일에 물질을 사용하실 수 있도록 기름진 풍성함을 허락하시옵소서. 저에게 재정에 풍요를 주셔서, 주신 것으로 하나님께 영광을 드리고, 살아가고 있는 삶의 자리에서 주님의 자비를 나타내도록 하시옵소서.

| ─이어서, 심방을 받는 이의 개인적인 소원을 간구한다. |
의의 길이신 예수님의 이름으로 기도드립니다. 아멘.

기도를 이끌어주는 말씀_사 26:3

성령님의 능력과 권세에

하늘에 계신 하나님,

여호와의 영광이 크시니, 그 이름 앞에 머리를 숙이게 하시옵소서. 사랑의 새 빛을 나누는 마음으로 주님의 길을 걸어가시는 ○○○(이름) ○○(직분)님이 ○○교회의 지체들에게 유익함이 되어주시기에 감사드립니다.

하나님의 교회를 위하여 일꾼으로 세워주신 지체의 헌신과 봉사로 교회가 세상에서의 열매를 많이 맺게 하시옵소서. ○○(직분)님께서 흘리시는 눈물의 간구로 말미암아 성령님으로 충만한 공동체를 이루게 하시옵소서. 사랑하는 지체가 주님의 몸 된 ○○교회에서 여호와께 영광이 되기를 빕니다.

이제와 같이, ○○(직분)님은 언제나 우리 ○○교회를 위하여, 담임목사님의 목회를 위하여 곁에서 수종을 드는 선한 모습을 지니게 하시옵소서. 교역자들이 언제라도 일을 맡기고, 성실하게 감당하는 은혜가 있기를 소망합니다.

이 가정의 예배를 위해서 말씀을 전해 주시는 목사님을 위해서 간구합니다. 성령님의 능력과 권세에 붙들리게 하시옵소서. 여호와 앞에서 존귀하신 ○○(직분)님을 회복하게 해 주시는 말씀이기를 빕니다.

하나님께서 친히 ○○(직분)님께서 경건한 소망으로 지내시도록 하시니 참 좋습니다. 그와 가족들이 영과 혼과 몸이 우리 주 예수님께서 강림하실 때에 흠 없게 보전되게 하심을 기뻐하여 찬양을 드립니다.

| -이어서, 심방을 받는 이의 개인적인 소원을 간구한다. |

죄를 속해 주신 예수님의 이름으로 기도드립니다. 아멘.

기도를 이끌어주는 말씀_신 7:21
성령으로부터 영생을 거두는

만물 위에 계신 하나님,

저희들의 심령을 소성시켜 주시려고 여기에 모이게 하셨으니 하나님을 사모합니다. 심방에 동행한 저희들에게 여호와의 이름을 간절히 부르게 하시옵소서. 이제까지도, ○○○(이름) 집사님이 믿음으로 살아가도록 이끌어주시는 하나님의 은혜에 감사드립니다.

성령을 위하여 심어 성령으로부터 영생을 거두시는 집사님을 볼 때, 저희들 모두에게 위로가 됩니다. 무엇으로 심든지 그대로 거둔다는 말씀의 증거가 집사님과 이 가정에 있게 하심에 감사드립니다. 바로 여기에, 하나님의 이름이 기록되게 하시옵소서.

주님의 교회 안에서 사랑하는 지체와 권속들이 언제나 즐겁게 지내도록 하신 여호와께 찬양을 드리게 하시옵소서. 하나님께서 계획하신 대심방의 식탁을 통하여 영혼이 복을 받고, 세상에서도 잘 되는 은총이 이 가정에 임하기를 소망합니다.

피 묻은 십자가의 복음을 전하시려고 성경을 펼치신 목사님을 기억하시옵소서. 불붙는 마음으로 말씀을 전하실 때 십자가의 사랑에서 멀리 있었던 심령이 회개하고, 통곡의 자리로 변화되게 하시옵소서.

집사님께서 오늘 이후로 더욱 목사님의 목회방침을 잘 알아서 도와드리는 동역자요, 신실한 일꾼이 되게 하시옵소서. 모든 일에 설거지를 하는 심정으로 충성하는 은혜를 보게 하시옵소서. 집사님이 ○○교회를 위하여 여호와 앞에서 신실하신 종이 되시기 원합니다.

| -이어서, 심방을 받는 이의 개인적인 소원을 간구한다. |
은혜의 주, 예수님의 이름으로 기도드립니다. 아멘.

기도를 이끌어주는 말씀_시 37:3
복을 짓는 생활의 결실이

날마다 형통을 보여주시는 하나님,

우리 하나님께서 손을 펴신 이 시간에, 주님의 이름을 부르며 그 앞으로 나아가게 하시옵소서. ○○○(이름) 집사님이 여호와를 힘입는 자로 자기를 지키도록 인도해 주시니 감사드립니다.

오늘도 집사님의 소원은 오직 구역의 식구들을 섬기는 데 있게 하시옵소서. 여종의 수고와 노력으로 주님의 몸 된 공동체는 더욱 건강하게 되고, 믿는 이들이 많아지게 하시옵소서. 주님의 교회가 아름답게 불리게 하시옵소서.

담임목사님에게 성실하고, 충성된 일꾼으로 봉사하는 은혜를 주옵소서. 그의 섬김을 다함에 따른 상급이 있어 땅에서 잘 되고 형통함을 보기 원합니다. 저의 봉사로 교회가 더욱 굳건하게 하시옵소서.

하나님을 대신하여 말씀을 대언하실 목사님 위에 함께 하시고 입술의 권세를 허락하사 증거되는 말씀에 역사가 임하게 하시옵소서. 집사님과 이 가정이 성령님의 능력으로 충만하게 하시옵소서.

집사님께서 하나님 앞에서 복을 짓는 생활의 결실이 가정에서도 나타나게 하시옵소서. 저로 말미암아 하나님께서 동행해 주시며, 그 결과로 복이 되고 형통하며, 자녀들은 그 마음의 원대로 성장하게 하시옵소서. 이 가정에 복을 주셔서 식구들에게 번성하는 은혜를 누리게 하시는 하나님을 높여드립니다. 매일 지내실 때, 토지의 소산과 곡식을 풍성하게 하시니 즐거워합니다.

| -이어서, 심방을 받는 이의 개인적인 소원을 간구한다. |
십자가의 사랑이신 예수님의 이름으로 기도드립니다. 아멘.

기도를 이끌어주는 말씀_눅 22:33
확신과 소망의 비전이 넘치는

천국에 소망을 갖게 해 주신 하나님,

여호와의 노래를 부르고, 저희들에게 행하신 은혜의 일들을 기억하게 하시옵소서. 예수님께 소망을 두고, 오늘까지 성실하게 지내오신 ○○○(이름) 권사님으로 말미암아 감사드립니다.

오늘도 죽도록 충성하심의 본이 되게 하신 권사님을 볼 때, 하나님의 은혜를 찬양합니다. 이 시간에, 목사님께서 찾아오신 심방이 교회의 영광을 위하여, 가정의 복락을 위하여 늘 기도하시는 권사님에게 큰 위로의 시간이 되게 하시옵소서. 권사님의 소원이 심방의 축복으로 응답이 되는 것을 경험하게 하시옵소서.

저희들이 돌이켜 보건대, 권사님을 사랑하시고, 택함을 받은 이 가족을 지켜 주셔서 모든 환난을 면하게 하셨음에 찬양을 드립니다. 주님의 십자가에서 이루어진 사랑으로 귀한 지체들이 영생의 은혜를 누리게 하시옵소서.

소망의 말씀을 준비하신 목사님을 기억해 주시옵소서. 성령의 능력으로 붙들어 주셔서, 갈급한 심령으로 말씀을 사모하는 여종에게 주님의 약속의 확신과 소망의 비전이 넘치는 시간이 되게 하여 주시옵소서. 죄의 사람은 죽고, 의의 사람으로 태어나게 해 주시옵소서.

권사님은 시냇가에 심은 나무와 같아 손을 대는 것마다 형통함을 보게 하시며, 그로 말미암아 영광을 드리게 하시옵소서. 주님의 여종이 하나님의 뜻에 따라 악한 세대에서 건짐을 받은 것에 감사드립니다.

| -이어서, 심방을 받는 이의 개인적인 소원을 간구한다. |
생명의 주, 예수님의 이름으로 기도드립니다. 아멘.

기도를 이끌어주는 말씀_수 24:16
주님의 보혈이 울타리가 됨을

높은 곳에 계신 하나님,

여호와여, 저희들을 내려 보시고, 이곳에 오셔서 저희들의 예배를 받으시옵소서. ○○○(이름) 권사님을 "하나님께 영광의 찬송이 되게 하려" 하셨음에 감사드립니다.

하나님 앞에서 이제까지도 교회와 교역자들을 위해서 남모르는 수고를 한 여종을 기억하옵소서. 권사님이 교역자들을 위하여 불철주야로 기도하게 하셨음을 감사드립니다. 권사님의 기도와 수고로 교회가 이 지역에서 더욱 더 부흥하게 하시옵소서.

저희 교회에는 많은 성도들이 있어서, 오늘도 헤아릴 수 없는 일들이 일어나는데, 권사님의 기도가 악을 대적하는 방패가 되기를 소망합니다. 교회 안에서 여 성도들의 어머니, 때로는 맏언니로서의 역할을 잘 감당하도록 은혜를 주시옵소서.

말씀을 전하실 목사님을 성령의 능력으로 붙들어 주실 줄로 믿습니다. 말씀을 받을 때, 권사님께서 그 말씀으로 세상을 이기게 하시며, 사랑하는 지체의 삶의 자세가 바뀔 수 있도록 도와주시옵소서. 여종이 자기 자신을 세우고, 교회를 세우는 복의 증인이 되게 하시옵소서.

하나님께서 사랑하시는 권사님에게는 두려움이 가까이 하지 못함을 믿습니다. 주님의 보혈이 권사님과 이 가정의 식구들에게 울타리가 됨을 믿습니다. 늘 성령님의 충만하심을 누리고, 사탄을 쫓아내는 은혜를 맛보게 하시옵소서.

| -이어서, 심방을 받는 이의 개인적인 소원을 간구한다. |
우리를 사랑해 주시는 예수님의 이름으로 기도드립니다. 아멘.

장로(1)

기도를 이끌어주는 말씀_삼하 22:30

그리스도가 존귀히 되게 하려

은총을 기다리게 하시는 하나님,

주의 인자하심이 영원하오니, 그 은총을 기다리는 저희들에게 나타내시옵소서. ○○○(이름) 장로님이 "살든지 죽든지 그의 몸에서 그리스도가 존귀히 되게 하려" 하셨음에 감사드립니다.

가다라 지방에서 귀신 들린 자들을 고쳐주셨던 주님의 은혜가 이 시간에 나타나기를 원합니다. 저희들이 이 가정에 올 때, 성령님께서 동행해 주셨음을 기억합니다. 오늘, 이 가정의 심방에 성령님께서 동행하셨사오니, 장로님이 힘들어 하시는 문제들로부터 구원함을 받게 하시옵소서.

이 세상에서 믿음을 지키며 산다는 것 자체가 외롭고, 곤고할 수밖에 없사오니 마귀의 궤계를 물리쳐 주시옵소서. 사랑하는 장로님에게 평안을 주시고, 번성과 부요의 은혜로 살아가게 하시옵소서.

생명의 말씀을 사모합니다. 말씀으로 말미암아 은혜를 체험하고 다짐하는 귀한 시간이 되게 하시옵소서. 말씀을 전하시는 목사님께 영력을 더하시옵소서. 심방을 받으신 장로님께서 이 가정에 주시는 말씀의 은혜로 말미암아 세상을 이기게 하시옵소서.

이제까지도 장로님이 하나님의 교회를 통해서 좋은 나무가 되어 아름다운 열매를 맺도록 하신 하나님께 찬양과 경배를 드립니다. 장로님의 생애가 오직 주님만을 사랑하고 교회를 섬기는 귀한 삶이 되게 하시옵소서.

| ―이어서, 심방을 받는 이의 개인적인 소원을 간구한다. |
우리를 속해 주신 예수님의 이름으로 기도드립니다. 아멘.

장로(2)

기도를 이끌어주는 말씀_시 91:2

하나님의 나라를 위하여 애쓰는

일꾼을 찾으시는 하나님,

선하시며, 인자하심이 영원하신 하나님께 나아가오니, 저희들을 받아주시옵소서. 어떤 역경과 괴로운 일이 앞길을 막아도 물리치는 담대함을 우리에게 보여주시는 ○○○(이름) 장로님이 계시기에 감사드립니다. 짧은 시간이지만 영과 진리로 예배하게 하시옵소서.

사람들에게 드러나지 않더라도 빛도 없이 이름도 없이 이루어지는 장로님의 봉사로 저희 교회가 든든히 세워져 가게 하시니 감사드립니다. 종이 하나님의 나라를 위하여 애쓰는 것이 고스란히 기도가 되어 저의 삶이 풍성해지게 하시옵소서.

생활을 하는데 먼저 재물의 부요를 보게 하시고, 가족은 화평함이 넘쳐서 복된 가정을 이루게 하옵소서. 하나님의 나라와 교회를 섬기는 데 필요한 재물을 넉넉하게 공급해 주시옵소서.

이제, 장로님을 위하여 말씀을 들려주실 목사님께 능력을 더해 주시옵소서. 천국의 영권을 주시고 권능과 지혜로 함께 해 주시옵소서. 그 말씀으로 저희를 깨우치시며, 저희들에게 기쁨과 은혜와 소망을 갖도록 인도해 주시옵소서.

주님께 쓰임을 받고 있는 ○○○(이름) 장로님의 가정을 만세 반석 위에 짓게 하신 여호와께 찬송을 드립니다. 가정의 생활에서는 아내를 사랑하고, 자녀들을 아끼는 분으로 소문이 나서 행복한 가정의 모델이 되게 하시옵소서.

| -이어서, 심방을 받는 이의 개인적인 소원을 간구한다. |

평안의 주, 예수님의 이름으로 기도드립니다. 아멘.

기도를 이끌어주는 말씀_대하 15:12
여호와께 제물을 드리는 분향단

우리를 성소로 삼으시는 하나님,

강한 손과 펴신 팔로 자기 백성을 인도하시는 여호와께 영광을 드리게 하시옵소서. 감사의 찬양과 예물을 놓지 않게 하시는 하나님의 은혜가 ○○○(이름) ○○(직분)님께 있어 감사드립니다.

오늘, ○○교회의 지체들이 주님의 이름으로 ○○(직분)님의 가정에서 무릎을 꿇게 하시니 여기가 바로 주님의 성전이 되게 하시옵소서. 여호와께 제물을 드리는 분향단이 되게 하시옵소서. ○○(직분)님께서 교회를 위하여 수고를 하게 하셨음에 감사드립니다.

이 시간에, ○○(직분)님을 하나님 앞에서 올려 드립니다. 귀한 종이 또 다른 직분자의 모습으로 자기를 지켜 거룩하게 감당하게 하시옵소서. 성령님께 충만하고, 영의 지식이 밝아 하나님의 뜻과 하나님의 일을 잘 분별하여 영광을 돌리게 해 주시옵소서.

하나님의 말씀을 생명의 진리로 받아 ○○(직분)님과 이 가정의 지체들이 세워지고, 순종하게 하시옵소서. 하나님의 사람이 지금 부딪치는 환경이 고달프고, 어렵다 해도 하나님의 말씀으로 위로를 받게 하시옵소서. 생명의 풍성함에 이르게 하시옵소서.

사랑하는 지체의 헌신과 수고로 말미암아 하나님의 영광이 드러나기를 빕니다. 교회를 섬기는 일이 그렇게 쉽지 않을 것이지만 어려울 때마다 성령님께서 붙잡아 주시옵소서. 저가 하나님 앞에서 교회를 위하여 수고하는 동안에 저희 교회에 축복의 통로가 되게 하시옵소서.

| -이어서, 심방을 받는 이의 개인적인 소원을 간구한다. |
생명의 길이 되신 예수님의 이름으로 기도드립니다. 아멘.

기도를 이끌어주는 말씀_눅 21:4

맡은 자들이 구할 것은 충성

성령으로 함께 하시는 하나님,

이 백성을 위하여 홀로 큰 기사를 행하신 하나님께 찬양을 올려 드리게 하시옵소서. 하나님의 영이 ○○○(이름) ○○(직분)님께 진리에 대한 지식을 보존하려는 마음을 주셨음에 감사드립니다.

○○(직분)님이 자신의 삶을 여호와를 위해서 살아오고 계심에 즐거워합니다. 맡은 자들이 구할 것은 충성임을 스스로의 삶에서 보여주신 모습으로 인하여 교회와 성도를 섬기는 종이 되게 하시옵소서. 지체에게 하나님의 교회를 섬기도록 하셨사오니 감당하게 하시옵소서.

○○(직분)님을 향하신 하나님의 계획이 이전보다 더욱 크게 나타나 갈렙과도 같이 쓰임 받게 되기 원합니다. 이전보다 더 성령님께 붙들린 바가 되는 감화로 인도하시며, 남은 사명을 감당하시는 데 조금도 부족함이 없게 하시옵소서.

생명의 말씀을 주실 것을 기다립니다. 목사님께서 말씀을 강도하실 때, 미쁘게 듣는 귀를 갖게 해 주시옵소서. ○○(직분)님과 저희들에게 그 말씀을 귀하게 여겨 마음으로 받도록 하시옵소서. 그리고 가르침을 그대로 지키겠다는 각오를 주시옵소서.

우리 주님의 영광의 풍성함을 따라 그의 성령으로 말미암아 ○○(직분)님의 속사람을 능력으로 강건하게 하신 은총을 기립니다. 하나님의 뜻대로 이 가정의 권속들에게도 오직 주 안에서와 그 힘의 능력으로 강건해지게 하옵소서.

ㅣ-이어서, 심방을 받는 이의 개인적인 소원을 간구한다. ㅣ

진리의 문이신 예수님의 이름으로 기도드립니다. 아멘.

기도를 이끌어주는 말씀_출 35:21

생명의 열매가 맺어지는 은혜

생명의 열매를 맺게 하시는 하나님,

지금, 저희들에게 하늘의 구원을 사모하게 하시고, 여호와의 율법을 즐거워하게 하시옵소서. ○○○(이름) 전도사님을 저희 교회에 보내주셔서 지금까지 충성을 다하게 하셨습니다. 지금까지도 의를 사모하는 자의 심령으로 자신을 하나님께 드리니 감사드립니다.

전도사님께서 젊을 때, 사명자로 부름을 받으시고 지금껏 주님과 복음을 위하여 수고하게 하시니 감사드립니다. 힘을 다하여 여호와를 섬기고, 맡겨진 직무에 충성하게 하옵소서.

그의 기도와 헌신이 주님의 교회를 더욱 교회답게 하고, 거룩한 헌신을 통해서 생명의 열매가 맺어지는 은혜를 저의 것으로 삼게 하시옵소서. 저의 마음을 다하고, 뜻을 다하는 봉사를 통해서 천국 창고에 보화를 쌓게 하시옵소서.

예배가 진행되는 동안에, 하나님의 권고하심을 경험하는 ○○(직분)님이 되게 하시옵소서. 성령님의 질서와 말씀이 예배하는 중에 흥왕해지는 이 가정이 되게 복을 내려 주시옵소서. 어둠의 권세는 물러가고, 진리로 회복하게 하시옵소서.

전도사님께서 선한 일꾼이 되어 자원하여 자신을 드릴 때, 하나님을 영화롭게 해드리는 은혜를 경험하게 하옵소서. 자신을 좋은 나무로 삼아주신 여호와 앞에서 성령의 열매를 많이 맺는 일꾼이 되게 하시옵소서. 주님이 쓰시기 원하는 귀한 그릇이 되게 하시옵소서.

| –이어서, 심방을 받는 이의 개인적인 소원을 간구한다. |

충성하게 하시는 예수님의 이름으로 기도드립니다. 아멘.

기도를 이끌어주는 말씀_시 51:12
기도와 수고의 땀을 흘려

천국 비전을 보게 하시는 하나님,

하늘에 계신 여호와께 그 이름의 영원하심에 찬양을 드리는 저희들이 되게 하시옵소서. ○○○(이름) 목사님께서 하나님을 앙모하는 자로 지내는 거룩함에 도전하게 하시니 감사드립니다.

예루살렘으로 들어오신 주님을 맞이했던 이들의 마음이 사랑하는 목사님의 것이 되시기를 소원합니다. 나귀를 타신 주님을 보자 무리의 대부분이 그 겉옷을 길에 펴고, 나무 가지를 베어 길에 폈듯이, 지금 심방 예배를 통해서 목사님께서 이 자리에 함께 하시는 주님을 맞는 마음을 주시옵소서.

영생의 말씀을 듣게 하시니 저희들의 심령을 하늘나라에 두게 하시옵소서. 그 말씀이 목사님과 이 가정에 기쁨이 되기를 소망합니다. 이로써 주님을 향한 목사님의 믿음이 굳건해지게 하시옵소서. 함께 한 저희들에게도 말씀의 풍성함에 들어가도록 해 주시옵소서.

오늘, 사랑하는 종에게 하나님의 교회에서 기도와 수고의 땀을 흘려 주님의 영광을 드러내는 비전을 보게 하시옵소서. 누구나 갈 수 없는 구별된 길로 부르셨사오니 충성을 다하는 종이 되게 하시옵소서. 그의 수고로 인해서 ○○교회는 생명의 열매를 많이 맺게 하시옵소서.

목사님이 많은 지체들 중에서 하나님의 일꾼으로 부름을 받아 성직에의 기름부음이 되셨음에 감사드립니다. 하나님의 교회를 위하여 헌신하시는 삶을 살아가게 하시옵소서.

| -이어서, 심방을 받는 이의 개인적인 소원을 간구한다. |
거듭나게 해 주신 예수님의 이름으로 기도드립니다. 아멘.

집사 서리(1)

기도를 이끌어주는 말씀_신 10:12
직분에 책임을 다하여 섬김

자기 백성을 호위하시는 하나님,

하나님의 자비하심에 감사드릴 때, 여호와의 이름이 이 가정에 대대에 이르게 하옵소서. 하나님의 교회에서, 봉사의 자리를 떠나지 않고, 언제나 먼저 충성을 하셨던 ○○○(이름) 집사님이시기에 감사드립니다.

하나님께서 계획하셨던 대로 이번에, 집사님께서 하나님의 교회를 위하여 일하라는 일꾼으로 선택 받으셨음에 감사드립니다. 하나님의 교회에서 더욱 크게 쓰임을 받으라고 직분을 주셨습니다.

그 직분으로 여호와를 섬기도록 은혜를 더하여 주시옵소서. 주님께서 맡겨주신 직분에 책임을 다하여 섬기게 하시옵소서. 맡겨진 직무가 때로는 자신을 괴롭게 하기도 하고, 힘들게 하기도 하겠지만 주님을 생각하며 잘 감당하게 하시옵소서.

그리고 그 일이 자신의 수고에 의해서 잘 될 때에는 일을 성취하시는 하나님을 찬양하게 하시옵소서. 집사님께서 일의 주권은 오직 하나님께 있음을 믿고, 충성 다하기를 다짐하게 하시옵소서. 거룩한 직무를 잘 감당함으로 이 땅에서는 복을 그만큼 누리게 하시옵소서.

오늘도 목사님께서 하나님의 말씀을 들려주시니 감사드립니다. 집사님과 이 가정에 말씀으로 주시는 복을 더해 주시옵소서. 사랑하는 목사님에게 성령의 능력이 더하시기 바라며, 말씀 속에서 저희들이 천국의 비밀을 맛보고, 새로워지게 하시옵소서.

| -이어서, 임직자 개인과 가정, 일터 등의 형편을 간구한다. |
하나님의 자녀가 되게 하신 예수님의 이름으로 기도드립니다. 아멘.

기도를 이끌어주는 말씀_딤후 4:8

은혜와 능력을 더하시기를

천국 백성으로 구별해 주신 하나님,

우리 하나님께서 자기를 위하여 이 가정을 구별해 주셨사오니, 하나님의 이름이 영원히 찬송을 받으시옵소서. ○○○(이름) 집사님께서 저희 교회 안에서 "영생 얻는 자들에게 본이 되게 하려" 하셨음에 감사드립니다. 사랑하는 지체를 존귀하게 여겨주시고, 이번에 집사가 되게 하셨습니다.

교회를 위하여 제직을 세우시고, 봉사하는 직분을 주셨음에 감사드립니다. 집사님께서 하나님의 교회에서 집사의 직분으로 선택을 받으셨으니 즐거움으로 감당하도록 은혜와 능력을 더하시옵소서.

저를 충성 되이 여겨 직분을 주셨으니, 자신에게 맡겨진 일을 신앙고백적으로 감당하게 하시옵소서. 담임목사님과 여러 종들을 도와서 ○○교회의 사명이 감당되도록 봉사하는 은혜를 주시옵소서. 일하라고 맡겨주신 직무를 통해서 열매를 많이 맺도록 도와주시옵소서.

집사님께서 기쁜 마음으로, 여호와의 일이 이루어기기 위하여 봉사를 하시는 중에, 하나님께 영광이 되게 하시옵소서. 성도들을 제 몸처럼 섬기는 일에 자원하는 일꾼이 되게 하시옵소서.

목사님의 말씀을 전하시는 시간에 성령님의 축복하심이 넘치시기를 간구합니다. 목사님께 말씀의 능력을 더해 주시며, 의와 진리의 말씀이 이 가정에 은혜의 초석이 되게 하시옵소서. 복된 말씀을 주시옵소서. 그 말씀으로 힘을 얻는 한 시간이기를 소망합니다.

| –이어서, 임직자 개인과 가정, 일터 등의 형편을 간구한다. |

오늘도 기도의 문이신 예수님의 이름으로 기도드립니다. 아멘.

기도를 이끌어주는 말씀_마 25:23

삯을 위하여 일하지 않기를

복된 가정을 성소로 삼으신 하나님,

저희들을 거룩한 전에 세워주시고, 이 가정을 성소로 삼으셔서 오늘, 취하실 영광을 받아주시옵소서. 예수님을 닮기 원하는 성도의 모습을 모델로 보여주시는 ○○○(이름) 권찰님과 함께 함을 감사드립니다.

하나님의 교회에 많은 이들이 있음에도, 권찰님을 구별해서 여호와께 존귀한 직분을 섬기게 하셨음에 감사드립니다. 하나님의 나라와 교회에 요긴하게 하시옵소서. 종에게 오늘부터 하나의 소원을 주시되, 삯을 위하여 일하지 않기를 원하게 하시옵소서.

혹시라도 그 일의 성취로 말미암아 자기의 영광을 구하려는 생각이 틈을 타지 않도록 하시옵소서. 자신에게 일을 맡기신 주님을 위하여서만 일하겠다는 마음을 갖게 해 주옵소서. 직분의 높고 낮음, 귀함과 천함이 없으니 생명을 드리는 충성을 결단하게 하옵소서.

사랑하는 권찰님께서 담임목사님의 목회방침을 잘 알아서 도와드리는 동역자요, 신실한 일꾼이 되게 하시고, 모든 일에 충성하도록 하시옵소서. 성도들을 제 몸처럼 여겨 섬기는 일에 자원하는 일꾼이 되게 하옵소서. 특히 더러운 이익을 구하지 않게 하시옵소서.

목사님께서 천국의 메시지를 선포하실 때, 진리의 말씀으로 받고 감사하게 하시옵소서. 그 말씀으로 이제까지도 하나님중심, 말씀중심, 교회중심으로 살아온 저희들에게 더욱 신앙의 삶을 굳건하게 하시옵소서.

권찰님의 가정에 진리가 넘쳐나게 하시옵소서.

| -이어서, 임직자 개인과 가정, 일터 등의 형편을 간구한다. |

구원의 주, 예수님의 이름으로 기도드립니다. 아멘.

기도를 이끌어주는 말씀_대하 15:7

선한 청지기처럼 봉사하는

저희들의 경외함이 되신 하나님,

머리를 숙인 ○○의 지체들이 하나님의 높으심을 찬송하게 하시옵소서. ○○○(이름) 권찰님께서 예수님을 구주로 영접한 그 날부터 여호와를 경외하는 자의 자리를 지키게 하시니 감사드립니다.

바울을 그리스도 예수의 종이 되게 하신 하나님께서 권찰님을 일꾼으로 선택해 주셨음에 감사드립니다. 사랑하는 지체가 여호와 앞에서 선한 청지기처럼 봉사하실 수 있으시기에 세워주신 줄로 믿습니다.

이제, 권찰님께서 하나님 앞에서나 교회 앞에서 봉사의 마음으로 직분을 섬기시도록 은총을 내려 주시옵소서. 이 직분을 생명처럼 귀하게 받아 여기게 하시고, 하나님께 영광을 드리라고 주신 직책이오니 단 마음으로 섬기게 하시옵소서.

종의 헌신으로 ○○교회가 날로 부흥되기를 바라보게 하시옵소서. 주님의 은혜에 감사하면서 순종하여 섬기는 일이 온 교회를 부흥시키고, 여호와의 영광을 드러내는 봉사가 되게 하시옵소서. 담임목사님의 목회 비전에 뜻을 같이하여, 이 지역에서 교회의 사명을 이루는데 앞장서는 은혜를 주시옵소서.

설교하시는 목사님에게 성령님의 능력이 더해지기를 원합니다. 하나님의 영광이 말씀을 마음에 받는 지체들에게 임하게 하시옵소서. 은혜와 지혜로 채워져야 하는 저희들이 귀를 기울여 말씀을 듣게 하시옵소서. 하나님 앞에서 살아가는 것에 도전이 되게 하시옵소서.

| -이어서, 임직자 개인과 가정, 일터 등의 형편을 간구한다. |

보혈의 은혜가 되신 예수님의 이름으로 기도드립니다. 아멘.

기도를 이끌어주는 말씀_ 행 20:24

고역이 아니고, 사랑의 헌신

사랑과 자비의 하나님,

우리 하나님께서 무릇 기뻐하시는 일을 이 가정에 행하셨음을 즐거워하여 찬양을 올려드리게 하시옵소서. ○○교회의 지체들에게 옥합을 주님께 드리는 삶에 대하여 도전해 주시는 ○○○(이름) 구역장님을 보게 하시오니 감사드립니다.

하나님의 예정하심에 따라 ○○(교회)를 위하여 일꾼으로 부름을 받으셨음에 감사드립니다. 외모가 아니라 중심을 보시고 사람을 선택하시는 여호와의 기름 부으심이 구역장님께 있으시기를 소원합니다.

구역장의 직분이 저에게 축복이 되게 하시옵소서. 귀한 직무를 맡아 봉사하시는 동안에, 하나님의 도우심을 체험하게 하시고, 땅의 것들을 풍성하게 하시는 증거도 보게 하시옵소서. 오늘, 심방을 통해서 더욱 큰 은혜를 사모하도록 함께 하시옵소서.

목사님께서 심방을 통해 말씀으로 격려하실 때, ○○(직분)님에게는 하나님의 교회를 위하여 충성을 다해 감당하시려는 다짐의 시간이 되기를 원합니다. 이 일이 고역이 아니고, 사랑의 헌신이 되게 하시옵소서. 담임목사님과 여러 목사님들을 도와 ○○교회의 사명이 아름답게 감당되도록 봉사하는 은혜를 주시옵소서.

이제, 목사님께서 저희들에게 말씀하실 하나님의 메시지를 전하시도록 이끌어 주시기 원합니다. 구역장님과 이 자리에 있는 권속에게 말씀하시는 하나님의 음성을 듣는 은혜의 시간이 되게 하시옵소서.

| -이어서, 임직자 개인과 가정, 일터 등의 형편을 간구한다. |

빛으로 오신 예수님의 이름으로 기도드립니다. 아멘.

기도를 이끌어주는 말씀_딤전 1:12

선한 일을 열심히 하는 자기 백성

선한 일을 열심히 하게 하시는 하나님,

할렐루야, ○○의 권속이 드리는 찬양을 받으시고, 하나님께서는 영영히 이 가정에서 영광을 받으시옵소서. ○○○(이름) ○○(직분)님을 "깨끗하게 하사 선한 일을 열심히 하는 자기 백성이 되게 하려" 하셨음에 감사드립니다.

주님의 교회를 위해서 충성스런 일꾼을 세워주셨음에 감사드립니다. 사랑하는 구역장님이 이제와 같이 앞으로도 더욱 선한 일을 사모하게 하시옵소서. 귀한 종들이 자신의 직분에 순종해서 교회와 목회자를 받드는 데 최선을 다하고 섬기는 일에 앞장서게 하시옵소서.

지금까지도 하나님과 교회를 위하여 신앙고백적으로 섬겨오셨지만, 이제부터는 구역장의 직분에 맞게 더욱 마음과 몸을 드리는 종이 되게 하시옵소서.

혹시라도 자신이 품꾼이 되지 않도록 자기를 살피게 하시고, 구원의 큰 은혜를 받았음에 보답하려는 심정으로 봉사하기를 결단하게 하시옵소서. 구역장님의 헌신으로 하나님의 나라가 넓혀지기 원합니다.

새 직분을 받으신 종을 격려하려고 설교하시는 목사님께 영력을 더해 주시옵소서. 담임목사님의 입술을 사용하셔서 생명의 말씀으로 저희들이 배부르게 하여 주시옵소서. 진리와 생수의 복을 경험하게 하시옵소서. 소망이 없어서 낙심하는 심령에는 은혜의 바다로 들어가게 하시옵소서.

ㅣ-이어서, 임직자 개인과 가정, 일터 등의 형편을 간구한다. ㅣ

우리 주 예수님의 이름으로 기도드립니다. 아멘.

기도를 이끌어주는 말씀_딤후 2:15

저희 교회를 위하시는 축복

복에 복을 더해 주시는 하나님,

저희들을 거룩한 가정으로 불러주셨으니, 아름다운 주의 성소에서 여호와의 이름에 찬양을 올려드립니다. 늘 힘써서 기도하시고, 주님과 교제하시는 삶의 모습을 보여주시며, 저희들이 신앙으로 격려 받게 하시는 ○○○(이름) ○○(직분)님이 계시기에 감사드립니다.

○○교회에 복을 주시는 여호와의 계획과 섭리를 기뻐합니다. 주님의 교회를 위해서 사랑하는 ○○○(이름) ○○(직분)님을 충성스런 일꾼으로 여기시고 세워주셨습니다. 성도들 중에 일꾼들을 구별하심은 저희 교회를 위하시는 축복임을 믿습니다.

○○(직분)님이 주님이 맡겨주신 직분을 하나님께서 베푸시는 사랑으로 귀하게 여기시고, 섬기게 하시옵소서. 결코 한 순간도 의무에 매달리시거나 종교적인 직무로 여기지 않게 도와주시옵소서.

은혜와 직분을 구분하게 하시고, 저의 기도와 헌신으로 말미암아 주님의 몸 된 교회가 세워져나가는 비전이 되게 하시옵소서. 귀한 헌신이 열매를 맺어 ○○교회가 부흥되기를 소원합니다.

말씀을 준비하신 담임목사님께 성령님으로 감동해 주시옵소서. 그 말씀이 도전이 되어 ○○(직분)님과 이 가정의 지체들을 먹이시는 하나님의 은혜가 말씀으로 주어지기 원합니다. 함께 한 저희들에게도 하늘의 위로를 받게 하시옵소서. 믿음을 더하게 해 주시는 말씀이 되게 하시옵소서.

| -이어서, 임직자 개인과 가정, 일터 등의 형편을 간구한다. |
죄를 씻어주신 예수님의 이름으로 기도드립니다. 아멘.

기도를 이끌어주는 말씀_딛 2:14

사랑과 충성이 깊은 섬김으로

영원한 기업이 되시는 하나님,

우리의 사랑과 충성이 깊은 섬김으로 여호와의 이름을 높여드리고, 그 아래로 들어가게 하옵소서. 주 안에서, ○○○(이름) ○○(직분)님께서 주를 높이다가 죽는 자가 되려는 마음을 주시니 감사드립니다. 그 마음을 어여삐 보사 주님께 선한 일꾼이 되게 하옵소서.

하나님의 시간에, ○○(직분)님께 직분을 주시어 일하게 하시니 감사드립니다. ○○(직분)님에게 천국의 일을 맡기시려고 지금까지 기다려오신 여호와의 이름을 높여드립니다. 기쁜 마음으로 직분을 수락하신 저에게 그 일에 맞는 능력과 지혜를 더하여 주시옵소서. 오직 맡겨주신 직무에 소망을 두시도록 성령님으로 충만하게 하시옵소서.

사랑하는 ○○(직분)님께서 교회 안에서는 성도들을 잘 대접하고, 교회가 해야 할 일에 먼저 나서도록 하시옵소서. 저의 사랑과 충성이 깊은 섬김으로 말미암아 저희 교회에 주님의 빛이 비치게 하시고, 그리스도의 맛이 나게 하시옵소서.

그의 행실을 본받아 교회의 성도들도 성도로서의 온전함을 구비해가는 기쁨을 보게 하시옵소서. 교회에 보배로운 종이 되게 하시옵소서.

이제, 은혜와 진리의 말씀을 받게 하시니 감사드립니다. 목사님을 통해서 이 가정에 복을 주시고, 위로하시는 하나님의 음성을 듣게 하시옵소서. 이 가정에 말씀에 순종하는 은혜가 있기를 소망합니다. 생명의 말씀이 심방을 받는 이 가정에 풍성하게 하시옵소서.

| -이어서, 임직자 개인과 가정, 일터 등의 형편을 간구한다. |

부활의 주, 예수님의 이름으로 기도드립니다. 아멘.

기도를 이끌어주는 말씀_골 4:7
하나님께서 받으시는 제물

은혜로 충만하게 해 주신 하나님,

오늘, 저희들의 찬송이 여호와 앞에 이르게 하시며, 자기 백성을 위하시는 은혜로 저희들을 충만하게 하시옵소서. ○○○(이름) ○○(직분)님께서 여호와 앞에서 마음이 청결한 자가 되기를 소원하게 하시는 상령님께 감사드립니다.

저희 교회를 귀하게 여기시는 하나님의 은혜에 따라 ○○(직분)님께 직분이 맡겨졌음에 감사드립니다. ○○(직분)님이 지금까지 살아오시면서 세상의 직분도 두루 맡으셨으나 교회에서 받으신 이 직분을 천사들도 흠모할 줄로 믿으니 거룩히 여기시도록 하시옵소서.

예수님과 제자들을 곁에서 도왔던 사람들처럼, 하나님의 교회를 위해서 섬김을 다하는 제직이 되게 하시옵소서. 여호와 앞에서 존귀하신 ○○(직분)님이 예수님께 드리는 심정으로 손을 펼칠 때, 하나님께서 받으시는 제물이 되기를 빕니다.

아름다운 수고가 담임목사님과 모든 이들에게 즐거움이 되게 하시옵소서. 그래서 주님의 교회가 더욱 부흥하게 하시옵소서.

이 시간에, 하나님의 말씀으로 저희들에게 주 예수님의 십자가에서 흘리신 피를 경험하게 하시옵소서. 생명과 진리의 말씀을 선포하시는 목사님께 성령님의 충만하심이 있으시기를 원합니다. 그 말씀에 들어 있는 복을 약속받는 이 집안의 식구들이 말씀으로 충만해져서 진리의 풍성함을 누리게 하시옵소서.

| –이어서, 임직자 개인과 가정, 일터 등의 형편을 간구한다. |
사랑의 주, 예수님의 이름으로 기도드립니다. 아멘.

기도를 이끌어주는 말씀_겔 44:14

주님의 교회를 더욱 든든하게

시온에서 복을 주시는 하나님,

자기 백성을 불러 모으시는 여호와 앞에서 시온에서 복을 주시는 주님의 이름을 부르게 하시옵소서. ○○○(이름) ○○(직분)님께서 "의롭다 하심을 얻어 영생의 소망을 따라 상속자가 되어" 지내오도록 하셨음에 감사드립니다.

주님의 교회를 더욱 든든하게 하시려고, ○○(직분)님께 귀한 직분을 주신 하나님을 찬양합니다. 사랑하는 ○○(직분)님께서 무엇에든지 주께 하듯이 해 오셨기 때문에, 이 직분을 맡겨주신 줄로 믿습니다. 더욱 더 주님을 위해서 살아가시는 종이 되게 하시옵소서.

○○교회 공동체를 위해서 평신도들을 사역자로 세우셨음에 감사드립니다. 담임목사님에게 성실하고, 충성된 일꾼으로 봉사하는 은혜를 주시옵소서. 사람들에게 드러나지 않더라도 빛도 없이 이름도 없이 이루어지는 봉사로 교회가 든든히 세워져 가기 원합니다.

○○(직분)님의 헌신으로 말미암아 하나님의 나라가 더욱 확장되게 하시옵소서. 사랑하는 지체가 하나님의 일을 잘 감당하심으로 땅의 것들에도 하나님의 역사가 나타나는 즐거움을 보게 하시옵소서.

목사님께서 전하시는 말씀에 ○○(직분)님이 하나님의 은혜를 받게 하시옵소서. 한 마디 한 마디의 말씀에서 진리를 구하게 하시고, 지키고 따를 생명의 길로 받게 하시옵소서. 땅의 사람의 옷은 벗고, 천국 백성의 옷을 입게 해 주시옵소서. 은혜와 진리로 인도해 주시옵소서.

| -이어서, 임직자 개인과 가정, 일터 등의 형편을 간구한다. |

생명길이 되신 예수님의 이름으로 기도드립니다. 아멘.

기도를 이끌어주는 말씀_왕하 22:2
여호와의 선택과 성도들의 신뢰

자비로우심에 찬송을 받으실 하나님,

○○의 지체들을 여호와의 집에서 머리를 숙이도록 하셨사오니 하나님의 자비로우심을 찬송하게 하시옵소서. ○○○(이름) 집사님께서 "약속들을 기업으로 받는 자들을 본받는 자 되기를" 사모하며 지내게 하셨음에 감사드립니다.

하나님의 교회를 위하여 일꾼을 세우는 중에, 집사님께서 여호와 앞에서 구별되셨음에 감사드립니다. 여호와의 선택과 성도들의 신뢰로 저희 교회에 집사의 귀한 직분을 받으셨으니 주님의 피 묻은 십자가를 가슴에 두게 하시옵소서.

또한 이 직분에 맞도록 영력과 은혜를 더해 주시옵소서. 성령님께서 충만히 저의 심령에 임하시고, 하나님의 나라와 교회를 위하여 쓰임을 받게 하시옵소서. 오직 충성을 결단하시는 이 시간이기를 원합니다.

하나님이 교회에서 평신도 사역자라는 직분으로 섬기실 때, 봉사의 향기를 드리게 하시옵소서. 담임목사님의 목회를 돕고, 여러 교역자들의 사역을 도와 교회의 영광에 헌신하게 하시옵소서. 귀한 지체들의 수고로 주님의 몸 된 공동체는 더욱 강건해지게 하시옵소서.

하늘의 문을 여시고, 말씀을 주시옵소서. ○○(직분)님과 이 가정의 권속들이 들어야 하는 생명의 말씀이 선포되어 그 말씀이 축복이 되고, 위로가 되기를 빕니다. 다시 서게 되는 복을 체험하게 하시옵소서. 심령의 문을 열고 말씀을 청종하게 하시옵소서.

| -이어서, 임직자 개인과 가정, 일터 등의 형편을 간구한다. |

영생의 기쁨이 되신 예수님의 이름으로 기도드립니다. 아멘.

기도를 이끌어주는 말씀_딤후 1:8
귀한 청지기가 되어 충성을

영광으로 충만하신 하나님,

헐몬의 이슬이 시온에 내림과 같이, 지금 이곳에 여호와의 영광이 충만하게 하시옵소서. ○○○(이름) 집사님께서 이 세상에 머무시는 동안에, 의를 위하여 박해 받는 자가 되는 것에 주목하게 하시오니 감사드립니다.

여호와께 존귀하신 집사님께서 천사도 흠모할 만한 직분을 받으심은 이미 하나님의 계획에 있었음을 믿습니다. 하나님께서 교회를 위하여 합당된 시간에 집사님을 선택해 주셨사오니, 지금 저희가 감사의 찬양을 올려드리게 하옵소서. 여호와 앞에서 집사의 직분으로서 조금의 부족함도 없는 삶을 자신의 생애로 받아들이도록 도와주시옵소서.

주님의 교회에서 귀한 청지기가 되어 충성을 다하기를 소원하게 하시옵소서. 주님의 은혜에 감사하면서 순종하여 섬기는 일이 온 교회를 시원하게 하는 봉사가 되게 하시옵소서.

겸손한 자세로 자신을 하나님께 전적으로 맡기게 해 주시옵소서. 주님의 십자가 안에서 자신의 사명을 감당하는 종이 되게 하시옵소서. 가정에서도 아름다운 종이 되게 하시옵소서.하나님의 말씀을 듣게 될 때, ○○(직분)님과 이 가정에 복이 되기 원합니다. 하나님의 음성에 순종하여 주님의 사랑 안에 거하게 하시옵소서. 그 말씀으로 종이 생명의 활력이 넘쳐나게 하시옵소서. 이로써 새로 받은 직분을 능력으로 잘 감당하게 하시옵소서.

| -이어서, 임직자 개인과 가정, 일터 등의 형편을 간구한다. |
우리를 구원해 주신 예수님의 이름으로 기도드립니다. 아멘.

기도를 이끌어주는 말씀_롬 12:8

다만 하나님을 높이는 봉사를

소망이 되시는 하나님,

여호와의 이름이 높이 불리는 곳을 사모하여 모이게 하심같이, 그 이름의 영광을 찬송하게 하시옵소서. 십자가로 가까이 가기를 소망하시는 삶의 모습을 ○○교회의 지체들에게 보여주시는 ○○○(이름) ○집사님으로 말미암아 감사드립니다.

사랑하는 집사님께서 성도들에게 신뢰를 받아 장립하셨으니, 영력을 더해 주시옵소서. 거룩한 직분을 받으시고 장립하셨기에, 목사님과 함께 심방하게 하시니 감사드립니다.

이제까지도 그러하였지만 지금, 이 시간 이후로는 집사님에게 하나님께서 일을 하시니 나도 일을 한다는 심령이 되게 하시옵소서. 하나님의 마음에 맞는 종으로 삼아주시옵소서.

하나님의 교회를 섬기는 손길에 선한 열매들이 많이 쌓이게 하시옵소서. 성도들을 보살피고 돕는 중에, 믿음이 연약한 이들을 붙잡아 주는 은혜를 주시옵소서. 저희들이 봉사하는 중에, 하나님의 영광을 가로채려 하는 마귀의 계략을 무찔러주시옵소서. 저희들은 다만 하나님을 높이는 봉사를 하게 하시옵소서.

하나님의 말씀을 기다립니다. 장로님에게는 도전의 말씀, 함께한 저희들에게는 생명의 말씀을 주시옵소서. 목사님께서 대언하시는 말씀이 집사님과 이 가정에 주시는 은혜의 메시지가 되기를 원하고, 저희들에게는 영혼을 살리는 양식이며, 치료하는 약이 되기를 소망합니다.

| -이어서, 임직자 개인과 가정, 일터 등의 형편을 간구한다. |

십자가의 사랑을 주신 예수님의 이름으로 기도드립니다. 아멘.

기도를 이끌어주는 말씀_고후 9:12

이 직분을 영광으로 알고

영화로우신 하나님,

자기 백성을 위하시는 하나님의 열심을 보기 원하오니, 지금 이곳에 나타나 하나님을 더욱 영화롭게 해드리게 하시옵소서. 교회 안에서 작은 자들에게 주목하고, 궂은일에 먼저 몸을 드려 섬기신 ○○○(이름) 집사님이시기에 감사드립니다.

집사님께서 교회를 위하여 직분을 받으심은 저희 교회에 축복의 사건이 되었습니다. 집사님의 하나님을 향한 사랑과 교회를 위한 열심으로 말미암아 저희 교회가 이 지역사회에서 생명의 열매를 많이 맺게 하실 것을 기대합니다. 선한 열매를 맺으시는 종으로 만들어 주옵소서.

귀한 종에게 이 직분을 영광으로 알고 일하시도록 은혜와 은사를 더하여 주시옵소서. 지금, 선한 싸움을 다 싸우시기를 결단하는 은혜를 경험하게 하시옵소서.

저희 교회는 집사님을 비롯해서 여러 제직의 봉사로 교회가 날로 부흥되는 은혜에 들어가게 하시옵소서. 교회의 사명이 되는 예배와 가르치는 일, 전도와 구제를 위해서 자신에게 있는 것을 다 드리는 은혜를 주시옵소서. 세워주신 종들로 말미암아 하나님의 나라를 이루어가는 교회가 되게 하시옵소서.

말씀을 전하시는 목사님을 성령님께서 붙들어 주시기를 소망합니다. 그 말씀을 귀하게 여겨 마음으로 받아 순종하려는 다짐이 있게 하시고, 영과 진리로 하나님을 예배하는 심방이 되게 하시옵소서.

| -이어서, 임직자 개인과 가정, 일터 등의 형편을 간구한다. |

영생의 보장이 되신 예수님의 이름으로 기도드립니다. 아멘.

기도를 이끌어주는 말씀_사 1:17
거룩한 삶에 도전하도록

하늘에 계신 하나님,

여기에 모인 주님의 종들을 위하여 하늘의 문을 여시고, 함께 심방을 온 지체들은 성령님께 충만하게 하시옵소서. 존경하는 ○○○(이름) 권사님께서 ○○교회의 지체들에게 주님의 형상을 만드는 삶에 대한 모델이 되도록 은혜를 주셨음에 감사드립니다.

여호와의 시간에, 하나님께서 정하신 뜻에 따라 권사님께 새 직분을 맡겨주셨음에 감사드립니다. 성령님께서 먼저 직분을 감당하기 위해서 자신을 태우는 심정을 갖게 해 주시옵소서. 그리고 이미 직분을 받아 수고하는 선임자들과 한 몸을 이루도록 하시옵소서.

혹시라도 선임자들과 생각이 다를지라도 양보하고, 협력하면서 자신의 자리를 잘 지키게 하시옵소서. 이로써 여러 권사님들과 하나 되어 충성을 다하시는 종이 되게 하시옵소서.

하나님의 나라와 교회를 위해서 거룩하게 구별된 권사님이십니다. 사랑하는 종의 성도들을 잘 대접하고, 교회가 해야 할 일에 먼저 나서도록 하시옵소서. ○○○(이름) 권사님의 아름다운 봉사를 보면서 성도들이 거룩한 삶에 도전하도록 해 주시옵소서.

하나님의 말씀으로 저희들을 향한 주님의 뜻이 무엇인지 분별하여 새로워지기 원합니다. 권사님과 이 집의 지체들에게 여호와의 증거로 지혜롭게 하시며, 하나님의 거룩한 직분을 감당하는 능력이 되게 하시옵소서. 그 말씀이 저희들에게도 위로와 소망이 되기 원합니다.

| ―이어서, 임직자 개인과 가정, 일터 등의 형편을 간구한다. |
의에 이르는 길이신 예수님의 이름으로 기도드립니다. 아멘.

기도를 이끌어주는 말씀_고후 1:11
하나님과 교회 앞에서

하늘의 직분을 주시는 하나님,

저희들은 지금, 여호와의 발등상 앞에서 주 하나님의 이름을 부르기 원하오니 찬양을 올려드리게 하시옵소서. ○○○(이름) 권사님께서 주를 보지 못하고 믿는 자의 영광을 사모하게 하시니 감사드립니다.

저희 교회를 위하시는 하나님의 열심을 기억합니다. 교회가 부흥되어야 하는 시간에, 권사님께 새 직분을 주셨습니다. 오늘 ○○○(이름) 권사님께서 권사로 피택 되신 영광과 기쁨에 감사하면서 예배할 때, 성령님의 충만하심을 이곳에 내려 주옵소서. 하나님의 일을 위하여 피택 된 영광에 감사하는 예배의 한 시간이기를 빕니다.

이제와 같이, 권사님이 앞으로도 더욱 선한 일을 사모하게 하시옵소서. 자신의 직분에 순종해서 교회와 목회자를 받드시는데 최선을 다하게 해 주시고, 성도들을 대신하여 수고하는 자로서 섬기는 일에 앞장서게 하시옵소서.

집에서는 자기의 집을 잘 다스려서 모범적인 가정을 이루시도록 은혜를 더해 주시옵소서. 피택 되신 이후에, 가정에서는 더욱 신앙의 열매를 맺어가도록 은혜를 더하여 주시옵소서.

생명의 말씀을 기다리게 하시옵소서. 심방을 받으시는 ○○(직분)님과 함께 한 저희들이 전해지는 그 말씀을 온 몸으로 받게 하시옵소서. 여호와의 율례를 따르며, 규례를 지키는 은혜를 누리게 하시옵소서. 하나님과 교회 앞에서 직분을 수행할 수 있는 힘이 되게 하시옵소서.

| -이어서, 임직자 개인과 가정, 일터 등의 형편을 간구한다. |
우리 주 예수님의 이름으로 기도드립니다. 아멘.

기도를 이끌어주는 말씀_행 6:3
여호와 앞에서 신실하신 일꾼

오직, 여호와를 바라게 하시는 하나님,

○○(교회 이름)의 지체들에게 지금부터 영원까지 여호와를 바라며, 그 은혜를 기다리게 하시옵소서. ○○○(이름) 권사님께서 "정욕 때문에 세상에서 썩어질 것을 피하여 신성한 성품에 참여하는 자가 되게"(벧후 1:4) 하셨음에 감사드립니다.

주 안에서 권사로 취임하시게 하셨기에, 기도하게 하심을 감사드립니다. 저희 교회가 이 지역사회에서 하나님의 나라를 확장하고, 교회는 든든히 세워져야 할 시기에, 권사님께 기름을 부어주셨습니다. 여호와 앞에서 신실하신 종이 되게 하옵소서.

이제, 간절히 구하기는 권사님께서 담임목사님의 기도 동역자가 되시도록 은혜를 더해 주시옵소서. 교회를 위하여 기름 부음을 받으셨으니 담임목사님의 목회를 도와 기도하시는 종이 되게 하시옵소서. 사랑하는 종이 ○○교회를 위하여 여호와 앞에서 신실하신 일꾼이 되기 원합니다. 저희 교회는 더욱 부흥을 경험하게 하시옵소서.

오늘, 권사님과 이 가정에 복을 전하시려는 목사님께서 준비하신 말씀이 권사님의 가정에 복이 되게 하시옵소서. 권사님께서 교회를 위하여, 하나님의 나라를 위하여 일을 많이 하실 수 있도록 든든하게 후원하는 가정으로 만들어 주시옵소서.

이 가정의 지체들과 함께 예배하는 저희들에게도 격려와 위로가 되기를 원합니다. 하늘의 문을 열어주시옵소서.

| -이어서, 임직자 개인과 가정, 일터 등의 형편을 간구한다. |

충성스러운 이름, 예수님의 이름으로 기도드립니다. 아멘.

기도를 이끌어주는 말씀_약 1:27

아담함을 보이시는 은혜를

자기 백성으로 삼아주시는 하나님,

영적으로 이스라엘 자손, 여호와께 거룩한 무리를 모든 죄악에서 구속해 주셨음에 찬양을 올려드리게 하시옵소서. ○○○(이름) 권사님께서 성령님의 인도에 순종해서 남에게 주기 좋아하는 자로 살아가기를 즐거워하게 하시니 감사드립니다.

우리에게 주시는 복이 많이 있는 중에, 권사님께서 거룩한 직분에 선택을 받게 하셨으니 감사드립니다. 하나님을 사랑하는 일꾼이 되게 하시옵소서. 저희 교회가 하나님의 일을 감당해야 하는데, 사랑하는 여종이 충성스럽게 봉사하시도록 능력을 내려 주시옵소서.

귀한 종이 교회 안에서 배나 존경을 받아야 할 분으로서 아담함을 보이는 은혜를 주시옵소서. 이제부터는 더욱 권사님의 말씀이나 행동과 생활이 아름다운 신앙인의 본이 되게 해 주시옵소서.

○○의 지체들이 한 마음으로 존경하고, 신뢰하여 권사님으로 세우는데 찬동했습니다. 권사님이 성령님께 충만하신 중에, ○○의 지체들을 제 몸처럼 여기도록 강권해 주시옵소서. 아울러 지체들을 위하여 기도하시고, 양떼를 섬기는 일에 자원하는 일꾼이 되게 하시옵소서.

말씀을 전하시는 목사님께 더욱 성령님의 은혜를 나타내 주시옵소서. 저희들에게는 들을 귀를 열게 하시며, 복된 메시지가 되게 하시옵소서. 그 말씀의 은혜로 권사님께서 새 직분을 받아 충성을 다하여 수행하는 능력이 됨을 경험하게 해 주시옵소서.

| -이어서, 임직자 개인과 가정, 일터 등의 형편을 간구한다. |
의롭다 해 주신 예수님의 이름으로 기도드립니다. 아멘.

기도를 이끌어주는 말씀_살전 5:23
자신의 목숨을 내어드리는

거룩한 영으로 충만하게 하시는 하나님,

거짓을 미워하고, 여호와의 의로운 규례들을 사랑하는 지체들에게 거룩한 영으로 충만하게 하시옵소서. ○○○(이름) 장로님께서 시험을 받고, 참는 자로 자기 자신을 지키게 하신 성령님께 감사드립니다.

여호와의 사람, 장로님을 구별하셔서 직분을 맡겨주시니 감사드립니다. 주님께서 본을 보여주신 그대로 생명을 살리는 이 직분으로 자신의 목숨을 내어드리는 일꾼이 되시기를 간구합니다.

하나님께서 귀하게 쓰시려고 피택의 은혜를 주셨으니 장립하시는 그 시간을 잘 준비하게 하시옵소서. 하나님의 나라와 ○○교회를 위하여 귀한 종이 되시기를 사모합니다. 이제, 교회의 지체들은 장로님께서 안수를 받으시는 그날을 기다리며 기도하게 하시옵소서.

지금까지도 장로님의 모든 삶의 영역에서 예수님이 주인이 되고 계심을 보게 하시니 즐겁습니다. 저가 평생의 시간을 하나님과 교회를 위하여 살아오신 열정이 성도들에게 좋은 영향을 끼치게 하시옵소서. 하나님 앞에서 기름 부음을 받으셨사오니 장로님으로 말미암아 주님에 대한 사랑이 더욱 충만한 분위기가 만들어지게 해 주시옵소서. 장로님께서 천국 백성의 생활에 대하여 본이 되도록 세워주시옵소서.

하나님의 말씀을 사모합니다. 곤고한 형편에서 머리를 숙였으니, 하나님의 말씀을 듣고 기뻐하는 복된 시간 되게 하옵소서. 세상에서 사는 날 동안에, 성도의 직분을 잘 감당하도록 은혜를 더하옵소서.

| -이어서, 임직자 개인과 가정, 일터 등의 형편을 간구한다. |
우리 주 예수님의 이름으로 기도드립니다. 아멘.

기도를 이끌어주는 말씀_딤전 3:8
그리스도의 남은 고난을

여호와께 서게 하시는 하나님,

여호와께서 이 가정을 구별해 주시고, 만세 전에 계획하신 바에 따라 거처를 삼아주셨사오니 저희들은 찬송으로 영광을 드리게 하시옵소서. 함께 하는 ○○(교회 이름)의 지체들에게 하나님 중심, 성경 중심, 교회 중심의 삶을 도전해 주시기에 감사드립니다.

장로님께서 하나님의 교회 앞에서 직분을 받게 하시니 감사드립니다. 여호와 앞에서 착한 종이 되시도록 강권해 주시옵소서. 그리스도의 남은 고난을 자신의 몸에 채우는 종이 되게 하시옵소서. 저희 교회는 장로님을 일꾼으로 세움으로써 더욱 흥왕하게 하시옵소서.

○○교회를 위하여, 담임목사님의 목회를 위하여 곁에서 수종을 드는 선한 모습을 지니게 하시옵소서. 교역자들이 언제라도 일을 맡기고, 성실하게 감당하는 은혜가 있기를 소망합니다. 종의 헌신과 봉사로 교회가 세상에서의 열매를 많이 맺게 하시고, 눈물의 간구로 말미암아 성령님으로 충만한 공동체를 이루게 하시옵소서.

설교를 준비하신 목사님께 성령의 능력이 더해지기 원합니다. 하나님의 지혜로 말씀을 전하시도록 인도해 주시옵소서. 그 말씀에 회개의 영이 임하여 장로님께서는 여호와 앞에서 우는 것을 경험하게 하시옵소서. 좋은 장로가 되시기를 준비하심에 능력이 되게 하시옵소서.

장로님의 가정에도 은혜를 더해 주시기를 빕니다. 하나님께서 장로로 사용하심에 필요한 것들을 넉넉히 채워주시옵소서.

| -이어서, 임직자 개인과 가정, 일터 등의 형편을 간구한다. |
보혈을 흘려주신 예수님의 이름으로 기도드립니다. 아멘.

기도를 이끌어주는 말씀_고전 6:19

교회와 자신의 생명을 하나로

영광의 보좌에 계신 하나님,

주님의 권능으로 저희들을 붙잡아 일으키시고 그 이름을 높이 외치게 하시옵소서. 사랑과 충성을 늘 바치심으로써 ○○교회의 지체들에게는 도전이 되시는 ○○○(이름) 장로님과 함께 함에 감사드립니다.

장로님을 새 일꾼으로 삼으시고, 저희 교회의 역사를 새로 쓰게 하셨음에 감사드립니다. 사랑하는 종이 피택 받은 이후, 지금까지 자신을 준비해오게 하셨음에 감사드립니다.

장립 예식을 마치고 이 가정에 심방을 하게 하셨사오니, 일꾼으로 삼아주신 하나님의 뜻을 받들어 충성을 다하시겠다는 결단의 은혜로 인도해 주시옵소서. 이제, 교회와 자신의 생명을 하나로 해서 섬기기를 다하게 하시옵소서.

초대교회의 집사들과 같이, 믿음과 성령에 충만한 일꾼이 되시도록 은혜를 더하시옵소서. 장로님께서 성령님의 충만하심으로 교회를 섬길 때, 이 교회를 통해서 생명을 살리는 역사가 나타나고, 복음이 땅 끝까지 전해지는 것을 보게 하시옵소서. 하나님을 사랑하는 종이 기도와 말씀을 가까이 하며 사명을 감당하게 하시옵소서.

이제, 목사님의 음성으로 하나님의 말씀을 듣기 원합니다. 말씀을 전해 주실 목사님께 성령님의 능력이 더하시기 바라며, 그 말씀이 장로의 직분을 받으신 장로님께 복된 은혜가 되게 하시옵소서. 말씀의 은혜로 말미암아 기름 부으심이 풍성하게 하시옵소서.

ㅣ -이어서, 임직자 개인과 가정, 일터 등의 형편을 간구한다. ㅣ
영원히 의가 되시는 예수님의 이름으로 기도드립니다. 아멘.

기도를 이끌어주는 말씀_고전 13:3
진리를 위하여 함께 수고하는 자

진리 안에서 살게 하시는 하나님,

이 시간에, 거룩한 곳에서 의의 옷을 입게 하시며, 하나님의 이름이 저희들의 입술에 달게 하시옵소서. ○○○(이름) 장로님께서 ○○(교회 이름)의 지체들과 한가지로 "진리를 위하여 함께 수고하는 자가 되어" 지내게 하셨음에 감사드립니다.

장로님을 좋은 나무로 삼아주신 여호와 앞에서 성령의 열매를 많이 맺는 일꾼이 되게 하시옵소서. 장로님께서 기름 부으심을 받은 것이 교회를 위함이 되게 하시옵소서. 담임목사님을 보필해서 ○○교회가 이 지역에서 거룩한 사명을 잘 감당하게 하시옵소서.

장로님께서 선한 일꾼이 되어 자원하여 자기를 드릴 때, 하나님을 영화롭게 해드리게 하시옵소서. 이 시대에, 주님께서 쓰시기 원하시는 귀한 그릇이 되게 하시옵소서.

지금, 마음을 바쳐 예배할 때, 장로님께 하나님을 위하여, 교회를 위하여 헌신하시기를 새롭게 다짐하는 복을 더하시옵소서. 성령님의 능력으로 땅에 충만하고, 정복하고, 세상을 다스리게 하시옵소서. 믿는 자에게 주신 능치 못함이 없음을 자기의 것으로 주시옵소서.

목사님께서 복된 말씀을 전해 주실 때, 장로님께 축복과 격려가 되게 하시옵소서. 그 말씀으로 말미암아 구원을 받은 은혜를 크게 즐거워하게 하시옵소서. 주님을 더욱 더 사랑하면서 장로의 직분에 충성을 다하겠다는 결단의 마음을 갖게 해 주시옵소서.

| -이어서, 임직자 개인과 가정, 일터 등의 형편을 간구한다. |
구원의 주, 예수님의 이름으로 기도드립니다. 아멘.

2

목양 심방

신혼 가정(1)

기도를 이끌어주는 말씀_시 103:5

이 가정에 거룩하게 인을

거룩하게 인을 쳐주시는 하나님,

이 가정을 하나님께 올려드리니 거룩하게 인쳐주시고, 복의 복으로 둘러주시옵소서. ○○○(이름) 성도님께서 도를 듣고 가서 행하는 자가 되기로 결단하게 하시고, 말씀의 복에 거하게 하시니 감사드립니다.

여호와께 존귀한 ○○○(성도)님과 그의 가정을 축복합니다. 오늘, 저희들이 심방을 이 가정에 축복의 사건으로 삼아주시옵소서. 하나님께서 선택해 주신 가정에 복을 내리시는 여호와의 이름에 찬양을 드립니다. 하늘의 이슬과 땅의 기름짐이 되어주시기를 빕니다.

하늘의 하나님께 소망을 두고, 오직 기도와 감사로 지내는 은혜가 그에게 풍성하게 하시옵소서. ○○○(성도)님이 하나님의 말씀을 마음에 새길 때, 믿음이라는 물이 고이는 것을 경험하게 하시기를 빕니다.

지금, 복된 말씀을 전하실 목사님께 성령님의 은총을 더하여 주시옵소서. ○○○(성도)님과 이 가정에 꼭 필요한 말씀이 전해지게 하시옵소서. 함께 한 저희들의 심령을 은혜로 충만하게 하시옵소서.

하나님께서는 우리보다 지혜로우시므로 우리가 생각지도 않은 길로 인도하실 때가 있음을 고백합니다. 오늘도, 하나님께서 ○○○ (성도)님께 좋으신 아버지가 되셔서 인도해 주시기를 간구합니다. 사랑하는 ○○○ (성도)님이 오늘을 살아가는 동안에, 그의 생각이나 말에서 하나님을 신뢰하는 증거가 나타나게 하시옵소서.

| -이어서, 새 교우의 개인적인 형편에 하나님의 인도를 간구한다. |

영생을 약속해 주신 예수님의 이름으로 기도드립니다. 아멘.

기도를 이끌어주는 말씀_고후 5:17
믿음의 사람으로 세워지기를

은혜를 기다리게 하시는 하나님,

파수꾼이 아침을 기다림보다 주님을 더 기다리는 가정에서 머리를 숙였습니다. 자기 목숨을 내어주셨던 주님의 삶을 본받으시는 분의 모습을 ○○교회의 지체들에게 보여주시는 ○○○(이름) 성도님으로 말미암아 감사드립니다.

사랑하는 ○○○ (성도)님께서 구원 이후의 은혜를 누리며, 지내게 하셨음에 감사드립니다. 그가 날마다 주님과 동행하면서 새 생명으로 성장을 경험하게 하시고, 빛의 자녀로 살기를 소망하게 하시옵소서. 하나님의 나라와 그 영광을 품게 하시옵소서.

믿음의 사람으로 세워지기를 원하시는 성도님께 온전한 삶의 은혜를 내려 주시옵소서. 이로써 날마다 하늘의 양식과 땅의 양식의 내려짐이 풍성하게 해 주시는 것을 경험하게 하시옵소서.

말씀을 준비하여 설교하시는 목사님께 은총을 내려 주시옵소서. 생명의 말씀으로 말미암아 성도님께서 하나님을 두려워하는 종이 되어, 자신을 깨끗하게 하려는 은혜를 경험하도록 해 주시옵소서.

사랑하는 지체에게 자신과 가정에 대한 구원의 통로로 사용되는 비전에 도전을 받게 하시옵소서. ○○○ (성도)님께서 이 가정에 축복의 통로가 된 사명을 감당하도록 은총을 내려 주시옵소서. 늘 하나님을 사랑하고, 범사에 여호와를 인정하는 사람이 되어서 하나님의 인도하심을 받는 가정이 되기를 빕니다.

| ─이어서, 새 교우의 개인적인 형편에 하나님의 인도를 간구한다. |
생명의 길을 열어주신 예수님의 이름으로 기도드립니다. 아멘.

기도를 이끌어주는 말씀_시 51:10
여호와께 복 된 자녀가 되어

믿음에 믿음을 더하시는 하나님,

여호와를 바라게 하시고, 심방으로 영광을 드리기를 사모하는 이 가정에 예비하신 복을 내려주시옵소서. ○○교회의 지체들에게 우리의 믿음이 치솟아 독수리 날듯이 날아야 할 것을 가르쳐 주시는 ○○○(이름) 성도님으로 말미암아 감사드립니다.

사랑하는 ○○○ (성도)님께서 여호와께 복 된 자녀가 되어 성령님께 충만함으로써 자기를 지키게 하시옵소서. 의의 자녀로 살기에 조금도 모자라지 않게 하시기를 빕니다. 성도님과 그의 가정을 위해서 하나님의 긍휼이 풍성하게 하시옵소서. 그가 하나님을 예배할 때, 흠향하시고, 준비하신 복을 내려 주시옵소서.

사랑하는 이 가정을 위해서 말씀을 준비하여 설교를 하시는 목사님께 영력을 더해 주시기를 원합니다. 성도님께서 진리의 말씀을 반가워하고, '아멘'으로 받게 해 주시옵소서. 그리하여 말씀에 순종함으로써 성령님의 열매를 맺는 은혜를 보게 하시옵소서.

○○○ (성도)님께 구원의 길을 열어 주셨으니, 하나님의 자녀가 되게 하셨음을 기억합니다. 목마른 사슴은 혀를 축이기 위해서 한 입의 물을 그리워하며 시냇물을 찾기에 갈급해 합니다. 저에게 여호와의 은혜로 살아가기 위해서 하나님을 찾기에 갈급해하는 마음을 주시옵소서. 여호와께서 내 편이 되어 주심을 기다리게 하시옵소서. 하나님께서 동행하여 모든 일에 은혜로 인도해 주시옵소서.

| -이어서, 새 교우의 개인적인 형편에 하나님의 인도를 간구한다. |

죄를 씻어주신 예수님의 이름으로 기도드립니다. 아멘.

기도를 이끌어주는 말씀_롬 12:2
오직 성령님의 충만하심으로

직분을 감당하게 하시는 하나님,

여호와의 이름으로 저희들에게 이 가정을 방문하게 하셨으니, 여호와께로 복이 임함을 선포해 주시옵소서. 주님 앞에서 아주 작은 직분이지만 귀한 것으로 여겨 감당해 오신 ○○○(이름) 성도님이시기에 감사드립니다.

○○○ (성도)님께서 저희 교회의 지체들과 함께 여호와의 이름을 찬양하면서 살아가게 하시옵소서. 늘 성령님께 충만하여 거룩함을 이루어 나가게 하시옵소서. 성도님이 교회 안에서 지도를 잘 받아 성숙의 은혜를 누리게 하시옵소서. 사랑하는 지체가 오직 성령님의 충만하심으로 흠이 없는 모습으로 자라기를 소원하게 하시옵소서.

이제, 복된 시간을 기다립니다. 이 가정을 위해서 예비 된 말씀을 목사님께서 전하실 때, 성령 하나님의 복 주심과 위로하심의 역사하심이 나타내 주옵소서. 그 말씀에 새로워지고, 힘을 얻게 하시옵소서.

○○○ (성도)님에게 저희 교회에서 신앙생활을 하시기로 선택하셨음이 복이 되게 하시옵소서. 하나님을 향하는 사랑이 새로워지게 하시옵소서. 하늘로부터 내려오는 은혜에 소망을 갖는 날들을 주시옵소서. 옥토의 심령을 지녀서 반석 같은 믿음의 처소로 이루어 주시옵소서.

날마다 하늘의 신령한 은혜와 이 땅에서의 기름진 것으로 배불리는 삶을 살게 하시옵소서. 하나님께서 사모하는 영혼을 만족케 하시는 놀라운 증거가 그의 것이 되게 하시옵소서.

| -이어서, 새 교우의 개인적인 형편에 하나님의 인도를 간구한다. |
의의 종이 되게 하신 예수님의 이름으로 기도드립니다. 아멘.

기도를 이끌어주는 말씀_ 겔 18:31
하루가 기도와 찬송으로

시온에서 복을 주시는 하나님,

저희들이 하나님을 바랄 때, 예루살렘의 복을 이 가정에 내려주시옵소서. 환란이나 죽음도 두려워하지 않는 ○○○(이름) 성도님께서 늘 저희들에게 신앙의 도전을 하게 하시니 감사드립니다.

○○○ (성도)님께서 저희 교회를 선택하셨음이 복이 되게 하시옵소서. 늘 기도로 지내게 하시고, 감사로 고백하며 하나님을 찾게 하시니 감사드립니다. 이 세상에서 지내는 동안에, 저희는 넘어지거나 자빠질 수 있음에도 하나님의 붙들어 주심을 믿으며 소망을 갖습니다.

세상의 삶이 때로는 어렵고 고달프더라도 성도님이 결코 낙심하지 않게 하시니 감사드립니다. 사랑하는 지체의 하루가 기도와 찬송으로 채워지게 하시옵소서.

성도님을 위해서 하나님께서 준비해 주신 말씀을 목사님께서 전하실 때, 성령님의 역사를 보여주시옵소서. 전능하신 하나님을 찬양하고, 저희들의 연약함을 하나님께 올려드리고, 결단을 하게 하시옵소서. 의의 열매를 충성스럽게 맺게 하시옵소서.

기도의 인내함으로 하루하루의 삶을 살아가도록 이끌어 주시옵소서. 염려와 실패의 홍해를 건너게 하시며, 좋은 것으로 기쁨이 되게 하시되 만나와 메추라기의 기적을 보게 하시옵소서. 때마다, 일마다 나를 도우시는 하나님께 찬양을 드리는 귀한 가정이 되게 하시옵소서. 여호와께서 ○○○ (성도)님께 든든함이 되어 주심을 믿습니다.

ㅣ-이어서, 새 교우의 개인적인 형편에 하나님의 인도를 간구한다. ㅣ
늘 함께 해 주시는 예수님의 이름으로 기도드립니다. 아멘.

기도를 이끌어주는 말씀_시 17:15

온전히 자라가게 하심을

저희들에게서 영광을 취하시는 하나님,

오직 여호와만을 경외하기를 기뻐하는 이 가정에서 하나님의 이름에 영광을 드리게 하시옵소서. 자원하여 하나님의 영광 앞에서 의를 위하여 고난 받는 자가 되기를 ○○○(이름) 성도님이 각오하고 지내게 하시니 감사드립니다.

○○○ (성도)님께서 기도와 찬송으로 살아가는 은혜의 주인공이 되게 하시옵소서. 하나님의 은혜 안에서 믿음으로 살게 하시니 감사드립니다. ○○교회의 한 지체가 된 그날부터 오늘까지 ○○○ (성도)님께서 온전히 자라가게 하심을 즐거워합니다. 그가 구원의 은혜에 감사하면서 주님의 장성함에 이르게 하시옵소서.

기도하시는 중에, 설교를 준비하신 목사님께 힘을 더하셔서 권세 있는 말씀을 선포할 수 있게 하시옵소서. 그 말씀으로 낙심하여 주저앉았던 성도님이 다시 일어나시는 체험을 하게 해 주시옵소서. ○○(교회 이름)의 강단이 성도님께 생수의 근원이 되게 하시옵소서.

영혼이 잘 됨 같이 범사가 잘 되고, 강건하기를 원하시는 하나님의 은혜가 성도님과 이 가정에 넘치기를 소망합니다. 귀한 지체가 예수님을 영접하신 날부터 이제까지 하나님의 은혜와 사랑이 넘친 것에 감사드립니다. ○○○ (성도)님께서 하나님의 은혜를 묵상하고 그 은혜를 구하려는 소원을 갖게 하시옵소서. 언제나 교회를 가까이 하고, 하나님의 은총으로 말미암는 삶을 허락해 주시옵소서.

| ‒이어서, 새 교우의 개인적인 형편에 하나님의 인도를 간구한다. |
생명의 주, 예수님의 이름으로 기도드립니다. 아멘.

기도를 이끌어주는 말씀_고후 3:5

여호와 앞에서 의의 가정을

인애하신 하나님,

주의 법도를 사랑하는 이 가정에서 머리를 숙였사오니 주의 인자하심을 보여주시옵소서. ○○○(이름) 성도님이 성령님께 충만하여 하나님께서 나타내신 모든 일에 증거를 지키는 자가 되기를 소망하게 하시니 감사드립니다.

오늘, ○○○ (성도)님께 천국 백성의 은혜를 내려 주시옵소서. 하늘의 문이 열리고, 성령님의 충만하심에 들어가게 하시기를 빕니다. 그의 가정에 속해 있는 식구들에게도 구원의 복음을 받게 해주시고, 하나님께서 주시는 기쁨으로 충만하게 하시옵소서.

여호와 앞에서 의의 가정을 이루어가게 하시옵소서. 성령님께 충만해진 성도들이 서로 섬기게 되었으며, 필요를 채워주는 사랑을 경험하였던 것을 성도님께서도 누리게 하시옵소서.

목사님께서 하나님의 말씀을 전하실 때, 피 묻은 십자가에서 말씀하시는 주님의 음성을 듣게 하시옵소서. 십자가에서 고통과 멸시를 감당하셨던 주님처럼 살아가겠다는 결단의 현장이 되게 하시옵소서.

사랑하는 지체가 예배를 존귀하게 여기게 하시며, 하나님의 이름에 합당한 찬양 드림을 사모하게 하시옵소서. 다윗의 유일한 소원은 그가 사는 평생 동안 하나님의 전에 거하며, 하나님과 친밀한 교제를 갖는 것이었습니다. 이 마음을 ○○○ (성도)님께서 자기의 것으로 삼게 하시옵소서.

| -이어서, 새 교우의 개인적인 형편에 하나님의 인도를 간구한다. |
대속의 길이신 예수님의 이름으로 기도드립니다. 아멘.

기도를 이끌어주는 말씀_시 90:14
여호와의 이름에 우리의 도움이

인생에게 도움이 되시는 하나님,

천지를 지으신 여호와의 이름에 이 시간에도 그 이름을 찬송하는 저희들이 되게 하시옵소서. ○○○(이름) 성도님께서 ○○(교회)의 지체들과 "더불어 예수의 부활하심을 증언할 사람이 되게 하여" 주셨음에 감사드립니다.

전에는 알지도 못했던 ○○○ (성도)님을 주님의 십자가 아래에서 만나게 하시니 감사드립니다. 우리가 예수님을 몰랐더라면, 우리가 하나님을 아버지로 부르지 않았더라면 그를 만나지도 못했을 것입니다.

십자가에서 흘리신 주님의 보혈이 우리 안에 흘러서 한 지체로 살되, 뜨거운 사랑으로 지내게 하시옵소서. 성도님을 귀한 가정에 구원의 통로로 삼아주시옵소서. 이 가정에 구원의 복을 내려주시옵소서.

하나님의 말씀에 귀를 기울이려 합니다. 말씀을 전해 주실 목사님께 성령님과 지혜로 충만하게 하시옵소서. 생명의 말씀으로 인하여 하나님께는 영광을 드리며, 저희들은 은혜로 기뻐하게 하시옵소서. 말씀의 능력이 이 자리에 넘치기를 소원합니다.

사랑하는 ○○○ (성도)님께 하나님은 우리가 환난을 당할 때에 피할 도피성이 되어 주심을 간구하게 하시옵소서. 하나님께서는 자녀를 은밀한 곳에 숨겨서 곤경의 바람으로부터 안전하게 지켜 주심을 경험하게 하시옵소서. 혹시라도, 지금 당장 어려움을 겪고 있다면 오직 감사와 간구하는 중에, 하나님의 도우시는 손길을 기다리게 하시옵소서.

| –이어서, 새 교우의 개인적인 형편에 하나님의 인도를 간구한다. |
우리 주 예수님의 이름으로 기도드립니다. 아멘.

기도를 이끌어주는 말씀_시 17:15

잠잠하여 주님의 이름을 높이게

은혜를 베풀어주시는 하나님,

우리에게 은혜를 베푸시는 주님을 사모하여 머리를 숙였습니다. 기쁘게 십자가를 지심으로써 그 십자가 때문에 슬픈 마음이 위로를 받는 증거가 되기를 소망하시는 ○○○(이름) 성도님으로 말미암아 감사드립니다.

사랑하는 ○○○ (성도)님께서 예수님을 구주로 영접하게 하시니 감사드립니다. 이에, 이 가정의 지체들에게 여호와의 임재를 소망하게 하시옵소서. 오늘, 성도님과 그의 가정을 축복합니다.

○○○ 성도님을 위해서 예비 되어 있는 복을 내려 주시되, 풍성하게 주시기를 빕니다. 우리가 함께 하고 있는 ○○교회가 이 땅에서 주님의 몸이 되어 그 은혜의 영광에 들어가게 하시옵소서.

지금, 진리의 말씀으로 은혜를 누리게 하시고, 여호와 앞에서 잠잠하여 주님의 이름을 높이게 하시옵소서. 예배를 인도하시는 목사님을 큰 능력으로 붙드셔서 진리와 은혜로 인도하도록 함께 하시옵소서. 사랑하는 성도님과 저희들에게 꼭 필요한 말씀이기를 소망합니다.

교회에 등록을 하여 믿음의 생활을 시작하신 ○○○ (성도)님에게 하나님을 만나는 장소로서 교회를 받아들이게 하시옵소서. 하나님께서는 자기 백성에게 성소를 짓도록 하시고, 그곳에 계시겠다고 하셨습니다. 성소에서 자기 백성을 만나 주시는 하나님의 은총이 ○○○ (성도)님에게도 경험되기를 빕니다.

| -이어서, 새 교우의 개인적인 형편에 하나님의 인도를 간구한다. |
구원의 주, 예수님의 이름으로 기도드립니다. 아멘.

기도를 이끌어주는 말씀_시 104:28

여호와의 이름에 합당한 찬송을

구원 받을 자를 불러주시는 하나님,

지금, 저희들은 상전의 손을 바라보는 종의 심정으로 여호와의 이름을 부르게 하옵소서. 주님과 같이 되기를 늘 사모하며, 교회에서 기도의 자리를 지키시는 ○○○(이름) 성도님께로부터 ○○(교회)의 성도들이 격려를 받게 하시니 감사드립니다.

○○○ (성도)님께서 교회를 중심으로 살기를 좋아하게 하신 것을 생각합니다. 그에게 교회를 통하여, 하나님을 예배하기 위해서 세상으로부터 구별된 장소의 은혜를 누리게 하시옵소서.

그의 삶에서 복을 주는 교회로 경험하게 하시기를 빕니다. 성도님께서 여호와의 이름에 합당한 찬송을 드리려는 소원을 품게 하시옵소서. 그에게 속해 있는 식구들에게도 복음의 은혜를 누리게 하시옵소서.

하나님의 말씀으로 권면하실 목사님께 성령님의 능력이 있기를 소원합니다. 이 가정을 축복하사 성도님의 심령이 하나님의 은혜로 충만하여 말씀을 붙들고 세상을 이길 수 있는 힘을 받게 하시옵소서.

○○○ (성도)님께 하나님을 사랑하는 마음을 주시고, 하나님께서 함께 해 주시는 ○○교회를 가까이 하려는 마음을 갖게 하시기를 빕니다. 저희에게는 교회가 영원히 사모해야 할 처소임을 고백하게 하시옵소서. 교회에서 그를 위하여 은혜를 베풀어 주시는 하나님을 경험하게 하시옵소서. 사탄이 틈을 타서 그에게 교회에 대한 방해를 하지 못하도록 막아 주시옵소서.

| -이어서, 새 교우의 개인적인 형편에 하나님의 인도를 간구한다. |
친구가 되어주신 예수님의 이름으로 기도드립니다. 아멘.

신혼 가정(1)

기도를 이끌어주는 말씀_삼하 22:30
천국 백성이 되기를 결단하게

여호와의 백성으로 살아가게 하시는 하나님,

여호와께서 지금, 저희들에게 은혜를 베풀어주시기를 기다립니다. 주님께서 베풀어주신 은혜를 감사하며, 십자가를 지고 가시는 ○○○(이름) ○○(직분)님께서 계시기에 감사드립니다.

오늘도 하나님의 자비하심이 ○○○ (성도)님에게 나타나 성령님께 충만하기를 빕니다. 이제까지와 같이, 여호와의 백성으로 살아가고자 할 때, 하나님의 말씀으로 위로를 받게 하시옵소서.

○○○ (성도)님이 마음을 정하여 저희 교회에 등록하게 하셨으니 복 되게 하시옵소서. 하나님을 아버지로 사랑할 때, 하나님께서 만나주시며, 복을 베풀어주시는 ○○교회에 대한 은혜를 누리게 하옵소서.

말씀을 대언하실 목사님께 성령님으로 함께 하시옵소서. 저희들은 그 말씀으로 천국 백성이 되기를 결단하게 하시옵소서. 또한 저희들보다 앞서 가시며, 날마다 도우시는 하나님께로 가까이 가게 하시옵소서.

○○○ (성도)님께서 믿음의 생활을 시작하시고, 지금까지는 잘 지내셨으나 마귀가 두루 삼킬 자를 찾아 우는 사자와 같이 덤벼들고 있으니 성령님으로 무장하여 물리치게 하시옵소서. 사탄에게 틈을 주는 일이 없게 하옵소서. 삶의 현장에서 힘들고, 지치게 되었던 상황들이 교회 안에서 회복되는 은혜를 기뻐하게 하시옵소서. 항상 기도하는 것들이 응답되어서 범사에 형통함을 보는 은혜를 내려 주시옵소서.

| –이어서, 새 교우의 개인적인 형편에 하나님의 인도를 간구한다. |
부활의 주가 되신 예수님의 이름으로 기도드립니다. 아멘.

기도를 이끌어주는 말씀_시 91:2
예수님의 보혈로 한 지체가 되어

은총을 새롭게 베푸시는 하나님,

하늘에 계시는 주여, 오늘 저희들에게 은총을 내려주시옵소서. ○○○(이름) ○○(직분)님께서 전도자에게 주시는 상급인 즐거운 면류관을 바라시며, 복음을 전파하는 일에 생명을 바치게 하시니 감사드립니다.

○○○ (성도)님이 저희 교회의 지체가 되게 하신 하나님께 영광을 올려드립니다. 이제까지 저희들이 ○○교회 안에서 누리는 복을 성도님께서도 함께 하시도록 도와주시옵소서.

하늘의 문을 여시고, 큰 복을 내려 주시옵소서. ○○(교회 이름)의 새 식구가 되어 지체로 섬기게 된 ○○○ (성도)님을 사랑하게 하시니 감사드립니다. 저희들처럼 ○○○ (성도)님도 하나님께서 영광을 받으시는 교회를 사랑하게 하시옵소서. 그의 교회를 향한 사랑이 바로 하나님께 바치는 사랑으로 경험되게 하시옵소서.

목사님께서 말씀을 증거하실 때, 하나님의 능력과 은혜가 드러나게 하시고, 저희들은 거룩함을 입혀 주시옵소서. ○○(직분)님과 이 가정에 속해있는 지체들에게 성령님의 능력으로 충만하게 하시옵소서.

예수님의 보혈로 말미암아 저희들이 한 지체가 되어서 예배하게 하셨음에 찬미를 드리게 하시옵소서. 교회에서 경험되는 말씀의 가르침과 성도들의 교제로 말미암아 ○○○ (성도)님께서 천국 백성의 신비를 즐기시기 원합니다. 주 안에서의 친교로 말미암아 교회를 교회 되게 하는 영광의 즐거움에 들어가게 하시옵소서.

| -이어서, 새 교우의 개인적인 형편에 하나님의 인도를 간구한다. |
영생의 보장이신 예수님의 이름으로 기도드립니다. 아멘.

기도를 이끌어주는 말씀_삼하 22:30
자신을 온전함에 이르게 함

하늘을 바라보게 하시는 하나님,

여호와의 성소로 삼아주신 곳에 저희들을 불러주셨사오니 찬양을 올려드리게 하시옵소서. ○○○(이름) ○○(직분)님께서 묵시의 말씀을 지키는 자로 자신을 온전함에 이르게 함에 소원을 갖게 하시니 감사드립니다.

영생을 주시는 은총으로 ○○○ (성도)님께서 평생의 소원을 품게 하시니 감사드립니다. 한 가지의 소원으로 하나님을 사랑하고, 기도에 쉬지 않으며 예배하는 삶을 살아가기를 소원하게 하시옵소서. 아침마다 하나님의 은혜를 구하게 하시고, 하루를 지내면서 구한대로 응답을 받아 복되게 살아가게 하시옵소서.

이 시간에, 말씀을 전하실 목사님께도 함께 하사 저희들의 마음에 믿음의 선한 씨앗들이 심겨지는 은혜를 경험하게 하시옵소서. 그 말씀으로 먼저 저희들의 심령에 하나님의 나라가 이루어지게 하시옵소서.

○○○ (성도)님의 이름을 부를 때, 하나님께 영광이 되시기를 빕니다. 저의 작은 입술로 ○○○ (성도)님을 축복할 때, 하나님께는 받으실 만한 영광이 되시옵소서. 주님의 은혜로 저희들이 ○○교회의 존귀한 지체가 되었음을 감사하게 하시옵소서.

이로써 초대교회의 성도들처럼 사도들에게 가르침을 받으면서, 함께 교제하며 떡을 나누는 사랑으로 들어가게 하시옵소서. 성령님의 감동하심에 따라 모이기를 즐거워하는 저희들이 되게 하시옵소서.

| -이어서, 새 교우의 개인적인 형편에 하나님의 인도를 간구한다. |
갈보리에서 피 흘리신 예수님의 이름으로 기도드립니다. 아멘.

기도를 이끌어주는 말씀_대하 15:12
교회를 자기의 집처럼 여기게

교회를 사랑하게 하시는 하나님,

복된 곳으로 구별해 주신 이 가정에서 영과 진리로 여호와의 이름을 부르게 하시옵소서. ○○○(이름) ○○(직분)님께서 예수님을 영접하신 그 날부터 자신을 항상 버리고 주님을 따라가기를 소원하게 하시니 감사드립니다.

○○○ (성도)님이 예수님을 구주로 영접한 그 날부터 교회를 사랑하게 하신 성령님을 찬양합니다. 하나님께서 ○○○ (성도)님께 사모해야 할 처소를 한 곳 더 주셨으니 곧 교회를 자기의 집처럼 여기게 하시옵소서.

사랑하는 성도님께서 저희 교회를 선택하고, 함께 지내게 하신 하나님의 예정과 섭리를 생각합니다. 그가 교회를 가까이 하는 동안에 환난 날에 피난처가 되는 은혜를 자기의 것으로 삼게 하시옵소서.

목사님께서 말씀을 강도하실 때, 미쁘게 듣는 귀를 갖게 하시옵소서. 천국의 율례를 지켜 행할 것을 다짐하려는 마음으로 말씀을 받게 하시옵소서. 왕의 자녀들로서 영광스러운 모습으로 예배합니다.

이제, 저희들은 주님의 사랑으로 ○○○(성도)님을 섬김으로써 믿음의 도리를 그에게 보이게 하옵소서. 이로써 교회의 사랑을 친히 전하게 하시기를 빕니다. ○○○ (성도)님께도 교회를 통하여 서로를 섬기는 은혜에 들어가게 하시옵소서. 교회에 모여 지체를 섬기는 것을 즐거이 여기도록 하시옵소서. 거저 받은 은혜를 거저 베풀게 하시옵소서.

| -이어서, 새 교우의 개인적인 형편에 하나님의 인도를 간구한다. |
사랑이 많으신 예수님의 이름으로 기도드립니다. 아멘.

기도를 이끌어주는 말씀_출 35:21
네 이름을 창대하게 하리니

복을 주시는 하나님,

오늘, 사랑하는 가정에 평안이 있고, 여호와의 형통함이 있게 하시옵소서. ○○○(이름) ○○(직분)님께서 "네게 복을 주어 네 이름을 창대하게 하리니 너는 복이 될지라"는 아브라함에게 주셨던 은혜 안에서 지내오게 하셨음에 감사드립니다.

사랑하는 ○○○ (성도)님이 저희들과 한 지체가 되셨으니 이전보다도 복을 더하시옵소서. 하나님을 주목하는 복된 삶이 저희 교회를 통해서 더욱 경험되게 하시옵소서. 하늘에서 이루어진 하나님의 뜻이 그의 삶에서 그대로 이루어지기를 빕니다.

○○○ (성도)님에게 주님께서 동행하셔서, 복스러운 한 날이 되게 하시옵소서. 어디를 가든지, 무엇을 하든지 여호와의 동행을 느끼며 사는 한 날이 되게 하시옵소서.

오늘도 성령을 의지하고 말씀을 선포하시는 목사님을 권세 있게 해 주시기를 빕니다. 저희들은 말씀에 대한 결단으로 다시는 죄에 눌려 살아가지 않게 하옵소서. 주님을 닮아가는 삶을 사모하게 하옵소서.

사랑하는 ○○○ (성도)님이 하나님께서 베풀어 주신 은혜에 대한 인간의 응답이 바로 기도와 찬송임을 깨닫게 하시기를 빕니다. 그리고 기도와 찬송을 통하여 자신에게 필요한 것을 하늘의 아버지께 요청하는 은혜를 누리게 하시옵소서. 때때로 하나님께서는 우리에게 기도의 시간을 갖게 하심을 믿습니다.

| -이어서, 새 교우의 개인적인 형편에 하나님의 인도를 간구한다. |
죄인을 살리신 예수님의 이름으로 기도드립니다. 아멘.

기도를 이끌어주는 말씀_시 51:12

우리에게 소망이 있음은

하늘의 영광을 내려주시는 하나님,

예루살렘을 사랑하기 위하여 머리를 숙인 이곳에 하늘의 영광이 가득하게 하시옵소서. 주님의 거룩하심을 자신의 삶에서 이루어가기를 소원하시는 ○○○(이름) ○○(직분)님으로 말미암아 ○○(교회)의 공동체에 덕이 되심을 감사드립니다.

하나님의 섭리에 따라 저희 교회에 등록하게 하심을 감사드립니다. 오늘, 하늘의 문을 여시고, ○○○ (성도)님께 복을 내려 주시옵소서. 오직 하나님을 구하면서 저희들과 한 지체로 지내게 하시옵소서.

성도님께서 죄의 형벌로 말미암아 하나님의 심판 아래 놓인 이 땅에서의 삶은 낙심하게 하고, 불안하게 한다는 것을 직시하게 하시옵소서. 그러나 우리에게 소망이 있음은 하나님을 바라보는 것임을 깨닫게 하시옵소서. 주님께서 오시는 날까지 바라봄을 계속하게 하옵소서.

이 가정에서 주님의 귀한 말씀을 선포하실 목사님께 신령한 능력과 성령으로 충만케 하시옵소서. 그리하여 말씀을 통하여 주의 영광이 드러나게 하시고, ○○(직분)님께는 결단으로 다짐하게 하시옵소서.

하나님의 사랑을 받고 있는 ○○○ (성도)님께 기도하게 하시며, 찬송을 부르게 하시니 참으로 감사드립니다. 어떤 어려움이 저희들에게 닥쳐와도 기도하는 혀를 막지 못하고, 찬송하는 입술을 닫지 못함을 믿습니다. 하나님의 은혜에 소망을 두고 있는 ○○○ (성도)님에게 기도와 찬송으로 살아가고자 결단하게 하시옵소서.

| -이어서, 새 교우의 개인적인 형편에 하나님의 인도를 간구한다. |

보혈을 흘려주신 예수님의 이름으로 기도드립니다. 아멘.

기도를 이끌어주는 말씀_신 10:12
믿음의 가정을 이루어 나가도록

여호와로 힘을 입게 해 주신 하나님,

주의 말씀대로 저희들을 붙들어 살게 해 주시고, 저희들의 소망이 부끄럽지 않게 하시옵소서. ○○○(이름) ○○(직분)님께서 여호와를 힘입는 자로 자기를 지키도록 인도해 주시니 감사드립니다.

사랑하는 ○○○ (성도)님이 ○○교회에 등록하여 한 지체가 되게 하셨사오니 하나님의 영광을 구하게 하시옵소서. 저희들과 함께 ○○(교회 이름)의 지체가 되어 서로 섬기며 지내게 하시옵소서.

오늘을 살아가실 때, 하나님을 바라는 복된 날로 이끌어 주시기를 빕니다. 이로써 그 자신이 하나님의 자녀가 되었다는 증거를 확인하게 하시옵소서. 우리 하나님 앞에서 ○○○ (성도)님과 이 가정에 속해있는 지체들이 믿음의 가정을 이루어 나가도록 인도해 주심을 빕니다.

목사님을 통해서 이 가정에 주실 말씀을 사모합니다. 그 말씀이 ○○(직분)님의 소원에 응답이 있는 말씀이 되게 하시옵소서. 치유가 있는 말씀이 되게 하시옵소서. 해결함을 받는 말씀이 되게 하시옵소서.

하나님의 자녀들에게는 한 가지의 소원이 있어야 하는데, 여호와께 온전한 모습으로 자라가는 것임을 믿습니다. 예수님을 믿기 전에는 달콤하게 여겼던 더러운 것들로부터 자신을 지키고자 기도하도록 도와주심을 빕니다. 이를 위해서 하나님께서는 교회에 일꾼으로 세우셔서 하나님의 자녀들을 온전케 하시기를 원하셨습니다. ○○(직분)님께서 성도들과 교제하면서 세상을 이기게 하시옵소서.

| -이어서, 새 교우의 개인적인 형편에 하나님의 인도를 간구한다. |
대속의 제물이 되신 예수님의 이름으로 기도드립니다. 아멘.

기도를 이끌어주는 말씀_시 133:3

하늘로부터 강권하시는 사랑을

예배로 나아가게 하시는 하나님,

여호와의 집에 올라가자 할 때에 기뻐했던 성도들의 마음으로 예배를 시작하게 하시옵소서. ○○○(이름) ○○(직분)님께서 성령님께 충만하여 수치를 나타내지 않는 자로 살아가시기를 결단하게 하시니 감사드립니다.

주 안에서, ○○○ (성도)님을 사랑하게 하셨음에 감사드립니다. 그의 이름을 떠올릴 때마다 하늘로부터 강권하시는 사랑을 느낍니다. 이 사랑이 하나님의 사랑이며, 이 은혜가 주님께서 십자가에서 쏟아주신 보혈인 것을 깨닫습니다. 우리 주님께서 저희를 사랑하시되 끝까지 사랑하셨던 것처럼 ○○ (직분)님을 대하여 주시기를 빕니다.

말씀을 전해 주실 목사님께 능력과 권세를 내려 주시옵소서. 대언하시는 말씀으로 ○○ (직분)님을 진리의 빛 가운데로 인도해 주시옵소서. 십자가의 은혜 안에 사는 복을 받게 하시옵소서. ○○의 강단을 사모하게 하시고, 그 말씀으로 복에 복이 넘치게 하시옵소서.

아울러, ○○○ (성도)님을 향하신 하나님의 계획이 오늘도 이루어지는 가운데, 믿음에서 믿음으로 이르는 복을 취하는 은혜를 내려 주시옵소서. 그리고 하나님의 말씀을 따라 자기를 삼가는 은혜를 보게 하시옵소서. 이로써, 성도의 행실을 사랑하게 하시옵소서. 성령님께 충만하여 육체의 모습을 거절하고, 오직 영에 속한 행실의 열매를 맺는 삶이 되게 하시옵소서.

| ‒이어서, 새 교우의 개인적인 형편에 하나님의 인도를 간구한다. |
십자가의 주, 예수님의 이름으로 기도드립니다. 아멘.

기도를 이끌어주는 말씀_단 4:34

출입을 지켜주시는 여호와

출입을 지켜주시는 하나님,

저희들의 출입을 지켜주시는 여호와이시기에 다시 한 번 그 이름 앞에 머리를 숙이게 하시옵소서. ○○○(이름) ○○(직분)님께서 첫째 부활에 참여하는 자의 영광을 사모하며 신앙생활에 열심을 더하게 하시니 감사드립니다.

예수님의 피를 뿌리신 은혜를 깨달아 하나님을 아버지로 부르기 시작한 ○○○ (성도)님을 생각할 때, 감사드립니다. 성령님의 감동으로 말미암아 흔들리지 않고, 믿음에서 믿음에 더하기를 즐거워하게 하시옵소서. 옛사람의 행실을 버리고, 주님의 십자가를 바라보시는 ○○○ (성도)님에게 예비 되어 있는 은혜를 누리게 하시옵소서.

목사님께서 대언하시는 하나님의 말씀으로 위로해 주심에 감사드립니다. 사랑의 음성, 생명의 말씀을 ○○(직분)님과 저희들이 들을 때 영감을 주시고, 성령님께서 도우셔서 산 믿음을 지니게 하시옵소서. ○○(교회)의 지체가 되기를 다짐하도록 도와주시옵소서.

하나님의 친 백성인 지체가 여호와 앞에서 흠이 없는 삶을 살기로 결단하게 하시옵소서. 천국에 시민권을 가진 자가 되었으니, 자기를 구별하게 하시옵소서. 주님을 알기 전에 바라보았던 것들을 거절하고, 그의 걸음이 주의 길을 굳게 지키는 것이 되기를 구하게 하시옵소서. 그의 생활과 그의 가정에도 성령님의 위로하심과 인도, 보호하심의 은혜가 있어서 희락이 넘치게 하시옵소서.

| -이어서, 새 교우의 개인적인 형편에 하나님의 인도를 간구한다. |
죽음에서 건져주신 예수님의 이름으로 기도드립니다. 아멘

기도를 이끌어주는 말씀_딤전 6:12

주 안에서 한 지체가 되어

영으로 부요하게 하시는 하나님,

자기 백성에게 도움이 되시는 여호와를 향하여 눈을 들게 하시옵소서. 말씀 위에 자신을 굳게 세워 주님의 뜻을 따라서 살아가기를 기도하시는 ○○○(이름) ○○(직분)님으로 말미암아 저희들 모두가 감사드립니다.

하나님의 계획과 섭리하심에 따라 ○○(교회 이름)의 지체가 되셨습니다. ○○○ (성도)님과 이 가정을 축복합니다. 우리가 서로 주 안에서 한 지체가 되어 하나 되게 하셨음을 찬양합니다.

저희들에게 마음으로 하나님의 사랑을 품어 ○○○ (성도)님께 다가가게 하시며, 짧은 시간이지만, 그를 위하여 두 손을 모으게 하시니 감사드립니다. 이 시간에, 주님의 이름으로 평안과 복을 빌 때, 하늘의 문을 여시고 응답해 주시옵소서.

오늘, 하나님 앞에서 꿀 송이보다 더 단 주의 말씀을 사모하게 하시옵소서. 그 말씀으로 인하여 ○○(직분)님과 이 가정의 지체들의 믿음이 더욱 자라나게 하시고, 메마른 심령은 말씀으로 살아나게 하시옵소서.

우리 주님께서 십자가에서 대신 지불해 주신 피 값을 통해서 의롭게 되었으니, 날마다 그 은혜를 찬송하며 지내는 ○○○ (성도)님이 되시기를 빕니다. 이제, 하나님 앞에서 하나님을 아버지로 인정하는 고백을 하게 하시옵소서. 주님의 피 공로에 감격해하면서, 하나님을 아버지로 부르면서 날마다의 삶을 시작하게 하시옵소서.

| –이어서, 새 교우의 개인적인 형편에 하나님의 인도를 간구한다. |
생명을 주신 예수님의 이름으로 기도드립니다. 아멘.

결혼–새가정(1)

기도를 이끌어주는 말씀_엡 5:24–25
주님의 사랑이 두 사람을

가정을 세우시는 하나님,

기쁜 날, 행복한 시간을 저희들로 보게 하시니 주 여호와의 이름을 기립니다. 그 이름으로 신랑과 신부에게 서로를 사랑하게 하시고, 결혼을 하도록 이끄셨습니다. 성령님의 충만하심이 있기를 소망합니다.

성령님을 모셔 들이고, 성령님을 기쁘시게 하옵소서. 성령님께서 이 가정에 충만하게 역사해 주시옵소서. 이 시간에, 새 가정에 복된 보금자리를 주신 여호와 하나님께 영광을 드리려 하오니, 함께 심방을 한 저희들에게도 기쁨으로 경배하는 한 시간이 되기를 원합니다.

주님의 사랑이 두 사람을 한 몸이 되도록 하셨사오니, 이제 신랑은 연약한 신부를 위해서 교회를 보호하시는 주님의 사랑으로 아내를 사랑하겠노라는 다짐이 있게 하옵소서. 또한, 신부는 남편을 위해서 돕는 배필이 되기를 각오하여 신랑을 섬기도록 아름답고도 거룩한 은혜를 주시옵소서.

저희를 거룩하게 하사 오늘까지 지켜주셨음에 영광을 드립니다. 뜻과 마음과 생각을 다하여 경배하는 한 시간이 되기를 소망합니다. 언제나 합력하여 선을 이루시는 그 손길을 기뻐하며 고백하게 하옵소서. 이제, 목사님께서 저희들에게 말씀하실 하나님의 메시지를 전하시도록 이끌어 주시기 원합니다. ○○○님과 이 자리에 있는 권속에게 말씀하시는 하나님의 음성을 듣는 은혜의 시간이 되게 하시옵소서.

| –이어서, 새 가정에서 소망하는 특별한 비전의 성취를 간구한다.|
새 가정을 만들어주신 예수님의 이름으로 기도드립니다. 아멘.

기도를 이끌어주는 말씀_잠 31:10-12

인생들에게 기쁨을 주시는

가정을 복되게 하시는 하나님,

○○○ 형제와 ○○○ 자매의 하나님을 찬양합니다. 하늘에서부터 저들의 삶을 계획하시고, 때가 되매 가정을 이루게 하셨습니다. 성령님께서 계획하시고, 복을 주셔서 새 가정에 좋은 집을 마련해 주셨으니 영광을 받으시옵소서.

주님의 이름은 인생들에게 기쁨을 주시는 이름입니다. ○○○ 형제와 ○○○ 자매에게 새 가정의 보금자리를 주신 하나님께 영광을 드립니다. 이제까지 두 사람에게 은혜를 베푸시고, 양쪽 집안의 부모와 가족들에게 사랑을 베푸신 여호와의 이름을 송축하게 하옵소서.

눈이 부시도록 맑고 파란 하늘 아래 그 어떤 열매보다도 더 아름다운 결혼이라는 열매를 맺어 하나님께 영광을 드린 신부와 신랑을 축복합니다. 두 사람이 새로운 보금자리를 하나님께 성소로 드리게 하시옵소서. 여기에 성령님께서 충만히 임하시옵소서.

하나님의 말씀을 듣게 될 때, 이 가정에 복이 되기 원합니다. 여기에 있는 모든 이들이 목사님의 입술을 사용하여 들려주시는 하나님의 말씀을 사모하게 하시옵소서. 말씀을 받으면서 새 가정을 축복하는 저희들이 되기를 원합니다.

특히, 오늘 새 가정을 하나님께 드리는 신랑과 신부는 그 음성에 순종하여 주님의 사랑 안에 거하게 하시옵소서. 그 말씀으로 새로운 부부에게 생명의 활력이 넘쳐나게 하시옵소서.

| -이어서, 새 가정에서 소망하는 특별한 비전의 성취를 간구한다.|
생명의 문이 되시는 예수님의 이름으로 기도드립니다. 아멘.

기도를 이끌어주는 말씀_대상 12:19-22
좋은 장막을 주신 하나님

벅찬 감격으로 살게 하시는 하나님,

주님의 인자하심과 성실하심을 인하여 마음을 다하여 경배합니다. ○○(직분)님의 가정에 기쁨을 주신 주님의 이름에 감사하오며 모든 이름 위에 뛰어나신 주님의 성호를 찬양합니다.

이 시간에, 먼저 신랑과 신부를 축복합니다. 새 가정을 이룬 두 사람에게 좋은 장막을 주신 하나님께 감사드립니다. ○○○ 형제와 ○○○ 자매가 주님의 사랑으로 새 살림을 시작하기 원합니다. 이 곳에 기거하면서 하나님을 영화롭게 해드리게 하옵소서.

참으로 기도드리오니, 새 가정을 이루어나가는 두 사람에게 영적인 눈을 뜨게 하여 주시기 원합니다. 믿음의 눈을 떠서 이 가정에 계획하시는 하나님의 손길을 보게 해 주시옵소서. 오직, 주님의 사랑의 힘으로 두 사람의 심령을 이끌어 주시옵소서.

복된 이 자리에 성령님을 모셔드립니다. 이 집에서 사는 동안에 ○○○ 형제와 ○○○ 자매가 성령님의 충만하심을 누리며 하나님의 나라에 대한 비전을 품게 하시기를 소망합니다. 돕는 자들을 보내사 저들의 편이 되게 하시옵소서. 살아가는 동안에 소용되어야 하는 모든 것들에도 부족함이 없게 하시옵소서.

하나님의 말씀을 기다립니다. 목사님께서 대언하시는 말씀 속에서 ○○(직분)님과 이 가정에 주시는 은혜의 메시지가 되기 원하고, 저희들에게는 영혼을 살리는 양식이며, 치료하는 약이 되기를 소망합니다.

| -이어서, 분가 가정에서 소망하는 특별한 비전의 성취를 간구한다.|

우리를 위하시는 예수님의 이름으로 기도드립니다. 아멘.

기도를 이끌어주는 말씀_벧전 3:3-4
생명을 다하는 그 때까지

처소를 새롭게 하시는 하나님,

새 가정을 이룬 신랑과 신부에게 좋은 장막을 주셔서 감사드립니다. ○○○ 형제와 ○○○ 자매가 주님의 사랑으로 새 살림을 시작하기 원합니다. 이곳에 거하면서 하나님의 성전을 경험하는 중에, 하나님을 영화롭게 해드리게 하시옵소서.

간절히 간구하오니, 새 가정을 이룬 신랑과 신부가 한 몸으로 평생을 살아가도록 해 주옵소서. 오직 하나님께 소망을 두고, 매일매일을 지내게 하시옵소서. 하나님께서 동행해 주시는 거룩함을 빕니다.

이 집에서 지내는 동안에, 이들의 가정에 필요한 것들을 넉넉하게 채워주시기를 원합니다. 서로의 손을 사랑으로 잡았사오니, 어떤 까닭으로든지 홀로 되는 일이 없게 하시고, 생명을 다하는 그 때까지 건강한 삶으로 해로하도록 인도하옵소서.

사람을 위하시는 하나님의 은혜는 사람을 붙여주시고, 동반자가 되고, 동역자가 되게 하십니다. 아담에게 하와를 붙여주시는 하나님께서는 지금도 하나님의 사람들에게는 사람을 붙여주셔서 성공적인 인생을 살게 하십니다.

새 가정을 위하여 설교를 준비하신 목사님께 성령의 능력이 더해지기 원합니다. 하나님의 지혜로 말씀을 전하게 하시기 원합니다. 그 말씀에 회개의 영이 임하여 ○○(직분)님께서는 여호와 앞에서 우는 것을 경험하게 하시옵소서.

| -이어서, 분가 가정에서 소망하는 특별한 비전의 성취를 간구한다.|

평안을 주시는 예수님의 이름으로 기도드립니다. 아멘.

임신(1)

기도를 이끌어주는 말씀_시 127:3-5

새 생명을 허락 받은 가정

생명으로 축복하시는 하나님,

우리 주님의 이름으로 ○○○(이름) ○○(직분)님의 복된 가정에 찾아왔으니, 하늘의 문을 여시고, 큰 복을 내려 주시옵소서. "생육하고 번성하리라"는 약속을 이 가정에 이루어주신 하나님의 사랑에 감사드립니다. 이 가정에 그렇게 사모하던 새 생명을 주셨음에 감사드립니다.

새 생명을 허락 받은 이 가정을 축복합니다. 주님의 은혜가 아름답게 나타난 이 가정에서 손을 들고 그 이름을 높여드립니다. 사랑하는 딸이 태 안의 생명과 자기 자신을 위해서 간구할 때, 아름다운 응답을 보게 하옵소서. 어머니와 태 안의 아기가 성령님의 충만하심 속에 은혜로 지내게 하옵소서. 좋은 어머니로서 아기를 만날 준비를 잘 하게 하시고, 출산하는 그날까지 자신의 몸가짐에도 크게 조심하는 지혜를 허락해 주옵소서.

하나님께서 사람을 지으신 후에 주신 복은 생육하고, 번성하여 땅에 충만하라는 약속이셨습니다. 아기를 임신할 수 있다는 것은 하나님의 복에 참여하고 있다는 증거가 됩니다. 임신의 복을 통해서 생명을 이어가시는 하나님을 경외해야 할 줄로 믿습니다.

지금, 복된 말씀을 전하실 목사님께 성령님의 은총을 더하여 주시옵소서. ○○(직분)님과 이 가정에 꼭 필요한 말씀이 전해지게 하옵소서. 그 말씀이 주는 은혜가 아기를 잉태한 산모와 이 가정에 복이 되게 하시옵소서. 함께 한 저희들의 심령을 은혜로 충만하게 하시옵소서.

| -이어서, 이 가정에서 소망하는 특별한 비전의 성취를 간구한다.|

영원을 주신 예수님의 이름으로 기도드립니다. 아멘.

임신(2)

기도를 이끌어주는 말씀_시 102:28

우주만물을 지으셨던 그 손으로

생명을 잉태하게 하시는 하나님,

○○○(이름) ○○(직분)님께서 "의의 열매가 가득하여 하나님의 영광과 찬송이 되게 하심"에 감사드립니다. 먼저 산모를 축복합니다. 아내를 사랑하면서, 그녀가 아기를 갖기까지 곁에서 수고한 ○○○ 형제를 축복합니다. 성령님의 충만을 소망하며 출산을 기다리게 하시옵소서.

우주만물을 지으셨던 그 손으로 새 생명을 지어서 ○○○ 자매의 태 안에 심어주셨으니 영광을 받아주시옵소서. 실로, 오랫동안 기다리던 아기이오니, 사랑하는 ○○(직분)님께서는 기도하시면서 태 안의 아기를 잘 키우게 하시옵소서. 이 아기는 태 안에서부터 하나님의 사람으로 자라게 하시기를 간절히 소망합니다.

이제, 복된 시간을 기다립니다. 이 가정을 위해서 예비 된 말씀을 목사님께서 전하실 때, 성령 하나님의 복 주심과 위로하심의 역사하심이 나타내 주옵소서. 그 말씀에 새로워지고, 힘을 얻게 하시옵소서.

산모의 복중에 있는 아기를 축복합니다. 귀한 생명을 잉태한 ○○(직분)님을 축복합니다. 주님께서 저에게 크신 복을 내리사 임신하게 하셨으니 거룩하게 하시옵소서. 천하보다도 귀한 생명을 받았사오니, 산모에게 복을 주시옵소서.

생명을 주관하시는 하나님께서 집사님에게 아기의 생명을 위탁하셨으니, 순산할 그날까지 성령님으로 충만한 딸이 되도록 도와주시옵소서. 날마다 하나님의 보호하심으로 지켜주시옵소서.

ㅣ-이어서, 이 가정에서 소망하는 특별한 비전의 성취를 간구한다.ㅣ

천국 백성이 되게 해 주신 예수님의 이름으로 기도드립니다. 아멘.

기도를 이끌어주는 말씀_눅 2:52

아기를 품에 안게 하시니

아기를 만나게 해 주신 하나님,

○○○(이름) ○○(직분)님께서 하나님을 앙모하는 자로 지내는 거룩함에 도전하게 하시니 감사드립니다. 새 아기를 저희들에게 보게 하신 하나님께 영광을 드리게 하시옵소서.

하나님은 우리의 주이심을 고백하여 예배를 드립니다. 홀로 영광을 받으시고, 그 이름을 세상 만방에 널리 알리옵소서. 우리를 능히 도우시는 하나님에게 소망을 두니, 하나님은 우리의 주인이십니다.

오늘, ○○(직분)님께서 할머니가 되시어, 아기를 품에 안게 하시니 하나님께 영광을 돌립니다. 어린 생명이 자라는 가운데, 하나님의 뜻을 높이 드러내는 다윗 같은 인물이 되기를 소망합니다.

저희들에게 처음으로 만나게 하신 이 아기를 축복합니다. 이 아기가 태 안에 있을 때처럼, 성령님의 빛을 듬뿍 받아 누리게 하옵소서. 언제나 하나님 앞에서 허리를 굽혀 경배를 드리는 사람으로 살아가게 하옵소서.

하나님의 말씀에 귀를 기울이려 합니다. 말씀을 전해 주실 목사님께 성령님과 지혜로 충만하게 하시옵소서. 생명의 말씀으로 인하여 하나님께는 영광을 돌리며, 저희들은 은혜로 기뻐하게 하시옵소서.

새 생명을 지으신 여호와 앞에 무릎을 꿇는 생애가 되기 원합니다. 복된 생명이 살아 계신 하나님을 찬양하며, 영원토록 감사하며 살아갈 것을 기대하면서 감사를 드립니다.

| –이어서, 이 가정에서 소망하는 특별한 비전의 성취를 간구한다.|
구속함이 되신 예수님의 이름으로 기도드립니다. 아멘.

새 아기의 탄생(2)
기도를 이끌어주는 말씀_요 16:21

하나님께 사랑을 받고

새 생명을 안겨 주신 하나님,

○○○(이름) ○○(직분)님께서 "하나님 여호와의 성민이 되게 하여" 주셨음에 감사드립니다. 사랑하는 ○○(직분)님과 이 가정의 지체들에게 여호와의 임재를 소망하게 하시니 감사드립니다. 주님의 피로 세우신 믿음의 가정에 모인 저희들이 찬양을 드립니다.

이 가정에 새 생명을 안겨 주셨으니, 찬송으로 즐거워하기를 원합니다. 저희들과 함께 예배하는 새 아기에게서도 영광을 받으시옵소서. 그리고 여기에 모인 이들로 주님의 이름을 높이게 하시옵소서.

할머니의 기도를 받으면서 세상에 태어났으니, 하나님께 사랑을 받고, 사람들에게도 사랑을 받는 아이로 자라게 하시옵소서. 이 시간에, 하늘에서 천사들이 영광으로 화답하게 하시옵소서.

우리 주님께 금 같은 복종과 향기로운 겸손의 손을 모읍니다. 온전한 마음을 주님께 바쳐서 경배하기 원합니다. ○○○ 성도님에게 출산의 은혜로 역사하신 이 시간을 하나님께 드려서 크신 권능을 세상에 선포하기 원합니다. 목사님께서 아기와 이 가정을 위해서 하나님의 말씀으로 위로하실 때, 은혜가 넘치는 한 시간이 되게 하옵소서.

사람의 몸에서 아기로 태어나신 예수님의 어린 시절은 모든 부모들에게 자녀를 양육함의 지침이 되게 하시려는 하나님의 의도였음을 깨닫습니다. 저희들에게 아기를 처음으로 만나도록 하셨으니, 그의 양육을 설계하도록 인도해 주시옵소서.

| -이어서, 이 가정에서 소망하는 특별한 비전의 성취를 간구한다.|

이 가정에 호주가 되시는 예수님의 이름으로 기도드립니다. 아멘.

첫돌(1)

기도를 이끌어주는 말씀_잠 3:1-2

여호와 앞에서 존귀한 자로

돌을 맞이하는 축복의 시간을 주신 하나님,

평생의 소원이 주님을 사랑하고, 그 주님을 세상에 전하는 삶을 살아가시는 ○○○(이름) ○○(직분)님으로 말미암아 교회에 많은 열매가 맺힘을 감사드립니다. 사랑하는 종에게 축복이 넘치는 날을 주셔서 주님의 성호를 찬양해 드립니다.

이 가정에 새 생명이 태어나 저희들에게 기쁨이 되었은즉, 귀한 아기가 여호와 앞에서 존귀한 자가 되게 하시옵소서. 부모를 비롯해서 집안의 어른들이 이 아기를 위해서 기도를 쉬지 않게 하시며, 하나님의 말씀으로 양육하게 하시옵소서. 복된 아기가 어머니의 품에서부터 주님의 은혜로 자라도록 하나님을 사랑하는 심령이 되게 하시옵소서.

하나님의 은혜가 새 생명을 통해서 이 가정에 나타났음을 기뻐합니다. 이 가정의 모든 식구들에게 아기를 사랑하는 마음이 크게 하시옵소서. 교회의 성도들이 이 아기를 즐거워하면서 기도하게 하시옵소서.

이 아기의 생애가 하나님의 장중에 있게 하옵소서. 하나님의 자녀로 살아가는 아기에게 복에 복을 더하는 은혜를 허락해 주옵소서. 귀한 인생이 하나님의 나라에 유익한 일꾼의 생애가 되기 원합니다. 주님 앞에서 야베스처럼 존귀한 자로 성장하도록 도와주옵소서.

말씀을 대언하실 목사님께 성령님으로 함께 하시옵소서. 저희들은 그 말씀으로 천국 백성이 되기를 결단하게 하시옵소서. 또한 저희들보다 앞서 가시며, 날마다 도우시는 하나님께로 가까이 가게 하시옵소서.

| -이어서, 이 가정에서 소망하는 특별한 비전의 성취를 간구한다. |
영생을 주신 예수님의 이름으로 기도드립니다. 아멘.

기도를 이끌어주는 말씀_시 22:23

아이를 향하신 하나님의 은총을

자손으로 번성하게 하시는 하나님,

○○○(이름) ○○(직분)님께서 "내가 너와 함께 있어 네게 복을 주어 네 자손으로 번성하게 하리라"는 복을 누리게 하셨음에 감사드립니다.

아기를 낳고, 1년 동안 기르느라 수고를 다한 부모를 축복합니다. 그리고 오늘이 있도록 곁에서 애를 쓴 가족들을 축복합니다. 하나님의 뜻이 있어 이 가정에 새 생명을 허락하셨으니, 주님의 손길을 살피면서 아이를 키우는 식구들이 되기 원합니다. 진자리 마른자리 갈아 누이며, 아기를 위해서 쏟아야 할 정성과 수고가 많을 줄 압니다.

우리에게 자녀들을 허락해 주신 은혜에 감사드립니다. ○○가 태어났을 때부터 여호와께 은혜를 받았은즉 자라가면서 하나님의 은총을 입게 하시옵소서. 앞으로 하나님께서 사람을 부르실 때, 일꾼으로 부름을 받게 하시고, 주님의 나라와 이 나라를 위해서 소중하게 쓰임을 받는 인생이 되기를 소망합니다.

이 가정에서 주님의 귀한 말씀을 선포하실 목사님께 신령한 능력과 성령으로 충만케 하시옵소서. 그리하여 말씀을 통하여 주의 영광이 드러나게 하시고, ○○(직분)님께는 결단으로 다짐하게 하시옵소서.

귀한 아기의 양육을 위해서 소용되는 대로 사용할 수 있도록 재물의 넉넉함을 베풀어 주시옵소서. 여호와의 풍성하신 손길로 부요한 환경 속에서 아기를 키우는 부모가 되게 하시옵소서. 아기의 삶이 이 가정에 하나님의 복이 되게 하시옵소서.

| −이어서, 이 가정에서 소망하는 특별한 비전의 성취를 간구한다. |

우리 주 예수님의 이름으로 기도드립니다. 아멘.

생일(1)

기도를 이끌어주는 말씀_삼하 7:1-3

의로운 생각을 품게 하시고

생애를 지켜주시는 하나님,

여호와께 존귀한 ○○○(이름) ○○(직분)님과 이 가정을 축복합니다. 주님의 사랑으로 지금까지 지켜주시니 감사드립니다. 귀한 분을 ○○ 교회에서 저희와 교제하게 하시고, 오늘은 생일을 기념해서 한 자리에 모이게 하시니 크신 은혜에 감사드립니다.

주님의 의로우심으로 저와 함께 하심을 기뻐하며, ○○(직분)님의 생애를 축복합니다. 지금도 하나님의 자녀로서 늘 의로운 일을 생각하며 살아가기를 원하여 고민하고 계시니 그의 길이 복되게 하시옵소서.

○○(직분)님의 삶이 성령님을 환영하고, 성령님의 간섭을 받으면서 의로운 생각을 품게 하시고, 날마다의 생활에서 실천되기를 소망합니다. 하나님의 영으로 인도함을 받는 생애가 되도록 도와주시옵소서.

하나님께서 우리를 강건하게 하시는 삶의 방법이 있는데 바로 고난과 평안이라는 사실을 깨닫습니다. 고난을 당할 때, 하나님을 찾아 부르짖는 중에, 여호와를 의지하고, 평안할 때는 감사로 베풀어 주신 은혜를 묵상하게 하셨습니다. 고난과 평안의 시간이 ○○(직분)님께 인생의 노래가 되게 하시옵소서.

목사님께서 말씀을 강도하실 때, 미쁘게 듣는 귀를 갖게 하시옵소서. 천국의 율례를 지켜 행할 것을 다짐하려는 마음으로 말씀을 받게 하시옵소서. 왕의 자녀들로서 영광스러운 모습으로 예배합니다. 오늘, ○○(직분)님의 인생을 축복하시는 말씀이 되게 하시옵소서.

| ―이어서, 축하를 받는 이를 위한 특별한 비전의 성취를 간구한다. |

보혈을 흘려주신 예수님의 이름으로 기도드립니다. 아멘.

기도를 이끌어주는 말씀_눅 2:52
삶이 주님께 드려지는 산 제물

복된 자로 살게 하시는 하나님,

○○○(이름) ○○(직분)님께서 십자가의 고난을 이겨내셨던 주님의 마음을 본받기를 소망하며 지내시도록 성령님께서 인도해 주심에 감사드립니다. ○○(직분)님께 생명을 주신 시간 동안 그의 삶이 주님께 드려지는 산 제물이 되기를 원합니다.

○○(직분)님께서는 생일을 맞이해서 여러 가지로 흥겨운 시간을 보내실 수 있었으나 다 거절하셨습니다. 저가 욥처럼 예배하기를 즐겨하여 성도들과 함께 머리를 숙였습니다. 이 예배가 거룩하고 흠이 없이 주님께 드려지기를 원합니다. 예배를 통해서 영광을 받으시옵소서.

주님 앞에서 사시는 날 동안에, ○○(직분)님께서 주님의 자녀답게 생각하여 그리스도의 장성한 분량에 이르는 성숙이 이루어지도록 인도해 주시옵소서. 또한 주님의 품 안에서 모자람이 없는 삶을 살아갈 수 있도록 날마다 만족하게 하시옵소서.

목사님께서 준비하신 설교가 이 가정과 삶의 터전 위에 하나님의 축복하심으로 함께 하여 주시옵소서. 주시는 말씀마다 능력이 있게 하셔서, 심령에 도전함에 부족함이 없게 하시옵소서.

○○(직분)님의 가족이 살아가는 앞날에도 하나님을 찬송하는 식구들이 되게 하시옵소서. 또한 하나님을 향한 믿음이 충성되고, 진실한 자녀로 살게 하시기를 간절히 소망합니다. 이 가정에서 날마다 하나님의 영광을 보게 하시며, 천국의 삶이 되게 하시옵소서.

ㅣ –이어서, 축하를 받는 이를 위한 특별한 비전의 성취를 간구한다. ㅣ
영생의 보장이 되신 예수님의 이름으로 기도드립니다. 아멘.

기도를 이끌어주는 말씀_시 103:4-5

자신의 삶을 성령님께 맡기는 은혜

여기까지 도우신 하나님,

○○○(이름) ○○(직분)님께서 ○○회의 생신을 맞게 하셨음에 감사드립니다. 심령의 옷을 정하게 잘 씻은 자가 되어 자신의 성결에 힘쓰게 하시니 감사드립니다.

이제 간절히 구하오니, 우리 성도님의 삶이 성령님의 은혜 안에서 아름답게 빚어지게 하시옵소서. 성령님의 충만하심이 저의 삶에 넘치고, 주님의 팔에 의지하여 살아가시도록 인도해 주시옵소서.

세례 요한이 성령님 안에 있을 때, 주님을 알아보고 그 영광에 들어갔던 것처럼, ○○(직분)님께서도 여호와의 영광을 보게 하시옵소서.

성령님의 임재 안으로 들어가기를 사모하고, 저 자신의 삶을 성령님께서 주관하시도록 맡겨드리게 하시옵소서. 주님의 품 안에서 모자람이 없는 삶을 살아갈 수 있도록 날마다 만족하게 하시옵소서.

이 가정에서, 말씀을 선포하시는 목사님을 성령의 권능으로 붙들어 주시옵소서. 주님의 권세와 주권이 선포되는 귀한 시간이 되게 하시옵소서. 이 가정에는 믿음으로 회복하는 은혜를 체험하게 하시옵소서.

주님께서 원하시는 대로 저를 주관하여 주시되, ○○(직분)님의 손과 발을 민첩하게 하사, 주님의 일을 위하여 쓰게 하시옵소서. 고난을 당하고 있는 자들과 외로운 자들에게 위로의 손길을 펼 수 있게 하시며, 타락한 자들을 붙들어주며, 불쌍한 자들에게 주님의 사랑을 나타내며, 주린 자들을 돌아보며 위로하게 하시옵소서.

| -이어서, 축하를 받는 이를 위한 특별한 비전의 성취를 간구한다. |
소망의 주, 예수님의 이름으로 기도드립니다. 아멘.

기도를 이끌어주는 말씀_잠 4:8
주님께서 기뻐하실 일들을 바라보며

창성케 하시는 하나님,

○○○(이름) ○○(직분)님이 오늘까지 "여호와께서 크게 복을 주어 창성하게 하셨"음에 감사드립니다. 저의 생애와 함께 해 주셔서, ○○회의 생신을 맞게 하신 좋으신 하나님을 찬양합니다.

이제까지 도우시고, 때마다 일마다 함께 해 주셨던 은혜를 이후에도 계속 주시옵소서. 하나님께서 베풀어주신 사랑을 찬양하며 지내는 집사님을 축복합니다. 저의 가슴에 하나님의 사랑이 채워질수록 믿음의 좋은 나무가 될 줄로 믿고 복을 빕니다.

성령님의 빛을 듬뿍 받아 누리게 하시옵소서. 성령님을 사랑하고, 성령님의 인도해 주심을 사모하게 하시옵소서. 주님께서 기뻐하실 일들을 바라보며 살아가는 종이 되어 성령의 열매를 맺게 하시옵소서.

○○(직분)님의 생신을 즐거워하면서 하나님의 말씀에 귀를 기울이려 합니다. 생명과 진리의 말씀을 베풀기에 부족함이 없으시도록 목사님을 강건케 해 주시옵소서. ○○(직분)님을 붙들고 있는 삶의 문제는 말씀을 듣는 중에 해결 받게 해 주시옵소서. 말씀의 능력으로 일으켜 주시옵소서.

이 가정의 식구들에게 주님의 크신 사랑으로 채워지기 원합니다. 서로서로 사랑하고 섬기는 가족이 되게 하시옵소서. 성도님 부부에게는 자녀들을 돌아보실 때, 부모의 권위보다 하나님의 사랑으로 자녀들을 훈계하시는 부모님이 되게 하여 주시옵소서.

| -이어서, 축하를 받는 이를 위한 특별한 비전의 성취를 간구한다. |
천국의 문이 되어주신 예수님의 이름으로 기도드립니다. 아멘.

회갑(1)

기도를 이끌어주는 말씀_딛 1:1-4

주님의 몸을 이루는 삶

오직, 은혜로 함께 해 주신 하나님,

오늘, 하나님의 은혜로 살아오신 ○○○(이름) ○○(직분)님이 회갑을 맞이하였습니다. 존경하는 장로님의 평생의 삶 동안 크고 의로우신 일을 하신 주님의 이름이 높아지기를 원합니다.

우리 주님께서 ○○(직분)님의 구주되심을 감사드립니다. 주님의 함께 하심이 죄를 거절할 수 있게 하셨음에 즐겁습니다. 이제까지도 ○○(직분)님을 강건하게 하신 은혜에 대한 응답으로 더욱 더 하나님을 가까이 하는 삶이 되시기를 빕니다.

○○(직분)님은 하나님의 나라에서나 저희 교회에서나 소금과 같은 일꾼이오니 맛을 잃지 않도록 도와주시옵소서. 만일 저 자신이 맛을 잃으면, 세상을 짜게 할 수 없다는 사실과 아무 쓸데없어 다만 밖에 버려져 사람에게 밟힐 뿐이라는 것을 잊지 않게 하시옵소서.

이 시간에, 말씀을 선포하시는 목사님께 크신 은혜와 능력을 허락하심으로 말씀의 역사가 일어나게 도와주시옵소서. 심방을 받으신 ○○(직분)님과 이 가정의 지체들에게 말씀의 복으로 새롭게 하시옵소서.

저희들이 이 땅에서 사는 날 동안에 소망해야 할 것이 있다면 나에게 지체로 붙여주신 이들을 사랑하고, 동역자로 섬기는 것임을 저희들 모두가 깨닫게 하시옵소서. 교회공동체 안에서 지체가 되어 주님의 몸을 이루는 것은 상대방을 나의 지체로 여기고 섬김에서 이루어지는 것을 기다리게 하시옵소서.

| -이어서, 축하를 받는 이를 위한 특별한 비전의 성취를 간구한다. |

진리로 이끌어주시는 예수님의 이름으로 기도드립니다. 아멘.

기도를 이끌어주는 말씀_렘 30:19
하나님의 뜻을 위해 사용되는 인생

여호와께 충성되게 하시는 하나님,

○○○(이름) ○○(직분)님의 마음이 주님께서 계시는 동산이 되게 하시옵소서. 저의 심령은 철따라 꽃을 피우고, 신령한 노래로 입술의 열매를 맺는 나무가 되게 하시옵소서. 그래서 저의 마음은 언제나 예수님의 향기로 가득한 뜰이 되기 원합니다.

회갑을 맞으신 ○○(직분)님이 평안하신 중에, 여호와 하나님만 바라보며 사시기를 원합니다. 바다의 그칠 줄 모르는 파도 소리 같이 주님의 이름에 찬양이 드려지는 생애가 되시기를 원합니다. 이제까지보다도 앞으로 더욱 하나님께 충성을 다하시는 종이 되게 하시옵소서.

하나님의 자비하심이 ○○(직분)님의 회갑에 예배하도록 하셨사오니, 참 즐거움으로 이 시간을 보내게 하시옵소서. 뜻과 마음을 다하여 경배하는 한 시간이 되기를 소망합니다.

하나님의 말씀으로 새롭게 해 주시옵소서. 세상과 구별되어 성결하게 하시고, 세상에 복음을 전하는 선교적인 사명을 감당하되, 하나님의 부르심의 소명을 따라 충성함으로 감당하겠다고 결단하게 하시옵소서.

사랑하는 가족들이 언제나 예수님의 품 안에서 지낼 수 있도록 도와주시옵소서. 인생의 시간을 주님께서 허락해 주셨으니 저들이 하나님의 뜻을 위해 사용하기 원합니다. 또한, 이들은 세상의 빛이니 모든 사람에게 비추는 삶을 살게 하시옵소서. 언제나 합력하여 선을 이루시는 그 손길을 기뻐하며 지내도록 앞으로의 삶을 복되게 하시옵소서.

| ─이어서, 축하를 받는 이를 위한 특별한 비전의 성취를 간구한다. |
영생의 복이 되신 예수님의 이름으로 기도드립니다. 아멘.

고희(1)

기도를 이끌어주는 말씀_시 90:10-12

여호와를 경외하는 자의 자리

여호와께 드려진 삶으로 이끌어주시는 하나님,

○○○(이름) ○○(직분)님께서 예수님을 구주로 영접한 그 날부터 여호와를 경외하는 자의 자리를 지키게 하시니 감사드립니다. 저의 생애와 함께 해 주신 좋으신 주님을 찬양합니다. 이제까지 도우시고, 때마다 일마다 함께 해 주셨던 은혜를 이후에도 계속 주시옵소서.

○○(직분)님께서 오늘을 시작으로 다시 하나님 앞에서 달려가는 삶을 결단하시도록 인도해 주시옵소서. 사랑하는 종이 주님께서 기뻐하실 일들을 바라보며 살아가는 종이 되어 성령의 열매를 맺게 하시옵소서.

누구나 말하는 여생이 아니라, 하나님께 새롭게 시작하는 삶의 출발이 되게 하시옵소서. 그리하여 ○○(직분)님께서 오늘 이후에, 더욱 믿음의 생애를 사시도록 인도해 주시옵소서.

목사님께서 준비하신 하나님의 말씀이 ○○(직분)님과 이 가정의 지체들에게 생명이 되기를 빕니다. 그리하여 하나님의 영광을 가리지 않게 하시옵소서. 범사에 하나님 앞에서 복된 삶이 되게 하시옵소서.

귀한 자손들로 번성하는 이 가정이 되게 하셨음에 감사드립니다. ○○(직분)님께서 많은 자손들을 두는 생명의 열매를 맺게 하셨으니, 이 가정에서 주님의 영광이 나타나기를 원합니다. 저들이 어머니, 또는 할머니를 본받아서 "각각 자기 일을 돌볼뿐더러 또한 각각 다른 사람들의 일을 돌보아 나의 기쁨을 충만하게 하라"(빌 2:4)는 주님의 말씀을 실천하며 살게 하시옵소서.

| -이어서, 축하를 받는 이를 위한 특별한 비전의 성취를 간구한다. |

날마다 함께 하시는 예수님의 이름으로 기도드립니다. 아멘.

기도를 이끌어주는 말씀_겔 3:16

평생의 삶을 드리는 복된 길

저희의 삶을 산 제물로 받으시는 하나님,

○○○(이름) ○○(직분)님을 지켜주시고, 오늘에 이르기까지 강건하게 하신 주님의 이름을 높여 드립니다. 모든 만물이 주님의 사랑을 기뻐하여 찬양합니다. 성령님께서 권사님을 어루만져 주시고, 여호와 앞에서 사는 날 동안에 성령님의 사람이 되게 하시옵소서.

주님의 이름으로 ○○(직분)님을 축복합니다. 여기까지 ○○(직분)님을 도우신 주님의 성호는 묵상만 해도 가슴을 뜨겁게 합니다. 성령님을 모셔 들이고, 순종하여 그의 생애가 복되시기를 빕니다.

하나님 아버지의 전능하신 힘이 ○○(직분)님 안에 있을 때, 열매를 맺을 수 있사오니 성령님의 충만하심을 허락하시옵소서. 성령님께 충만하여 하나님께 영광이 된 생애가 되게 하시옵소서.

하나님의 영광을 위해서 평생의 삶을 드리는 복 된 길이 되게 하시옵소서. 저희들에게 믿음의 본이 되시기를 사모합니다.

오늘도 말씀을 준비하신 목사님께 생명을 회복케 하는 성령으로 붙들어 주시옵소서. 은혜를 기다리는 ○○(직분)님께는 말씀의 한 마디 한 마디에 성령이 운행하심을 체험하는 시간이 되게 하여 주시옵소서.

주님 앞에서 저희들의 마음이 피어나는 꽃 같사오니, 오직 하나님께만 향기를 드리기 원합니다. 이 시간에, 지나온 날들의 시간을 돌아보게 하시고, 새 인생으로서 노년의 삶을 인도해 주시옵소서. 저의 생활에서 자비, 양선, 충성, 온유, 절제가 드러나게 하시옵소서.

| ─이어서, 축하를 받는 이를 위한 특별한 비전의 성취를 간구한다. |
죄인을 대속하신 예수님의 이름으로 기도드립니다. 아멘.

기도를 이끌어주는 말씀_렘 30:19
소원을 품게 하시는 하나님

소원을 주시는 하나님,

○○○(이름) ○○(직분)님의 앞에 시온의 길이 열리고, 손을 대는 것마다 풍성한 결실을 보게 하시옵소서. 사랑하는 ○○(직분)님의 자녀가 오디션에 합격하여 감사의 예배를 드리려고 모였습니다.

○○(이름)(이)가 마음에 소원을 품고 성실하게 준비를 해 온 결과, 기쁨을 안겨주셨습니다. 소원을 품게 하시는 하나님의 은혜 안에서 열심히 노력하게 하시고, 이제 그 실력을 객관적으로 인정받게 하셨습니다. 많은 경쟁자들과 겨루어서 탁월함을 나타내게 하셨사오니 이 영예를 하나님께 드리게 하시옵소서.

이 소식으로 말미암아 그동안 피땀을 흘리며 노력을 한 ○○(이름)(이)에게 위로가 되게 하시고, 자녀의 장래를 하나님께 맡기고 기도해 오신 ○○(직분)님께는 하나님이 응답을 받는 즐거움이 되게 하시옵소서. 하나님께서 함께 해 주셨던 결과라 믿습니다.

짧은 시간에, 하나님의 말씀을 대언하시는 목사님을 붙들어 주시옵소서. 그의 입술로 전해지는 말씀에 ○○(직분)님과 저희들의 심령이 새로워지게 하시옵소서. 주님의 피로 저희들의 심령을 채워주시옵소서.

○○(이름)(이)에게 오디션의 합격이 끝이 아니라 시작으로 여기게 해 주시옵소서. 이 분야에서 그가 일할 수 있는 자리를 얻도록 해 주셨으니 이제부터는 더욱 더 노력을 쏟아 장인이 되게 하시옵소서. 더욱 큰 영광을 하나님께 드리겠다는 결단이 있게 하시옵소서.

| -이어서, 축하를 받는 이를 위한 특별한 비전의 성취를 간구한다. |
의에 이르게 해 주신 예수님의 이름으로 기도드립니다. 아멘.

기도를 이끌어주는 말씀_행 10:2

일터에 선교사로 보내시는

인생의 항로를 결정하시는 하나님,

○○○(이름) ○○(직분)님께서 여호와의 말씀을 듣는 자가 되어 자신의 거룩함에 힘쓰게 하시니 감사드립니다. ○○(직분)님께서 하늘의 별을 따는 만큼으로 비유되는 고시에 합격하게 하셨음에 영광을 하나님께 올려드립니다.

사랑하는 ○○(직분)님께서 고시에 합격하심으로 비로소 이 분야에서 자신이 인정을 받고, 일하게 해 주셨습니다. ○○(직분)님을 이 분야의 일터에 선교사로 보내시는 길을 열어주셨습니다. 일터 선교사로서의 삶을 시작하게 하셨으니 복음의 증인으로서 살아가는 종이 되게 하시옵소서.

오늘, 다니엘이 바벨론의 왕궁으로 보냄을 받아 이방인들에게 하나님을 증거하는 삶을 살게 하셨던 사실을 기억합니다. ○○(직분)님께서 여호와 앞에서 복음의 증인이 되기를 원하신다고 믿습니다. 귀한 일터를 받았으니 그에게 기름 부으심이 있기를 빕니다.

하나님 앞에서 ○○(직분)님과 이 가정의 지체들이 말씀 사모하기를 빕니다. 이 시간에도, 하나님의 말씀으로 기도에 힘쓰는 지체들이 되게 하시옵소서. 저희도 함께 하나님께 부족함이 없게 해 주시옵소서.

이제, ○○(직분)님은 자기를 일터 선교사로 보내시는 하나님을 주목하게 하시옵소서. 이 분야에서 최선을 다하며 지내는 종이 되게 하시옵소서. 여호와께 성공자가 되도록 자신을 준비하게 하시옵소서.

| -이어서, 축하를 받는 이를 위한 특별한 비전의 성취를 간구한다. |
생명의 삶을 주신 예수님의 이름으로 기도드립니다. 아멘.

기도를 이끌어주는 말씀_ 잠 3:3-4
표창으로 하나님께 영광을 드림

좋은 것으로 기쁨을 주시는 하나님,

오늘, 저희들을 이 가정으로 보내셨으니 ○○○(이름) ○○(직분)님의 생애에 무한한 복을 허락해 주시옵소서. ○○(직분)님께서 근무하시는 직장에서 모범 사원으로 표창을 받으셨음에 감사하여 예배하러 모였습니다. 그의 표창으로 하나님께 영광을 드리게 하셨으니 찬양을 받으시옵소서.

○○(직분)님께서 그동안 직장 안에서 얼마나 수고를 하셨으며 동료 직원들에게도 칭찬을 들을 만큼의 공적을 쌓게 하셨음을 생각합니다. 성령 하나님께서 ○○(직분)님을 응원해 주셨으며, 다른 직원들과의 동일한 환경에서도 성실히 근무를 하여 자기의 자리를 지키도록 이끌어 주셨음에 감사드립니다.

그동안의 수고에 대한 보상을 받게 하셨으니 앞으로 더욱 정진하도록 도와주시옵소서. 그리고 이제부터 다시 달리기를 시작하는 심정으로 근무에 임하시도록 인도해 주시옵소서.

○○(직분)님께서 자신에게 주어진 역할을 감당하면서 하나님의 사람으로서의 자리를 지키도록 함께 하시옵소서. 본인 자신이 하나님의 나라가 되고, 하나님의 역사가 되겠다는 다짐을 하게 하시옵소서.

오늘, 말씀을 전하시는 목사님께도 주님께서 함께 하시옵소서. 주님의 진리의 말씀을 베풀기에 부족함이 없도록 도와주시옵소서. ○○(직분)님의 영육이 강건해지는 귀한 말씀이 되도록 축복해 주시옵소서.

| -이어서, 축하를 받는 이를 위한 특별한 비전의 성취를 간구한다. |
우리를 불쌍히 여기시는 예수님의 이름으로 기도드립니다. 아멘.

기도를 이끌어주는 말씀_고전 9:24-25
주님의 사람으로 세상에서

땅에서도 보상해 주시는 하나님,

평생의 소원을 하나님을 사랑하고, 그 품 안에서 살아가려고 힘쓰시는 ○○○(이름) ○○(직분)님께 은혜를 더하여 주시옵소서. ○○(직분)님이 복음의 빚을 진 자의 심정으로 사회에 봉사해 오신 삶이 평가를 받아 표창을 받게 하셨음을 기뻐하여 ○○의 지체들이 모였습니다.

이 시간 예배할 때, 하나님께서는 영광을 받으시고, 저희들에게는 주님의 사람으로 세상에서 살아가야 함에 대한 도전이 되게 하시옵소서. 성령님께서 ○○(직분)님에게 어려움에 지쳐 있는 이들에게로 손을 내내밀게 하시고, 그들을 위하여 수고를 다하는 삶을 살아오도록 해 주셨습니다.

저희들 모두가 이 시간에, 진리의 말씀으로 도전받기를 원합니다. 목사님께서 대언해 주시는 말씀에 성령으로 충만하게 하사, 하나님의 사람으로서 살아가야 하는 삶의 능력이 나타나게 인도하여 주시옵소서.

여호와께 ○○(직분)님의 삶이 하나님의 나라 확장에 쓰임 받게 하시옵소서. 주시는 말씀으로 말미암아 사랑하는 종은 더욱 더 정진하게 하시옵소서. 하나님의 마음에 맞는 종으로 삼아주시옵소서.

○○(직분)님의 표창을 통해서 하나님의 표창, 이기는 자에게 승리의 면류관을 주심에 대하여 묵상하는 저희들이 되기 원합니다. 땅에서의 표창처럼 천국에서도 우리를 표창해 주심이 있음을 믿고 최선을 다하기로 결단하게 하시옵소서.

| -이어서, 축하를 받는 이를 위한 특별한 비전의 성취를 간구한다. |
선한 목자이신 예수님의 이름으로 기도드립니다. 아멘.

기도를 이끌어주는 말씀_왕상 3:12

하나님께서 주신 선물

저희들을 복되게 하시는 하나님,

하나님께서 ○○○(이름) ○○(직분)님을 "부르고 복을 주어 창성하게 하셨"음에 감사드립니다. 여호와께서 사랑하시는 종, ○○(직분)님께서 진급을 하셨기에 감사하며 예배하는 시간으로 모였습니다. ○○(직분)님의 진급은 개인만의 기쁨이 아니고, ○○교회의 지체들에게도 즐거움이 되고 있습니다.

하나님께서 주신 진급이라는 선물이 저희 모두에게 축복의 사건이 되기 원합니다. ○○(직분)님의 진급은 이제 시작이라 생각합니다. 이 진급이 도전이 되어 달려갈 길에 더욱 힘을 내게 하시옵소서.

이제까지와 같이 여호와 앞에서 힘을 다하여 달리시되, 하나님의 사람으로서의 선을 지키는 종이 되게 하시옵소서. 새로 맡은 직분의 자리에서 더욱 하나님께 영광을 구하게 하시옵소서.

오늘, ○○(직분)님께서 더욱 더 그리스도의 장성한 모습으로 세워지기 위해서 말씀과 기도를 통하여 능력을 얻게 해 주시옵소서. 어리석음 가운데 지혜롭게 해 주시고, 믿음 없음에 더욱 강건한 믿음으로 성장하게 하시옵소서. 주님의 십자가를 가슴에 안고 일어서게 하옵소서.

이제부터 ○○(직분)님께서 더욱 더 자신에게 주의하시도록 은혜를 더하여 주시옵소서. 하나님께서 주신 직분을 자신이 성취한 것처럼 자만하지 않도록 붙들어 주시옵소서. 혹시, 주위에 있는 이들이 듣기 좋은 말로 유혹을 할지라도 자기 자신에게 더욱 주의하도록 하시옵소서.

| -이어서, 축하를 받는 이를 위한 특별한 비전의 성취를 간구한다. |

구주 예수님의 이름으로 기도드립니다. 아멘.

기도를 이끌어주는 말씀_요삼 1:2
기름 부으심이 충만하기를

우리의 신분을 정하기도 하시는 하나님,

주님의 뜻을 이루어드림과 교회의 부흥을 위하여 기도하시며, 헌신하시는 ○○○(이름) ○○(직분)님과 함께 있음을 감사드립니다. ○○(직분)님께 승진의 기쁨을 안겨주셨음에 감사드리며 이 시간, 예배할 때 하나님께 영광이 되게 하시옵소서.

하나님께서 더욱 큰일을 맡기시려고 ○○(직분)님에게 승진의 영예를 안겨주신 줄로 믿습니다. 오늘의 승진이 자기 자신의 자리가 한 단계 높아졌다는 생각을 갖기보다는 새로 받은 지위를 통하여 하나님의 사람으로 살아가는 것에 대하여 준비하게 해 주시옵소서. 먼저, 하나님의 기름 부으심이 충만하시기를 소원합니다.

이 가정과 저희들을 위하여 말씀을 준비하신 목사님께 영력을 칠 배나 더해 주시옵소서. 선포되는 하나님의 말씀을 사모하게 하시옵소서. ○○○께는 그 말씀에 굴복하여 '아멘' 하게 하셔서 순종적인 성도가 되도록 은혜를 주시옵소서.

○○(직분)님께서 승진을 통해서 자신이 맡으신 일터에서의 소명의식을 더욱 더 강화하시기를 빕니다. 승진을 통해서 얻게 된 기회가 인생에 있어서 그리 많지 않음에 주목하게 하시고, 하나님의 보내심으로 받아들이도록 인도하시옵소서.

하나님께서 ○○(직분)님을 사용하여 일을 하시려는 의도에 민감하시도록 은혜를 더해 주시옵소서. 인생의 승리자로 인도해 주시옵소서.

| –이어서, 축하를 받는 이를 위한 특별한 비전의 성취를 간구한다. |
영생을 약속해 주신 예수님의 이름으로 기도드립니다. 아멘.

기도를 이끌어주는 말씀_단 1:8

우리를 위하시는 하나님의 보호

길을 열어주시는 하나님,

교회 안에서 마음을 같이 하여 같은 사랑을 가지고, 뜻을 합하여 한 마음을 품으시는 ○○○(이름) ○○(직분)님으로 말미암아 교회가 부흥되고 있음에 감사드립니다.

우리 주님의 이름으로 복된 가정에 찾아왔으니, 하늘의 문을 여시고, 큰 복을 내려 주시옵소서. ○○(직분)님께서 사랑과 수고를 다하여 기른 자녀가 더 많은 공부를 하기 위해서 머나먼 곳으로 떠나게 되었음에 심방하였습니다.

우리를 위하시는 하나님의 보호하심은 때때로 저희들의 간절한 기도에 의해 이루어짐을 믿습니다. 이 시간에, 저희들이 간구로 ○○(직분)님을 사랑하게 하시는 하나님께 감사드립니다. 바울이 성도들의 영적인 삶을 소망하여 간구하게 하심처럼 외국으로 유학을 떠나는 자녀의 삶을 위하여 기도하는 부모가 되게 하시옵소서.

목사님의 말씀을 전하시는 시간에 성령님의 축복하심이 넘치시기를 원합니다. 목사님께 말씀의 능력을 더해 주시며, 의와 진리의 말씀이 이 가정에 은혜의 초석이 되게 하시옵소서. 복된 말씀을 주시옵소서.

○○○에게 공부의 길이 열림은 전적으로 하나님의 일하심이라 깨닫게 하시옵소서. 그에게 주님의 거룩하심을 닮으려는 마음을 주시옵소서. 하나님의 성결을 사모하게 하시고, 자신을 정결하게 하는 일에 예민하게 하시옵소서. 하나님의 거룩하심을 따르게 하시옵소서.

| -이어서, 유학을 떠나는 이를 위한 비전의 성취를 간구한다. |

죄를 속해 주신 예수님의 이름으로 기도드립니다. 아멘.

기도를 이끌어주는 말씀_시 1:1-3

마음에 간사함이 없는 자

소원으로 이끌어주시는 하나님,

○○○(이름) ○○(직분)님께서 마음에 간사함이 없는 자가 되어 자신을 거룩하게 함에 도전하게 하시니 감사드립니다. 이 시간에는 ○○○ (이)가 국내에서의 공부를 마치고 외국으로 유학을 떠나게 되어 감사함으로 예배합니다.

사랑하는 (아들)딸에게 공부할 수 있는 기회를 주신 하나님을 찬양합니다. 그동안에도 공부를 열심히 하게 하셨던 하나님의 손길이 유학 중에도 이어지기를 소원합니다. 그곳에서도 여기에서와 같이 하나님께서 지켜주시고, 동행하여 주시옵소서.

○○○ (이)가 집에서 함께 해 주셨던 하나님을 낯선 땅, 낯선 교실에서도 만나게 하시옵소서. 사랑하는 자녀가 ○○(직분)님의 하나님을 자기의 하나님으로 부르는 은혜를 내려 주시옵소서.

이로써 ○○○가 하나님을 찾는 종교인이 아니라, 하나님의 자녀로 살아가게 하시옵소서. 하늘나라의 시민권을 가진 자로서, 이 땅에서 삶을 대하게 하시옵소서. 하나님의 나라가 이 땅에서 이루어지도록 하는데 조금의 모자람도 없는 자녀가 되게 해 주시기를 빕니다.

설교하시는 목사님에게 성령님의 능력이 더해지기를 원합니다. 하나님의 영광이 말씀을 마음에 받는 지체들에게 임하게 하시옵소서. 은혜와 지혜로 채워져야 하는 저희들이 귀를 기울여 말씀을 듣게 하시옵소서.

| -이어서, 유학을 떠나는 이를 위한 비전의 성취를 간구한다. |

보혈의 주, 예수님의 이름으로 기도드립니다. 아멘

일터에서 근무(1)

기도를 이끌어주는 말씀_골 3:22-25

수고의 떡을 먹게 하시고

수고의 떡을 먹게 하시는 하나님,

주 안에서, ○○○(이름) ○○(직분)님에게 주를 높이다가 죽는 자가 되려는 마음을 주시니 감사드립니다. 하나님께서 사랑하시는 형제(자매)의 일터로 심방하게 하셨으니, 은혜와 진리가 넘치게 하시옵소서.

○○(직분)님을 강건하게 하셔서 직장생활을 잘하게 하시니 감사드립니다. 사랑하는 지체에게 수고로 말미암은 소득으로 이 가정을 꾸려나가게 하시는 하나님의 섭리를 찬양합니다. 저에게 수고의 떡을 먹게 하시고, 그 열매로 식구들이 풍족한 삶을 살게 하시옵소서.

이제, 시간마다 ○○(직분)님께서 (남편)을 위하여 간구하는 기도를 들어 주시옵소서. 눈물을 쏟아 간구하는 기도에 낱낱이 응답해 주시옵소서. 여호와 앞에서 존귀한 형제(자매)의 일터가 바로 성전이 되기를 원합니다. 저가 여기에서 근무하는 시간이 바로 하나님을 영화롭게 해드리는 예배의 시간이 되게 하시옵소서.

목사님께서 하나님의 말씀을 들려주시니 감사드립니다. ○○(직분)님과 이 가정에 복을 더해 주시옵소서. 사랑하는 목사님에게 성령의 능력이 더하시기 바라며, 말씀 속에서 저희들이 거듭나게 하시옵소서.

○○(직분)님께서 하늘에서 내려오는 은총으로 새 힘을 공급받기를 소망합니다. 하늘로부터 임하는 은혜로 기쁨을 누리게 하시옵소서. 성령님께서 ○○(직분)님과 이 가정에 충만하게 임하시옵소서.

ㅣ-이어서, 심방받는 이의 형편에 따른 하나님의 역사를 간구한다.ㅣ
십자가에서 피 흘리신 예수님의 이름으로 기도드립니다. 아멘.

기도를 이끌어주는 말씀_사 60:1-3

사랑하시고 복을 주사

자기 백성에게 복을 주시는 하나님,

○○○(이름) ○○(직분)님께서 "너를 사랑하시고 복을 주사 너로 번성하게 하시되"라는 약속을 받게 하셨음에 감사드립니다.

사랑하는 종이 열심히 일을 할 수 있는 직장을 주셨으니 여호와 앞에서 아름다운 직장생활이 되게 하시옵소서. 저에게 섬기도록 윗사람이 있게 하시고, 아끼고 돌보아주도록 아랫사람이 있게 하셨으니 사람들과의 관계에서 하나님의 영광을 구하게 하시옵소서.

하나님의 자녀는 이 땅에서 살아갈 때, 천국 백성의 신분을 가져야 한다는 사실을 잊지 않게 해 주시옵소서. ○○(직분)님께서 불신자들이나 세상의 조류에 타협해서 사화생활을 할 수 없음을 기억하게 하시옵소서. 그가 거룩한 백성으로서 하나님께로부터 사회에 보내심을 받았다는 자기 정체성으로 인간관계를 맺게 하시옵소서.

지금, 저희들에게 생명의 말씀을 기다리게 하시옵소서. 심방을 받으시는 ○○(직분)님과 함께 한 저희들이 전해지는 그 말씀을 온몸으로 받게 하시옵소서. 여호와의 율례를 따르며, 규례를 지키는 은혜를 누리게 하시옵소서.

○○(직분)님께 하나님을 섬기는 삶이 인생 최고의 기쁨인 것을 깨닫게 해 주시옵소서. 성령님께 충만해서 영혼이 잘 되게 하시고, 그의 삶을 풍성하게 하시옵소서. 직장에서 지낼 때, 하나님께서 바라보신다는 신전의식을 잊지 말게 하시옵소서.

| -이어서, 심방받는 이의 형편에 따른 하나님의 역사를 간구한다. |
죄의 짐을 맡으신 예수님의 이름으로 기도드립니다. 아멘.

기도를 이끌어주는 말씀_단 2:44-49
하나님께서 계획하신 일들이

자기의 일을 이루어 가시는 하나님,

○○○(이름) ○○(직분)님께서 주님께서 가신 그 길을 따라서 좁은 길을 가는 삶의 모델이 되어 주시니 감사드립니다. ○○(직분)님에게 주신 일터를 축복합니다. 오늘 저희들이 예배할 때, 이 사업장을 열게 하신 하나님께 영광을 돌리게 하시옵소서.

이 사업이 하나님 앞에서 거룩해지게 하시고, ○○(직분)님의 생애에서 구해야 하는 하나님의 영광이 있게 하시옵소서. 하나님께서 주신 일을 하나님의 일을 하듯이 감당하게 하시옵소서.

복음을 전파하고, 죽어져 가는 생명들을 구원해내는 사업장이 되게 하시며, 재정의 수입도 귀하지만, 이 사업을 통해서 하나님께서 계획하신 일들이 일어나기를 빕니다.

○○(직분)님께서 이 사업을 준비하시느라 재정적인 부담도 힘에 겨우셨을 것입니다. 풍성하게 하시는 은혜로 물질의 어려움을 겪지 않게 하시옵소서. ○○(직분)님께서 이 일터로 말미암아 아무리 먹어도 토지의 소산이 떨어지지 않는 은혜를 경험하게 하시옵소서. 저희들의 눈에는 비록 초라하게 여겨지고, 규모도 작지만 이 자리를 축복합니다.

오늘은 ○○(직분)님의 새로운 사업을 위하여 예배하게 하시니 오직 영광을 받아주시옵소서. 뜻과 마음 그리고 생각을 다하여 경배하는 한 시간이 되기를 소망합니다. 목사님의 말씀이 축복과 격려의 메시지가 되게 하시옵소서.

| -이어서, 심방받는 이의 형편에 따른 하나님의 역사를 간구한다. |
소망이 되시는 예수님의 이름으로 기도드립니다. 아멘.

기도를 이끌어주는 말씀_전 5:19
생업의 터전으로 주신

생업의 터전을 주시는 하나님,

오늘도 예비하신 하늘의 복으로 ○○○(이름) ○○(직분)님과 이 가정을 둘러 주시옵소서. 생업의 터전으로 주신 이 점포에 날마다 창대하게 하시는 하나님의 손길이 나타나기를 빕니다.

이제, 성령님의 인도하심과 날마다 좋은 것으로 만족하게 하시는 복을 누리게 하옵소서. 이끌어 주시고 도우시는 성령님의 임재하심을 보게 하시옵소서. 주님의 이름으로 이곳에 은혜가 나타나 아름다운 자리가 되게 하시옵소서. 그래서 불신자까지라도 ○○(직분)님이 복되다 하게 하시고, 이 사업장을 통해서 주님의 이름을 높이게 하옵소서.

하늘 아버지께서는 자기의 자녀들을 사랑하시기 때문에 땅에서 지내는 동안에 형통을 경험하게 하심을 기대합니다. 하나님께서 다니엘을 높여주시려고 꿈을 해석하게 하셨음을 기억합니다.

○○(직분)님을 위해서 하나님께서 준비해 주신 말씀을 목사님께서 전하실 때, 성령님의 역사를 보여주시옵소서. 전능하신 하나님을 찬양하고, 저희들의 연약함을 올려드리고, 결단을 도전하게 하시옵소서.

주님께서 ○○(직분)님을 사랑하시어 소원을 품게 하시고, 간구하는 제목들이 많게 하셨사오니, 다 응답해 주옵소서. 성령님과 동행하는 사업장으로 인도해 주시옵소서. ○○(직분)님 부부가 눈물을 쏟으며 간구하는 기도를 들어주셔서 이 땅에서 승리하는 사업장이 되기를 소망합니다. 이 사업장이 곧 하나님의 일이 되게 하옵소서.

| −이어서, 심방받는 이의 형편에 따른 하나님의 역사를 간구한다. |

의롭다 해 주신 예수님의 이름으로 기도드립니다. 아멘.

기도를 이끌어주는 말씀_마 1:18-25
더러운 것에 물들지 않음

거룩함을 지켜주시는 하나님,

저희들 모두에게 하나님의 은혜가 이 가정에 넘치기를 소망하게 하시옵소서. ○○○(이름) ○○(직분)님께서 하나님의 영으로 충만해서 그 행하는 일에 정직한 자가 되기를 결단하게 하시니 감사드립니다.

○○(직분)님의 직장은 시대와 문화의 첨단 영역에 있으므로 어떤 곳보다도 타락되기가 쉬우므로 여종으로 하여금 기도하게 하신 하나님께 찬양을 드립니다. 성령님께서 ○○(직분)님에게 충만히 임재하시고, 강권하셔서 거룩함에 서게 하시옵소서.

사람들 중에는 기분이나 감정에 따라 움직이는 본능적인 이들이 있습니다. ○○(직분)님의 직장에서는 이성이나 상식적인 수준에서 판단하고 결정하는 합리적인 이들도 있습니다. 그들과 더불어 직장생활을 할 때, 그리스도인의 위치를 잃지 않고, 지내게 하시옵소서.

○○(직분)님께서 이제까지 자신을 지켜 더러운 것에 물들지 않음의 본이 되어 오게 하셨습니다. 교회의 젊은 지체들에게 직장에서의 생활에 도전이 되어주시기도 하셨습니다. 하나님과 사람들 앞에서 경건한 삶을 소원하는 그의 기도에 늘 응답해 주시옵소서.

지금, 목사님께서 말씀을 증거하실 때, 하나님의 능력과 은혜가 드러나게 하시고, 저희들은 거룩함을 입혀 주시옵소서. ○○(직분)님과 이 가정에 속해있는 지체들에게 성령님의 능력으로 충만하게 하시옵소서. 함께 한 저희들에게도 축복의 말씀이기를 빕니다.

ㅣ-이어서, 심방받는 이의 형편에 따른 하나님의 역사를 간구한다. ㅣ
죄를 씻어주신 예수님의 이름으로 기도드립니다. 아멘.

기도를 이끌어주는 말씀_대상 16:28-30
보내심으로 직장에 파견하셨으니

일터로 보내시는 하나님,

○○○(이름) ○○(직분)님께서 "종의 집에 복을 주사 주 앞에 영원히 있게" 하시는 복에 주인공이 되게 하시니 감사드립니다. 오늘, 저희들의 심방으로 ○○(직분)님의 기도에 힘이 보태어지기를 빕니다.

사랑하는 지체가 직장에서 자신을 거룩함에 이르게 하도록 도와주시옵소서. 여호와께 존귀한 성도를 쓰러뜨리려고 사탄이 온갖 유혹을 할 때, 담대히 물리치게 하옵소서. 불신자들의 더러운 세속적인 유혹이 닥쳐올 때, 성령님께서 미리 막아주시고, 피할 길로 인도해 주옵소서.

때로는 고난이 닥쳐올지라도 성령님의 도우심으로 넉넉히 이기게 하시옵소서. 가이사의 것과 하나님께 드려질 것이 분명히 구별되는 직장이 되게 하시옵소서. ○○(직분)님을 거룩하게 세워주시옵소서. 하나님의 보내심으로 직장에 파견하셨으니 감당할 만한 능력을 베풀어 주시옵소서.

직장에서의 조직과 그 문화로 말미암은 혼란이 그를 어렵게 하기도 할 것입니다. 그때마다 성령님께서 ○○(직분)님을 보호해 주옵소서. 사랑하는 지체가 직장에서 천국일꾼이 되어 충실하게 하옵소서.

오늘, 말씀을 받으면서 주님께서 지신 십자가를 지고 주를 따르는 삶을 결단하도록 인도해 주시옵소서. 오직 주님만을 바라며 살게 하시고, 주님과 동행하는 임마누엘의 삶이 되게 하시옵소서. 하나님과 동행함으로써 거룩함을 지키게 하시옵소서.

| -이어서, 심방받는 이의 형편에 따른 하나님의 역사를 간구한다. |
나의 편이 되신 예수님의 이름으로 기도드립니다. 아멘.

기도를 이끌어주는 말씀_시 65:9
하나님을 영화롭게 해드리는 일에

사업장을 주신 하나님,

세상에서의 복보다는 영생의 복 받기를 더 소중하게 여기는 ○○○(이름) ○○(직분)님으로 말미암아 감사드립니다. 천에 하나, 만에 하나 구별해서 하나님의 자녀로 선택받으신 ○○(직분)님을 축복합니다. 주님의 섭리와 인도하심에 따라 이 사업체를 개업하였으니 영광을 받아주옵소서. 시작은 미약하지만 나중은 심히 창대하게 해 주실 것을 믿고 축복합니다. 이 사업체가 하나님께 드려져서 영광을 나타내고, 신앙의 기업을 운영하는 특권을 허락해 주시옵소서.

이 좋은 일터를 거룩하게 하사 사랑하는 지체에게 맡기셨으니 온 가족이 즐거운 마음으로 동참하게 하시옵소서. 시작하는 과정에는 사람의 손길과 여러 모습의 지혜가 필요할 것입니다. ○○(직분)님과 자녀들이 아버지를 도와 이 사업을 위해서 기도하는 일꾼들이 되도록 이끌어 주시옵소서.

하나님의 말씀에 귀를 기울입니다. 말씀에 은혜를 주셔서 ○○○님께 위로가 넘치게 하시옵소서. 하나님의 능력으로 치료받는 기적을 체험하게 하시옵소서. 하나님의 회복해 주심을 소망합니다.

오늘, 심방으로 사랑하는 지체에게 성령님의 충만하심을 빕니다. 종에게 주신 귀한 일터를 통해서 약속된 복을 내려주시옵소서. 신령한 은혜와 재물의 복도 주시어 하나님을 영화롭게 해드리는 일에 헌신하게 하시옵소서.

| −이어서, 심방받는 이의 형편에 따른 하나님의 역사를 간구한다. |
우리 주 예수님의 이름으로 기도드립니다. 아멘.

기도를 이끌어주는 말씀_계 4:10-11
천국에서의 기업을 완성하는 은혜

우리를 부요하게 하시는 하나님,

○○○(이름) ○○(직분)님께서 "이삭이 그 땅에서 농사하여 그 해에 백배나 얻었던" 복을 자기의 것으로 삼게 하시니 감사드립니다. ○○(직분)님께서 기도로 사업의 문을 열게 하시고, 오늘까지 함께 하셨음에 감사드립니다. 홀로 영광을 받으시옵소서.

여기에 모인 이들로 하나님의 이름을 찬송하게 하시고, ○○기업에는 새로운 비전을 주시기 바랍니다. 성령님의 함께 하심이 이 기업에 있도록 하시옵소서. 지상의 기업을 통해서 천국에서의 기업을 완성하는 은혜를 경험하게 하시옵소서.

하나님께서 ○○(직분)님께 하나님의 나라에 대한 소망을 주시고, 이 사업을 일으키게 하셨으며, 주님의 기업으로 이만한 은혜를 누리게 하셨습니다. 오늘, 영광을 받아주시옵소서. 이 일터가 곧 하나님의 것이 되어, 하나님께서 취하셔야 하는 영광을 거두시옵소서.

○○(직분)님께서 하나님의 말씀을 들으실 때, 세상에 대하여 끊을 것을 끊고 버릴 것을 버리는 결단이 있게 하시옵소서. 하나님의 기뻐하시고 온전하신 뜻이 무엇인지 깨달아 실천하도록 도와주시옵소서.

사랑하는 지체가 자기 몫의 일터를 갖게 되었음은 참으로 즐거운 일입니다. 저가 남의 일을 도우면서도 성실하게 섬겼더니, 주님께서 생업의 터전을 주셨습니다. 지금은 초라하게 시작하지만, 이제, 창대하게 하시는 주님의 손길을 보게 하옵소서.

| -이어서, 심방받는 이의 형편에 따른 하나님의 역사를 간구한다. |
기도의 문이 되신 예수님의 이름으로 기도드립니다. 아멘.

기도를 이끌어주는 말씀_시 104:33-35

경영은 하나님께 있음을 믿고

사업장을 경영하시는 하나님,

○○○(이름) ○○(직분)님께서 "여호와는 네게 복을 주시고 너를 지키시기를 원하며"의 약속에 참여하게 하셨음에 감사드립니다.

○○ 기업을 축복합니다. 이 기업을 통해서 흐르는 복의 강물이 ○○(직분)님과 직원들에게 미치기를 원합니다. 저들이 회사를 운영하면서도 언제나 경영은 하나님께 있음을 믿고 운영해 왔음을 고백합니다. 이 기업의 종사자들에게 주님을 위해 살겠노라 다짐하게 하시옵소서.

주님께서 세워주신 ○○기업이 또 다른 모습의 교회공동체가 되기를 소망합니다. 사랑하는 직원들이 ○○(직분)님과 한 마음이 되어 회사를 운영하도록 하옵소서. 귀한 분들이 이곳에서 근무하는 동안 영혼이 잘 되게 하시고, 범사가 잘 되어서 강건함을 보게 하시옵소서.

목사님께서 설교하실 때, 은혜와 진리가 충만한 이 기업이 되게 하시옵소서. ○○(직분)님께서는 예수님을 닮아가게 하시고, 이 땅에서 지내는 동안에, 말씀생활과 기도생활에 승리하게 하옵소서. 주님께서 세우신 기업이 하나님의 나라가 이 땅에서 이루어지도록 쓰임 받게 하시옵소서.

이제, 주님 앞에서 이 기업의 청지기가 되어 일하실 ○○(직분)님을 축복합니다. 귀한 종이 소유의 많고 적음에 마음을 두지 않고, 하나님의 뜻이 이 땅에서 이루어지는 것에 마음을 두게 하시옵소서. 그리고 이 땅에서 지내는데 소용되는 것들을 다 채워주옵소서.

│ -이어서, 심방받는 이의 형편에 따른 하나님의 역사를 간구한다. │
구주 예수님의 이름으로 기도드립니다. 아멘.

기도를 이끌어주는 말씀_시 95:6-8
청결한 마음과 정직한 생각으로

청지기의 마음을 주시는 하나님,

○○○(이름) ○○(직분)님께서 손으로 수고하고 먹는 자의 복을 사모하게 하시니 감사드립니다. 기업의 주인이 되시는 하나님께 감사를 드리게 하옵소서. 주님의 시간에 하나님을 찬양하는 예배가 되게 하시옵소서.

직원들의 손에 복을 내려주시기 원합니다. 성도들이 모인 회사이오니, 모든 직원들이 주님의 몸을 경험하도록 하시고, 삶의 하루를 이곳에서 지내는 직원들에게 회사가 곧 천국임을 경험하도록 하시옵소서. 하나님의 뜻을 이루어드리는 기업으로 만들어 주시옵소서.

또한, 그들이 주님의 거룩한 기업을 통해서 땅에서 취할 복을 누리기를 소망합니다. 복된 기업이 되게 하시옵소서. ○○(직분)님께서 여호와 하나님을 의지하여 청결한 마음과 정직한 생각으로 경영하도록 붙잡아 주시옵소서.

생명수를 기다립니다. 예배를 인도하시며 말씀을 전하시는 목사님과 함께 하시옵소서. 기도하시는 중에, 준비된 말씀이 ○○○님의 가정과 삶의 터전 위에 하나님의 축복하심으로 함께 하여 주시옵소서.

주님께서 인정하시는 기업이 되어 들어와도 복을 받고 나가도 복을 받는 직원들로 인하여 크게 되는 회사로 만들어 주옵소서. 이 회사가 날로 창대하고 왕성해서 이 땅의 실업계에 주님의 영광을 선포하게 하시옵소서.

| -이어서, 심방받는 이의 형편에 따른 하나님의 역사를 간구한다. |
복의 문이 되신 예수님의 이름으로 기도드립니다. 아멘.

기도를 이끌어주는 말씀_느 9:6

번창의 길에서 달리도록

번영의 복을 주시는 하나님,

○○○(이름) ○○(직분)님이 이 세상에 머무시는 동안에, 의를 위하여 박해 받는 자가 되는 것에 주목하게 하시니 감사드립니다. 사랑하는 종에게 하나님의 은총으로 사업장을 확장하려는 비전을 갖게 하시옵소서. 일터의 부흥을 그에게 주시옵소서.

주님께서 거룩한 일터를 주신 ○○(직분)님을 축복합니다. 이제까지와 같이 앞으로도 저의 손을 붙드시고 이 회사가 번창의 길로 달리게 하옵소서. 성령님께서 충만하게 임재하시는 사업장으로 만들어 주시옵소서. 날마다 더 큰 영광을 주님께 드리도록 인도해 주시옵소서.

○○(직분)님을 지금까지 지켜주시고, 그의 기업이 발전하게 하심에 영광을 드립니다. 처음에 시작할 때는 맨손뿐이었으나, 복을 주시고 복을 주시며, 번성하게 하고 번성하게 하시는 은혜가 임하여 창대하게 하시옵소서.

하나님을 대신하여 말씀을 대언하실 목사님 위에 함께 하시고 입술의 권세를 허락하사 전해지는 말씀에 역사가 임하게 하시옵소서. ○○(직분)님과 이 사업장이 성령님의 능력으로 충만하게 하시옵소서.

○○(직분)님께서 여호와 하나님을 의지하여 청결한 마음과 정직한 생각으로 경영하도록 붙잡아 주시기를 원합니다. 그리하여 사람의 재간으로 세워지는 기업이 아니라 주님의 도우심으로 빛과 소금의 역할을 감당하는 회사가 되게 하옵소서.

| -이어서, 심방받는 이의 형편에 따른 하나님의 역사를 간구한다. |

소망을 주시는 예수님의 이름으로 기도드립니다. 아멘.

기도를 이끌어주는 말씀_렘 50:4-5
신실한 종에게 주시는 상급

사업장을 확장해 주시는 하나님,

○○○(이름) ○○(직분)님께서 신실한 종에게 주시는 상급으로 영광의 면류관을 취할 것을 바라보게 하시니 감사드립니다. 사랑하는 종에게 이 사업장을 확장하려는 마음을 주시고, 오늘 저희들이 이 기업을 심방하게 하셨사오니 영광을 받으시옵소서.

이 기업이 사람들로부터 받는 영광은 다 주님의 것이오니 영광을 드리는 회사가 되게 하옵소서. ○○○ 집사님과 모든 종사자들이 기업을 시작했을 때의 첫 정신과 첫 자세를 잃지 않고, 일할 수 있도록 도와주시옵소서. 이 회사는 설립 때부터 주님의 것이오니 모든 일꾼들이 하나님 앞에서 부지런하여 풍성함을 보는 기업이 되게 하시옵소서.

목사님께서 전하시는 말씀에 ○○(직분)님께서 감격하는 은혜를 받게 하시옵소서. 한 마디 한 마디의 말씀에서 진리를 구하게 하시고, 생명의 길로 받게 하시옵소서. 은혜와 진리로 인도해 주시옵소서.

지금까지 회사와 아울러 종업원들을 지켜주셨음에 감사드립니다. 하나님을 경외하는 직원들로 말미암아 이 기업이 더욱 흥왕하게 하시옵소서. 그들 각 사람이 회사의 발전과 함께 자신들의 생활도 윤택해지게 하시옵소서.

하나님께서 함께 하시므로 하나님께 영광이 되는 사업장이 되게 하시옵소서. 그리하여 사장과 전 종업원이 손을 대는 일마다 주님의 도우심이 있어서 형통하게 해 주시옵소서.

| -이어서, 심방받는 이의 형편에 따른 하나님의 역사를 간구한다. |
친구가 되어주시는 예수님의 이름으로 기도드립니다. 아멘.

기도를 이끌어주는 말씀_신 1:29-33

여호와를 늘 의지하는 자

소성하게 해 주시는 하나님,

○○○(이름) ○○(직분)님께서 여호와를 늘 의지하는 자가 되기를 소망하도록 성령님께서 인도해 주시니 감사드립니다. 하나님께서 이 기업의 주인이심을 다시 한 번 확인하오니 하나님의 뜻을 나타내어 주시옵소서. 하나님께서 친히 간섭해 주시옵소서.

사람으로서는 많은 노력을 기울이고, 사업장을 운영함에도 남다른 부지런함을 다하였으나 어려워지는 형편을 하나님께 올려 드립니다. 이 시간에, ○○(직분)님의 사업장을 하나님께 올려 드리오니 받으시고, 은혜를 베풀어 주시옵소서.

지금은 실패의 괴로움 때문에 힘들어 하지만, 위로부터 내려오는 은혜로 이기게 하심을 믿습니다. 성령님께서 담대하게 하시는 마음으로 실패의 원인을 찾게 하시옵소서. 이 어려움이 해결되면, 후에는 큰 열매를 맺게 될 것을 기대합니다.

하늘의 문을 여시고, 말씀을 주시옵소서. 저희 ○○○님과 이 가정의 권속들이 들어야 하는 생명의 말씀이 선포되어 그 말씀이 축복이 되고, 위로가 되기를 빕니다. 다시 서게 되는 복을 체험하게 하시옵소서.

그동안 청지기적 사명을 잘 감당하신 ○○(직분)님을 축복합니다. 회사를 경영하는 일이 중요하고, 그 범위가 크지만, 먼저 하나님을 주목하게 하시옵소서. 주님의 거룩한 사업장을 축복합니다. 주님께서 이 회사를 창성하게 하심으로써 하나님의 영광을 보게 해 주시옵소서.

| -이어서, 심방받는 이의 형편에 따른 하나님의 역사를 간구한다. |

짐을 대신 져 주시는 예수님의 이름으로 기도드립니다. 아멘.

기도를 이끌어주는 말씀_약 4:8-10

번성한 기업으로 만들어 주심을

범사에 복을 주시는 하나님,

○○○(이름) ○○(직분)님이 "여호와께서 너의 손으로 하는 범사에 네게 복을 주시리라"는 약속을 받기에 조금도 모자라지 않게 지내게 하셨사오니 감사드립니다. 이 기업의 주인이 하나님이심을 믿습니다.

사랑하는 종에게 어려움을 주시고, 저희들이 함께 머리를 숙이게 하셨음을 묵상합니다. 저희들에게 서로를 위하게 하시려고 ○○(직분)님을 통해서 기도하게 하셨사오니, 은혜의 한 시간이 되게 하옵소서.

하나님은 이스라엘 백성들을 애굽에서 인도하시고, 그들이 광야를 행진할 때에 그들을 안고 그들 앞에서 행하셨습니다. 백성들이 어렵고 힘들 때마다 하나님은 함께 하시고 그들 앞에서 행하셨음을 저희들이 기억하게 하시옵소서.

오늘, 목사님께서 준비하신 말씀이 ○○(직분)님의 가정에 축복이 되게 하시옵소서. 그리고 이 가정의 지체들과 함께 예배하는 저희들에게도 격려와 위로가 되기를 원합니다. 하늘의 문을 열어주시옵소서. 이 예배에서 저희들의 찬양으로 주님의 이름이 높여지고, 하나님께서는 영광을 받으시기를 원합니다.

이 기업은 하나님의 것입니다. 주님의 뜻이 있어서 ○○(직분)님으로 하여금 회사를 시작하게 하셨고, 지금까지 맡겨주셨음을 믿습니다. 성령 하나님께서 사랑하는 지체와 전 종업원에게 비전을 주셔서 하나님께서 심히 번성한 기업으로 만들어 주심을 바라보게 하시옵소서.

| -이어서, 심방받는 이의 형편에 따른 하나님의 역사를 간구한다. |
복을 약속해 주신 예수님의 이름으로 기도드립니다. 아멘.

소망이 좌절된 경우(1)

기도를 이끌어주는 말씀_사 55:6-7

하나님의 특별하신 계획이

저희를 붙들어주시는 하나님,

흉흉한 바다와도 같은 이 세상에서의 삶을 주님을 바라보심으로써 이겨내시는 ○○○(이름) ○○(직분)님으로 말미암아 감사드립니다. 사랑하는 지체가 하나님의 은혜를 고백하며 지내시기를 원하여 ○○의 지체들이 이 가정을 심방했습니다.

하나님의 특별하신 계획이 있으신 ○○(직분)님을 축복합니다. 저를 사랑하심으로 여호와께 존귀한 성도로 불러주시고, 오늘까지 보호해 주셨음을 기억합니다. 눈에 보이는 상황이나 어떤 조건들로 말미암아 낙망하지 않도록 붙잡아 주옵소서. 오늘도 위에서 내려오는 하나님의 은혜가 ○○(직분)님께 소망이 되게 하시옵소서. 지금까지 ○○(직분)님을 억누르고 있던 문제들이 심방의 은혜로 떠나가게 하시옵소서.

답답하게 여겨지는 현실의 지금이 바로 ○○(직분)님께서 하나님이 저에게 목자가 되어주심을 경험할 수 있는 시간이라 생각합니다. 사방으로 에워싸이는 상황에 마주치게 될지라도 여호와의 이름을 부를 수 있는 힘이 있다는 것으로 소망이 있음을 확인하게 하시옵소서.

하나님의 말씀으로 저희를 향한 주님의 뜻이 무엇인지 분별하여 새로워지기 원합니다. 하나님께서 이 가정에 하시기 원하시는 말씀을 전해 주시옵소서. ○○(직분)님과 이 가정의 지체들에게 여호와의 증거로 지혜롭게 하시며, 그 이름이 저희에게 위로와 소망이 되기 원합니다.

| -이어서, 개인적인 상황에 따른 하나님의 응답을 간구한다. |

죄를 씻겨주신 예수님의 이름으로 기도드립니다. 아멘.

기도를 이끌어주는 말씀_시 66:1-4

바랄 수 없는 중에 바라는

허락하신 대로 복을 주시는 하나님,

"여호와께서 네게 허락하신 대로 네게 복을 주시리니"의 약속이 ○○○(이름) ○○(직분)님의 것이 되어 지내오게 하셨음에 감사드립니다. 지금, 혼자이신 것 같은 시간이 도리어 하나님께서 동행해 주고 계시다는 것을 확신하게 하시옵소서.

오늘, 심방이 이 가정에 축복의 사건이 되기를 원합니다. 성령님께서 사랑하는 지체를 붙들어 주시옵소서. 어려운 상황을 혼자서 헤쳐 나가게 되었다고 여겨지는 시간이 오히려 하나님께서 자신을 지켜보고 계시는 시간이라는 것에 주목하게 하시옵소서.

성령님께서 ○○(직분)님을 감동해 주시고, 자신에게 꿋꿋하도록 붙들어 주시옵소서. 홀로 버려진 것만 같은 지금, 참고 견디면서 기도하는 가운데 한 걸음, 한 걸음 나아갈 수 있도록 도와주시옵소서. 바랄 수 없는 중에 바라는 것이 소망이라는 사실을 묵상합니다.

하나님의 말씀으로 권면하실 목사님께 성령님의 능력이 있기를 소원합니다. 이 가정을 축복하사 ○○(직분)님의 심령이 하나님의 은혜로 충만하여 말씀을 붙들고 세상을 이길 수 있는 힘을 받게 하시옵소서.

저희들이 하나님께로부터 멀어져 하나님께서 떠나신 것처럼 생각하지 않게 하시옵소서. 여호와는 저희의 편이 되어주시고, 여전히 여기에 계신데, 저희들이 여호와를 잊고 혼자 있는 것만 같이 여겨지지 않게 도와주시옵소서.

| -이어서, 개인적인 상황에 따른 하나님의 응답을 간구한다. |
생명을 주신 예수님의 이름으로 기도드립니다. 아멘.

기도를 이끌어주는 말씀_겔 10:4-5
여호와의 임재를 소망하는

찾아오셔서 손을 내미시는 하나님,

하나님의 전신갑주를 취하는 삶에 있어서 ○○(교회)의 성도들에게 모범이 되시는 삶을 살아가시는 ○○○(이름) ○○(직분)님으로 말미암아 감사드립니다.

오늘, 저희들의 방문을 통해서 성령님께서 심방해 주시기를 빕니다. 저희들에게 병든 (형제)를 사랑하는 마음을 주셨으니 감사드립니다. 머리를 숙인 지체들이 애타는 마음, 간절한 심정으로 (형제)를 대하며, 병 낫기를 위하여 간구하오니 속히 낫게 해 주시옵소서.

사랑하는 ○○(직분)님과 이 가정의 지체들에게 여호와의 임재를 소망하게 하시니 감사드립니다. 이 시간에, 질병을 치료하시는 광선을 비추시사 고통스럽게 하는 환부를 치료하여 주시옵소서. 성령님의 불로 환부를 도려내 주시고, 썩어진 부분에 새 살이 돋게 하시옵소서.

하나님의 사람을 넘어뜨리기 위하여 질병이 발생하였으나 여호와의 크신 능력으로 고쳐 주시고, 싸매어 주시옵소서. 사랑하는 지체를 괴롭히고 있는 질병을 성령님께서 쫓아내 주시옵소서. 이미, 저를 위하여 우리 주님께서 채찍에 맞으셨으니 ○○(직분)님은 나음을 보게 될 줄로 믿습니다.

기도하시는 중에, 설교를 준비하신 목사님께 힘을 더하셔서 권세 있는 말씀을 선포할 수 있게 하시옵소서. 그 말씀으로 낙심과 지침으로 주저앉았던 ○○(직분)님이 다시 일어나는 체험을 주시옵소서.

| -이어서, 개인적인 상황에 따른 하나님의 응답을 간구한다. |

보혈의 주, 예수님의 이름으로 기도드립니다. 아멘.

기도를 이끌어주는 말씀_시 63:1-2
몸으로 부르짖는 간구가 되어

응답이 되어주시는 하나님,

○○○(이름) ○○(직분)님께서 "네 하나님 여호와께서 너의 범사에 네게 복을 주시리라"는 약속에 소망을 두고 지내오게 하셨음에 감사드립니다. 건강하게 지내시던 ○○(직분)님이 육신의 병이 들어 심방을 왔습니다.

엊그제만 해도 함께 주님의 일에 몸을 드려 동참하시고, 교회의 봉사활동에도 손을 나누셨는데, 이렇게 병상에 계시니 저희들도 당황스럽습니다. 지금, ○○(직분)님이 겪으셔야만 하는 이 고통이 몸으로 부르짖는 간구가 되어, 하나님께 전해지기를 빕니다. 사랑하는 지체의 고통이 심한 것을 아시고, 때를 따라서 넉넉하게 이기게 하실 하나님을 바라보게 해 주시옵소서.

하나님의 말씀을 대언하실 목사님 위에 크신 은혜와 능력으로 함께 하사 ○○(직분)님과 이 가정의 지체들의 심령을 치유하는 귀한 말씀이 되게 인도하여 주시옵소서. 그리고 저희들의 완악한 심령도 주님의 말씀으로 변화시켜 주시옵소서. 목사님의 말씀이 치유의 능력이 되어 질병은 떠나가고 회복케 하심의 은혜를 보게 하시옵소서.

역경을 통해서 하나님께서 의도하신 일이 성취되도록 순종하는 마음을 갖게 하시옵소서. 고난의 시간도 하나님께 영광이 되기를 소망합니다. 지금은 흐르는 눈물뿐이지만, 이를 사용하여 저를 의롭게 하시는 하나님께 소망을 두게 하시옵소서.

| -이어서, 개인적인 상황에 따른 하나님의 응답을 간구한다. |
죄를 대속해 주신 예수님의 이름으로 기도드립니다. 아멘.

기도를 이끌어주는 말씀_합 3:17-18

상한 심령을 받아주시고

상한 마음을 품어주시는 하나님,

매일 매일의 삶에서 주님과 동행하는 것을 제일로 여기시는 ○○○(이름) ○○(직분)님께서 ○○(교회)의 지체들과 한 몸이 되게 해 주셨음에 감사드립니다. 이 시간에, 여호와의 이름을 부르며 예배할 때, 영광을 거두어주시고, ○○(직분)님의 기도에 응답하여 주시옵소서.

○○(직분)님의 상한 심령을 받아주시고, 그의 억울함을 풀어주시옵소서. 저가 홀로 밤을 지새울지라도 원수를 갚는 것을 하나님께 맡기고, 자신이 혹시라도 분을 낼까 두려워하여 기도하는 종의 심정을 만져 주시옵소서.

○○(직분)님께서 이 가정에 축복의 통로가 된 사명을 감당하도록 은총을 더하시옵소서. 늘 하나님을 사랑하고, 범사에 여호와를 인정하는 사람이 되어서 하나님의 인도하심을 받는 가정이 되게 하시옵소서. 영혼이 잘 되는 것처럼 범사가 잘 되고, 강건하게 하시옵소서.

저희들을 위하여 목사님께서 말씀을 전하십니다. 천국의 말씀을 대언하실 때, 능력을 더하시옵소서. ○○(직분)님과 저희들은 그 말씀에 응답하여 하나님의 뜻을 나타내는 삶에 대한 결단을 하게 하시옵소서.

성령님께서 임하셔서 생각과 마음을 주님께 집중하고, 하나님의 말씀을 마음에 간직하게 하시옵소서. 오직 하나님의 말씀으로 살아가기를 소원하는 은혜를 주시옵소서. 우리 예수님께 붙어 있기를 원하는 마음을 ○○○ (성도)님에게 주시옵소서.

| -이어서, 개인적인 상황에 따른 하나님의 응답을 간구한다. |

위로해 주시는 주, 예수님의 이름으로 기도드립니다. 아멘.

기도를 이끌어주는 말씀_마 11:28-30
하나님의 일하심을 기다림

참고, 견디게 하시는 하나님,

○○○(이름) ○○(직분)님께서 빈약한 자를 권고하는 자가 되어 교회와 이웃에게 유익함이 되기를 소원하게 하시니 감사드립니다. ○○의 지체들이 마음을 같이하기 위하여 이 가정에 모였습니다.

우리 하나님 앞에서 ○○(직분)님과 이 가정에 속해 있는 지체들이 믿음의 가정을 이루어 나가도록 해 주심을 빕니다. 옥토의 심령을 지니고, 반석 같은 믿음의 처소를 이루어가게 하시옵소서. 날마다 하늘의 신령한 은혜와 이 땅에서의 기름진 것으로 채워지는 삶을 살게 하시옵소서.

하나님을 사랑하셨던 주님의 마음을 자신의 것으로 삼게 해 주시기를 빕니다. 하나님의 마음을 품으셨던 주님의 마음을 주시옵소서. 그리하여 ○○(직분)님의 가슴이 억울함으로 말미암아 참아 누르기 힘이 드시지만 성령님께 그 가슴을 내려놓게 하시옵소서. 사랑하는 지체에게 상처를 치료받는 기름을 부어주시옵소서.

하나님의 말씀이 그리워 애가 타는 심령이 되게 하시옵소서. 목사님의 입술로 증거되는 말씀에 ○○(직분)님의 심령이 변화를 받게 하시옵소서. 말씀을 붙들고 승리하도록 인도해 주시옵소서.

이 땅에서 살아가는 동안에는 의보다 불의가 득세하고, 진리보다 거짓이 환영을 받고 있사오니 하나님만 주목하게 하시옵소서. 세상에 대하여 하나님의 일하심과 섭리를 기다리게 하시옵소서.

| -이어서, 개인적인 상황에 따른 하나님의 응답을 간구한다. |
기쁨이 되시는 예수님의 이름으로 기도드립니다. 아멘.

기도를 이끌어주는 말씀_욜 2:23
하나님의 자비로우심

　권속의 형편을 아시는 하나님,
　○○○(이름) ○○(직분)님이 주를 보지 못하고 믿는 자의 영광을 사모하게 하시니 감사드립니다. ○○의 지체들을 ○○(직분)님께로 보내시어 예배하게 하시니, 오늘도 영광을 받아주시옵소서.
　사랑하는 권속의 형편을 아시는 하나님이 계시기에 불안해하지 않습니다. 하나님께서 도우시리라는 확신에 소망을 갖게 하시옵소서. 낙심될 때, 찾아와 주시는 예수님을 사랑합니다. 어떻게 나아가야 할지 막막한 느낌을 가지신 ○○(직분)님을 향하신 하나님의 은혜는 결코 포기되지 않음을 믿게 하시옵소서.
　○○(직분)님께 주님의 생각을 자신의 것으로 삼기를 좋아하게 하시옵소서. 그리하여 언행심사가 다 주님의 것이 되게 하시옵소서. 사람의 감정에서 비롯되는 언어가 아니라 하나님의 말씀을 언어로 삼게 하시옵소서. 이로써 주님 안에서 연합되는 거룩함을 주시옵소서.
　하나님의 은총으로 사랑하는 지체가 평생의 소원을 품게 하시니 감사드립니다. 한 가지의 소원으로 하나님을 사랑하고, 기도에 쉬지 않으며 예배하며 살아가기를 소원하는 은혜를 주시옵소서.
　목사님의 말씀으로 생명의 역사가 펼쳐지기를 소원합니다. 말씀을 사모하는 ○○○님과 이 가정의 지체들에게 기쁨이 충만하게 하시옵소서. 은혜의 단비를 체험하는 귀한 시간이 될 수 있도록 도와주시옵소서. 함께 한 저희들에게도 진리로 풍성하게 하시옵소서.

　| -이어서, 개인적인 상황에 따른 하나님의 응답을 간구한다. |
　주 예수님의 이름으로 기도드립니다. 아멘.

기도를 이끌어주는 말씀_시 145:1-3
사랑 안에서 참된 것을 하여

억울함을 풀어주시는 하나님,

○○○(이름) ○○(직분)님이 세상에 대하여 주의 이름으로 욕 받는 자가 될 것을 감당하게 하시니 감사드립니다. ○○(직분)님의 가정에서 예배할 때, 여기가 성전이 되게 하시고, 하나님께 드릴 영광을 온전히 바치게 하시옵소서.

사랑하는 ○○(직분)님이 하나님의 뜻을 따라 예수님의 장성한 분량에 이르기를 소원합니다. 믿음에 어린아이가 되지 않게 하시옵소서. 사람의 속임수와 간사한 유혹에 빠지지 않게 도와주시옵소서. 세상의 모든 교훈의 풍조에 밀려 요동하지 않게 하시옵소서.

오직 사랑 안에서 참된 것을 하여 범사에 주님에게까지 자라게 하옵소서. 하늘의 언어, 하늘의 말로 진리 안에 서게 하시옵소서.

이 시간에, 사람의 힘으로는 풀리지 않는 문제들이 해결되는 복을 받게 하시옵소서. 나아가 항상 기도하는 것들이 응답되어서 범사에 형통함을 보는 은혜를 내려 주시옵소서. 하나님의 말씀으로 위로를 받게 하시고, 하나님께서 만나주시며, 복을 베풀어 주시옵소서.

주님의 말씀을 대언하시는 목사님을 성령의 권능으로 붙들어 주시옵소서. ○○(직분)님과 이 가정의 지체들이 은혜 받음으로 기쁨을 얻고, 하나님의 기뻐하시는 뜻을 깨닫는 시간이 되게 하시옵소서.

세상에서 지내시는 동안에, 여러 가지의 유혹들이 ○○(직분)님의 심령을 어지럽힐 것입니다. 그때마다, 성령님께서 붙들어 주시옵소서.

| -이어서, 개인적인 상황에 따른 하나님의 응답을 간구한다. |
평강의 주, 예수님의 이름으로 기도드립니다. 아멘.

기도를 이끌어주는 말씀_눅 24:17-27
하나님의 또 다른 계획을

평안으로 이끌어 주시는 하나님,

마음으로 하나님의 뜻을 행하고, 성도들을 섬기기를 주님께 하듯이 하시는 ○○○(이름) ○○(직분)님으로 말미암아 교회가 더욱 평안함에 감사드립니다. 오늘은 ○○(직분)님과 이 가정에 복을 더 하시려고 저희들을 보내신 줄로 믿습니다.

여호와께 존귀한 ○○(직분)님과 이 가정을 축복합니다. 저희들이 주님의 이름으로 이 가정을 찾게 하시고, 미쁜 마음으로 예배하게 하시니 영광을 받아 주시옵소서. 성령님께서 임재하사 이 가정에 불어 닥친 광풍을 몰아내 주시옵소서.

예수님께서 동행해 주심으로 사랑하는 지체의 삶에서 외롭고 힘든 시간도 능히 지나가게 해 주심을 기대합니다. 또 다른 계획을 갖고 계시는 하나님을 바라봅니다. 저희 모두는 ○○(직분)님의 사정을 모두 아시는 하나님이심을 믿기에 염려를 놓습니다.

이 시간에, 전해지는 진리의 말씀에 응답하는 복을 받게 하시옵소서. ○○(직분)님께서 자기를 위해 사는 자가 되지 않고, 주님을 위해 살기를 결단하고, 주님께서 가신 그 길을 따르게 하시옵소서.

○○(직분)님께서 죄의 사람은 죽고, 의의 사람으로 살게 하셨음에 감사드립니다. 이 시간에, 주님께서 하나님 아버지의 영광으로 부활하심의 은혜가 저에게 있기를 소망합니다. 이로써 모든 어려움을 여호와께 내려놓고, 오직 은혜로 살게 하시는 주님만 바라보게 하시옵소서.

ㅣ-이어서, 개인적인 상황에 따른 하나님의 응답을 간구한다. ㅣ
은혜의 주, 예수님의 이름으로 기도드립니다. 아멘.

기도를 이끌어주는 말씀_대상 29:12-13
위로와 소망을 주심을

소망이 되시는 하나님,

예수님을 구주로 영접하신 그날부터 이제까지 예수님을 가까이 하며 지내시는 ○○○(이름) ○○(직분)님으로 말미암아 감사드립니다. ○○의 지체들이 ○○(직분)님과 함께 예배하는 중에, 성도의 귀한 교제를 나누게 하시옵소서.

오늘도 주님께서는 저희들을 멸망에서 건져 영생에 이르게 하심을 믿습니다. 주님의 이 땅에서의 사역이 저희의 위로와 소망이 되는 것이었음을 기억하게 하옵소서. 살다가 지치고 낙심에 처할 때, 주님께서 찾아오셔서 위로와 소망을 주심을 잊지 않게 하시옵소서. 주님의 찾아주심이 지금, ○○(직분)님께 소망이 되게 하시옵소서.

하나님의 말씀을 생명의 진리로 받아 ○○(직분)님과 이 가정의 지체들이 세워지고, 순종하게 하시옵소서. 하나님의 사람이 지금 부딪치는 환경이 고달프고, 어려워도 하나님의 말씀으로 위로를 받게 하시옵소서.

저희들의 마음은 지금 당장, 눈앞에 놓여 있는 문제들에 집중하게 되지만, 하나님의 사람의 위치를 잃지 않게 하시옵소서. ○○(직분)님께서 지금의 환경에서도 종말에 대한 예민함을 갖게 해 주옵소서.

하나님의 영으로 ○○(직분)님을 붙들어 주시고, 위로해 주시옵소서. 성령님께서 권고해 주셔서 이슬과 같이 사라지고 말 세상일에 대하여서는 너무 집착하지 않게 하시옵소서. 청지기 된 사명을 갖고 아름답게 감당하는 종들이 되게 하시옵소서.

| -이어서, 개인적인 상황에 따른 하나님의 응답을 간구한다. |

인생의 짐을 져 주시는 예수님의 이름으로 기도드립니다. 아멘.

기도를 이끌어주는 말씀_대상 4:9-10

넘치도록 베풀어 주신 은혜를

넘치도록 은혜를 베푸시는 하나님,

그리스도를 주라 시인하는 삶의 모델이 되고, 하나님 아버지께 영광을 돌리는 ○○○(이름) ○○(직분)님께서 ○○(교회)의 지체들에게 도전이 되고 있음에 감사드립니다.

오늘도 예비하신 하늘의 복으로 ○○(직분)님과 이 가정을 둘러 주시옵소서. 좋으신 하나님께서 복된 지체들에게 복을 내려 주셨음을 기억합니다. 사랑하는 지체에게 누르고 흔들어 차고 넘치도록 베풀어 주신 그 은혜를 묵상하면서 예배합니다.

여호와의 은혜로 말미암아 화평함과 기쁨이 넘치게 하셨음에 감사드립니다. ○○(직분)님에게 두려움을 건너, 만세반석이 되신 주님의 십자가를 바라보고, 승리하게 하심을 기다리게 하시옵소서.

말씀을 준비하신 목사님께 성령님으로 감동해 주시옵소서. ○○(직분)님과 이 가정의 지체들을 먹이시는 하나님의 은혜가 말씀으로 주어지기 원합니다. 함께 한 저희들에게도 하늘의 위로를 받게 하시옵소서. 하나님께서 이 가정에 담대함이 되어주시옵소서.

○○(직분)님께서 주님과 함께 죽음을 경험하게 하셨으니, 그 은혜로 주님의 부활에 참여하게 하시옵소서. 주님의 부활의 생명이 저희 안에도 역사하게 하시옵소서. 부활의 소망을 가졌은즉, 혹시라도 저희들이 세상의 것들에 마음을 두지 않게 하시옵소서. 사용하라고 맡겨 주셨으니 주인의 뜻을 헤아려서 물질을 사용하게 하시옵소서.

| -이어서, 개인적인 상황에 따른 하나님의 응답을 간구한다. |
풍랑을 잔잔하게 하시는 예수님의 이름으로 기도드립니다. 아멘.

기도를 이끌어주는 말씀_시 5:11-12
잊지 않으셨던 하나님의 자비

자기 백성에게 자비로우신 하나님,

○○○(이름) ○○(직분)님이 "여호와께서 너를 위하여 하늘의 아름다운 보고를 여시사"라는 말씀을 기다리며 지내오게 하셨음에 감사드립니다.

오늘, ○○(직분)님과 이 가정의 식구들의 상심으로 얼룩진 마음을 보듬어 주시옵소서. 이스라엘을 잊지 않으셨던 하나님의 자비가 오늘은 저들의 것이 되게 하시옵소서. 여호와께서 함께 하시고, 지켜주시는 은혜를 경험하게 해 주시옵소서.

택한 백성을 돌아보시는 하나님의 긍휼하심이 있기를 빕니다. 그 은혜로 역경의 시간을 잘 지내게 하시옵소서. 도와주시기를 기다리시는 하나님의 은혜를 소망하게 하시옵소서. 세상의 여러 가지 미혹에 이끌려 마음을 내주지 않게 하시옵소서.

말씀의 권세와 능력이 저희들에게 하나님의 말씀을 전하실 목사님과 함께 하시옵소서. 종의 입술로 전해 주시는 말씀마다 능력이 있게 하셔서, 심령 골수를 쪼개기에 부족함이 없도록 붙들어 주시옵소서. 하나님께 인생의 소망을 두도록 이끌어 주시옵소서.

오늘의 말씀으로 복의 원리를 배웠으니, 여호와를 경외함에 더욱 힘쓰는 지체들이 되기를 빕니다. 저희들이 가질 마음의 자세는 재물에 대한 탐욕이 아님을 잊지 않게 하시옵소서. 재물보다는 우리에게 영원히 복이 되시는 하나님을 사랑하는 마음으로 가슴을 채우게 하시옵소서.

| -이어서, 개인적인 상황에 따른 하나님의 응답을 간구한다. |

인내하게 하시는 주, 예수님의 이름으로 기도드립니다. 아멘.

자녀의 진학 실패(1)

기도를 이끌어주는 말씀_삿 6:11-18

낙심하지 않고, 다시 한 번

우리를 지켜 돌보시는 하나님,

○○○(이름) ○○(직분)님께서 하나님의 말씀을 지키는 자로 여호와 앞에서 살아드리기를 결단하게 하시니 감사드립니다. ○○(직분)님을 한 지체로 섬기며 교제하게 하신 은혜를 묵상합니다. 이 자리에, 머리를 숙인 저희들이 ○○ 교회를 통해서 주님의 몸을 이루어오게 하시더니, 오늘은 이 가정에 심방하였습니다.

이 시간에, ○○○ (이)를 위하여 간구합니다. 하나님께서 복된 자녀로 삼아주신 (딸)을 여호와께 올려드립니다. 저희들은 미련해서 그에게 아무 것도 해 줄 수 없어 더욱 안타깝습니다.

사랑하는 (딸)에게 낙심하지 않고, 다시 한 번 학업에 도전하겠다는 다짐을 하도록 도와주시옵소서. 하나님께서 저를 일으켜 주시고, 오직 도와주시는 성령님을 의지하여 다시 한 번 도전하게 하시옵소서.

이 가정의 예배를 위해서 말씀을 전해 주시는 목사님을 위해서 간구합니다. 성령님의 능력과 권세에 붙들리게 하시옵소서. 여호와 앞에서 존귀하신 ○○(직분)님을 회복하게 해 주시는 말씀이기를 빕니다.

하나님께서는 자기의 자녀들이 견디기 어려워할 때, 그 고통의 소리를 들으시고 구원해 주심을 믿습니다. 이스라엘 백성들이 미디안 사람들에게 7년 동안이나 어려움을 당할 때, 그들을 구원하셨던 은총을 오늘, ○○(직분)님에게서도 보게 하시옵소서. 까닭도 없이 밀려오는 염려에, 하나님을 찾고 기도하는 지체가 되게 하옵소서.

| -이어서, 개인적인 상황에 따른 하나님의 응답을 간구한다. |

손 내밀어 붙들어 주시는 예수님의 이름으로 기도드립니다. 아멘.

기도를 이끌어주는 말씀_시 103:2-5
하나님 섬김을 우선하는 자녀

믿음으로 일으켜 주시는 하나님,

"주는 의인에게 복을 주시고 방패와 같은 은혜로 그를 호위하시리이다"라는 말씀이 바로 ○○○(이름) ○○(직분)님의 것이 되게 하셨음에 감사드립니다.

○○○ (성도)님과 이 가정의 지체들에게 여호와의 임재를 소망하게 하시니 감사드립니다. 사랑하는 자녀들이 주 안에서 하나님의 은혜로 성장하는 것을 보는 즐거움도 주셨음을 묵상합니다. 저희들이 지금, 자녀의 공부 문제로 염려하시는 ○○○ (성도)님께 하늘의 은혜가 내려오기를 사모해서 이 가정을 방문하였습니다.

먼저, 하나님을 사랑하고 섬기는 것에 우선하는 자녀들이 되게 하시옵소서. 신령한 지혜와 명철로 학업에 임하게 하시옵소서. 그들에게 세상이 감당할 수 없는 지혜로 충만하게 하시옵소서.

생명의 말씀을 사모합니다. 말씀으로 말미암아 은혜를 체험하고 다짐하는 귀한 시간이 되게 하시옵소서. 저희들에게 말씀을 전하시는 목사님께 영력을 더하여 주시옵소서. 심방을 받으시는 ○○(직분)님은 세상을 이기게 하시옵소서.

자녀로 말미암은 기쁨을 주신 하나님의 손길이 이 가정에 임하게 하시옵소서. 성령 하나님께서 자녀의 마음을 다스리시고, 생각을 주장해 주셔서 공부에 임하게 하시옵소서. 하나님만이 사랑하는 자녀에게 소망이 되어주시고, 다시 한 번 자기에게 도전하게 하심을 믿습니다.

| -이어서, 개인적인 상황에 따른 하나님의 응답을 간구한다. |

사랑이 많으신 예수님의 이름으로 기도드립니다. 아멘.

3

돌봄 심방

자기중심의 신앙(1)

기도를 이끌어주는 말씀_엡 2:22

하나님께서 계획하신 복을 받아

계획하신 그대로 복을 주시는 하나님,

하나님을 사랑하고, 하나님의 말씀을 지켜 순종하기를 소망하며 지내오신 ○○○(이름) ○○(직분)님과 함께 하신 성령님께 감사드립니다. 여호와께서 찾아오시자, 단을 쌓고 예배했던 아브라함의 신앙을 저희들이 닮아가게 하옵소서. 성령님께서 ○○(직분)님의 가정에 충만하심으로 임해 주시기를 빕니다. 그리하여 이 심방이 사람만 다녀가는 방문이 아니라, 주님의 영이 충만한 심방이 되게 하옵소서. 성령님께 충만한 지체들이 되어 성령님과 함께 지내는 은혜를 경험하게 하옵소서.

귀한 식구들이 하나님께서 계획하신 복을 받아 영혼이 잘 되고, 범사가 잘 되며, 형통케 되는 역사를 보게 하시옵소서. 하나님의 자녀에게 약속되어 있는 복을 누리게 하시옵소서.

목사님께 성령님의 역사가 함께 하사, 말씀을 대언하실 때에 은혜로 더하여 주시옵소서. ○○(직분)님의 삶이 그 말씀으로 인하여 세상을 이기게 하시기를 빕니다. 하나님의 뜻을 날마다 나타내게 하옵소서.

주님의 말씀을 생명의 양식으로 받아 심령이 배부르게 하시옵소서. 그 말씀으로 새 생명을 얻은 기쁨 속에 지내도록 인도해 주시옵소서. 이 시간에 찬양과 경배를 주님께 드립니다. 바라기는 성령님의 뜨거운 역사로 지치고 힘들었던 심령들마다 새로움이 있게 하옵소서. 오직 주 예수 그리스도의 십자가 밖에 없음을 확신하도록 도와주시옵소서.

| -이어서, 개인적인 형편에 따라 하나님이 말씀해 주기를 간구한다. |

보혈로 깨끗케 하신 예수님의 이름으로 기도드립니다. 아멘.

기도를 이끌어주는 말씀_수 24:24
말씀을 묵상하는 시간을

성령님께 충만하게 하시는 하나님,

○○○(이름) ○○(직분)님께서 예수님을 영접한 이후에, 거룩하게 살고자 굳게 결단하게 하시니 감사드립니다. 주님의 이름으로 심방한 이 복된 시간에 ○○(직분)님이 진심으로 하나님 앞에서 살아가기를 소망합니다.

이 시간에, ○○(직분)님을 성령님의 충만하심으로 이끌어주시옵소서. 이 가정의 식구들에게도 하나님의 은혜로 인도함을 받게 하시옵소서.

심방의 친교를 통해서 드리는 저희 예배가 영과 진리로 드릴 수 있게 되기를 원합니다. 저희 모두의 연약한 손을 잡아 일으켜 주시옵소서. 그리하여 저희들의 심령이 새로워지고 믿음이 견고하여지기를 원합니다. 사랑하는 지체와 저희들이 더불어 주님의 몸을 이루어드리는 삶의 복을 경험하는 한 시간이 되게 하시옵소서.

오늘, 목사님의 설교를 통해 하나님의 역사가 있게 하시옵소서. 생명을 살리는 역사를 보게 하시옵소서. ○○(직분)님의 연약함을 만져주시고, 인간의 교만함이 낮아지게 하시옵소서. 아울러 여호와께 존귀한 지체의 부족함이 채워지는 역사가 일어나게 하시옵소서.

이 가정에 모인 이들로 하여금 주님의 영광을 찬양하고 영화롭게 하시옵소서. 전심으로 주를 찬송하고, 영원토록 주님의 이름에 영광을 돌립니다. 미천한 자들을 돌아 보사 영원한 복을 허락하시는 은혜를 다 받아 누리는 소망의 시간으로 만들어 주시옵소서.

| –이어서, 개인적인 형편에 따라 하나님이 말씀해 주기를 간구한다. |
의롭다 해 주신 예수님의 이름으로 기도드립니다. 아멘.

기도를 이끌어주는 말씀_시 128:1-2

보혈로 영생의 은혜를 입은

구원의 은총을 내려주신 하나님,

○○○(이름) ○○(직분)님이 주님께서 정죄하지 않은 자가 되기를 소원하며 자신을 지키게 하시니 감사드립니다. 주님의 이름으로 심방하여 예배하는 저희에게 하나님을 만나는 은혜를 보게 하시옵소서.

말 못하는 귀신에게 사로잡혀서 거꾸러져 거품을 흘리며 이를 갈고 파리하여 갔던 아이를 고쳐주셨던 역사가 이 시간에도 나타나기를 소망합니다. 십자가의 보혈로 영생의 은혜를 입은 ○○(직분)님의 가정에 구원의 은총을 내려 주시옵소서.

지금, 거룩한 가정에 심방한 모임 위에 크신 복을 내려 주셔서 향기로운 제사되게 하옵소서. 성령님께서 충만히 임재하시고, 다시금 일으켜 주시는 강한 역사를 보게 하시옵소서. 한 성령님을 받아 한 가족이 된 성도들이 같은 마음으로 영광을 드립니다.

생명의 복음을 전하시려고 목사님께서 성경을 펼치게 하셨음에 감사드립니다. 여호와 앞에서 귀한 종이 하나님의 은혜로 구원의 복음을 힘 있게 선포할 수 있도록 이끌어 주시옵소서. ○○(직분)님과 저희들의 가슴을 십자가의 피로 적셔지게 해 주시옵소서.

예배하는 지금, 심방을 받는 자나 심방을 온 저희 모두가 주님의 이름에 영광을 드리게 하시옵소서. 이 시간의 예배로 이 가정에서 온전히 주님을 향한 믿음이 경험되기 원합니다. 예배로 말미암는 은혜를 받아 고쳐주시옵소서.

| -이어서, 개인적인 형편에 따라 하나님이 말씀해 주기를 간구한다. |

영생의 문이 되신 예수님의 이름으로 기도드립니다. 아멘.

기도를 이끌어주는 말씀_벧전 4:7-8

회복의 기쁨을 누리도록

자기 백성을 긍휼히 여기시는 하나님,

하나님께서 ○○○(이름) ○○(직분)님을 "긍휼히 여기사 복을 주시고 그 얼굴 빛을 그에게 비추"심을 보게 하시니 감사드립니다. 날마다, 순간마다 저희를 사랑과 은혜와 보호 속에서 살게 하신 주님의 이름에 영광을 드리게 하시옵소서.

○○(직분)님께서 개인적으로 힘들어 하시고 계십니다. 사랑하는 지체를 불쌍히 여겨주시옵소서. 예수님을 구주로 영접했을 때만큼 가슴이 뜨겁지 않아, 고민을 하고 있습니다.

예수님께서 본 동네에서 중풍병자를 고쳐주신 것처럼, 오늘 하나님의 사람들이 방문한 ○○(직분)님의 가정에 성령님의 역사가 나타나기를 소망합니다. 중풍병자를 침상에 메고 온 사람들의 믿음을 보시고 그를 고쳐주셨듯이, 저희들의 믿음을 보시고 이적을 베풀어 주시옵소서. 믿음으로 기도할 때, 하늘의 문이 열리게 하시옵소서.

말씀을 전하실 목사님을 성령의 능력으로 붙들어 주실 줄로 믿습니다. 말씀을 받을 때, ○○(직분)님께서 그 말씀으로 세상을 이기게 하시며, 사랑하는 지체의 삶의 자세가 바뀔 수 있도록 도와주시옵소서.

여호와 앞에서 ○○(직분)님께서 상한 심령으로 드리는 예배를 통해서 하나님의 은혜로 영육간에 회복의 기쁨을 누리기를 원합니다. 사실, 부족한 저희들은 하나님을 잊고 산 적이 많지만, 하나님은 우리를 한 번도 잊지 않으신 인자하신 분이셨음을 믿고 감사드립니다.

| -이어서, 개인적인 형편에 따라 하나님이 말씀해 주기를 간구한다. |
친구가 되신 예수님의 이름으로 기도드립니다. 아멘.

기도를 이끌어주는 말씀_살전 3:11−13
교회에서 천국의 신비를 경험

심령에 기쁨을 주시는 하나님,

저희 교회에 등록하여 신앙생활을 시작하신 뒤로, 자신을 지켜 우상에게서 멀리하시는 ○○○(이름) ○○(직분)님으로 말미암아 감사드립니다. 사랑하는 종이 하나님 앞에서 믿음에 대한 여러 생각들이 들어 심방을 왔습니다. 성령님의 충만하신 임재를 기다리게 하시옵소서.

사탄이 여러 가지의 일로 이 가정을 괴롭히지만 성도님께서 오직 인내로 이기시도록 위로해 주시옵소서. 교회공동체를 통해서 하나님의 은혜를 맛보게 하시고, 천국의 신비를 경험하게 하시옵소서. 더욱 깊고, 넓은 영의 세계를 경험하게 하시옵소서.

사람 셋을 영접하여 대접했던 아브라함의 은혜가 오늘, ○○○(성도)님의 것이 되기를 소망합니다. 자의적인 노력이 아니라 성령님의 감동으로 나아가게 하시옵소서. 이 심방을 통해서 하나님의 은혜가 나타나고, 묶여 있던 문제들로부터 자유롭게 하옵소서.

목사님께서 복된 말씀을 전해 주실 때, 사랑하는 지체에게 축복과 격려가 되게 하옵소서. 그 말씀으로 말미암아 구원을 받은 은혜를 기뻐하게 하시고, 주님을 더욱 더 사랑하는 마음을 갖게 해 주시옵소서.

저희들은 지금, 주님께서 자기의 몸을 드려 교회의 모퉁이 돌이 되셨음을 믿습니다. 주님께서 교회를 사랑하시고, 위하시는 마음을 저희들이 깨달아 교회를 위하여 살아가게 하시옵소서. 사랑하는 ○○(직분)님도 교회를 내 몸처럼 사랑하여 헌신하게 하옵소서.

| −이어서, 개인적인 형편에 따라 하나님이 말씀해 주기를 간구한다. |
죄를 사해 주시는 예수님의 이름으로 기도드립니다. 아멘.

기도를 이끌어주는 말씀_고후 6:2
하나님의 나라를 소망하는

천국에 소망을 갖게 하시는 하나님,

○○○(이름) ○○(직분)님이 "우리 하나님이 우리에게 복을 주시리로다"라는 신앙을 붙잡고 지내오게 하셨음에 감사드립니다. 이 시간에, 저희들을 ○○(직분)님에게 보내주셔서 감사드립니다.

사랑하는 ○○(직분)님이 지금, 저희들도 지난 날에 한 번씩은 겪었던 교회의 분위기가 싫어지는 위기를 겪고 계십니다. 교회에 모이는 사람들이 다양하고, 때로는 받아들이기가 어렵기도 하니 성령님께서 사랑하는 지체에게 은혜를 더해 주시옵소서.

십자가에서 흘려주신 주님의 보혈에 대한 감격과 자신이 구원을 받았음에 대한 감사를 유지하게 하시옵소서. 십자가에서 흘리신 주님의 피로 자신의 심령을 적시는 은혜가 충만하기를 빕니다. 주님의 피로 충만하게 채워주시옵소서.

하나님의 나라를 소망하는 지체에게 그 나라가 임하기까지 기다려야 하는 인내의 은총을 내려주시옵소서. 저희들은 그 기다림이 예수님의 피로 세우신 교회 안에서 이루어져야 한다는 것을 믿고 있습니다. 그러므로 만일, ○○(직분)님이 교회를 거절하신다면 자신을 천국으로 인도하지 못한다는 것을 깨닫게 해 주시옵소서.

이 시간에, 말씀을 전하실 목사님께도 함께 하사 저희들의 마음에 믿음의 선한 씨앗들이 심겨지는 은혜를 경험하게 하시옵소서. 그 말씀으로 먼저, 저희들의 심령에 하나님의 나라가 이루어지게 하시옵소서.

| -이어서, 개인적인 형편에 따라 하나님이 말씀해 주기를 간구한다. |
소망의 주, 예수님의 이름으로 기도드립니다. 아멘.

기도를 이끌어주는 말씀_잠 3:5-6

교회 중심의 신앙 회복

불의한 생각을 멀리해 주시는 하나님,

○○○(이름) ○○(직분)님이 성령님께서 주를 인하여 범죄하지 않는 자가 될 것을 결단하게 하시고, 이제까지 자신의 믿음을 지켜 오게 하시니 감사드립니다. 오늘, 예배로 말미암아 예비 된 은혜를 ○○(직분)님에게 내려 주시옵소서.

여호와께 존귀한 지체에게 예수님을 구주로 만났을 때의 그 첫 사랑을 회복시켜 주시옵소서. 하나님의 강권하심의 은혜 안에서 예수님을 구주로 고백하였던 뜨거웠던 시간을 다시 만나게 하시옵소서. 주님께서 ○○(직분)님께 찾아오셔서 만나주시고, 음성을 들려 주시옵소서.

주님의 이름으로 모였사오니, 그 이름을 찬양하는 예배를 드리게 하시옵소서. 영과 진리를 다해서 하늘 영광 보좌를 향해 예배하기 원합니다. 찬양으로 주 하나님의 이름을 높이고, 우리를 다스리시는 하나님께 영광을 드리도록 주관해 주시옵소서.

이제, 능력의 하나님께 간구하는 것은 하나님의 특별하신 계획이 ○○(직분)님과 이 집안의 식구들에게 나타나기를 축복합니다. 여호와의 구원이 이 가정에 넘치기를 원합니다. 하나님을 향한 믿음과 교회 중심의 신앙을 회복시켜 주시옵소서.

말씀을 전하시는 목사님께 더욱 성령님의 은혜를 나타내 주시옵소서. 저희들에게는 들을 귀를 열게 하시며, 복된 메시지가 되게 하시옵소서. 그 말씀의 은혜로 ○○(직분)님께서 다시 시작하게 하시옵소서.

| -이어서, 개인적인 형편에 따라 하나님이 말씀해 주기를 간구한다. |
산 제물이 되신 예수님의 이름으로 기도드립니다. 아멘.

기도를 이끌어주는 말씀_골 3:1

하나님께 마음을 둠

신뢰의 대상이 되신 하나님,

○○○(이름) ○○(직분)님이 "높은 사람이나 낮은 사람을 막론하고 여호와를 경외하는 자에게 복을 주시리로다"라는 언약의 주인공이 되게 하셨음을 확신하며 감사드립니다. 죄악이 가득하고, 유혹의 파도가 거센 세상에서 저의 영혼을 지켜주시는 하나님을 소망하게 하옵소서.

사랑하는 지체와 이 가정을 축복합니다. 하나님께서 선택해 주신 가정에 복을 내리시는 여호와의 이름에 찬양을 올려드리오니 받으시옵소서. 하늘의 이슬과 땅의 기름짐이 되어주심에 감사드립니다.

이 시간에, ○○(직분)님께서 우리의 삶의 모든 영역에서 우리가 믿고, 의지할 분은 하나님이심을 새롭게 하시옵소서. 하나님이 ○○(직분)님의 마음에 전부가 되도록 강권해 주시옵소서.

나의 모든 것을 하나님께 맡겨야겠다는 다짐을 하게 하시옵소서. 이러한 자세는 하나님의 뜻을 인지하고 발견하기 위한 신앙의 근본적이고 제일가는 원리가 된다는 것을 기억하게 해 주시옵소서.

하나님의 말씀에 소망의 기대를 둡니다. 목사님을 사용하셔서 저희들에게 주시는 말씀의 복으로 인하여 날마다 승리하게 하옵소서. 연약함과 부족함을 주님의 강하심과 부요하심으로 채워주실 줄로 믿습니다.

영적으로 어두웠던 눈이 떠지고, 하나님의 은혜를 하나님의 은혜로 보지 못했던 눈이 열리게 하시옵소서. 땅에 것만 보는 것이 아니라 하늘의 것, 신령한 세계를 볼 수 있는 눈이 열리게 하시옵소서.

| −이어서, 개인적인 형편에 따라 하나님이 말씀해 주기를 간구한다. |
우리 주 예수님의 이름으로 기도드립니다. 아멘.

기도를 이끌어주는 말씀_ 시 35:12-14
하나 된 성도들을 섬기는

생각과 행동을 간섭해 주시는 하나님,

어디로든지, 주님께서 이끄시면 '아멘'으로 대답하여 따르시는 ○○(이름) ○○(직분)님과 함께 하도록 하시니 감사드립니다. 하나님께서 ○○(직분)님을 세워주셨사오니 주님의 삶과 관련된 진리를 깨닫게 하시는 은혜를 베풀어 주시옵소서.

이 시간에, 하나님의 구원하시는 열심이 ○○(직분)님께 있기를 소망합니다. 저희 ○○교회를 주님의 몸으로 받아들이게 하시고, 교회공동체에서 하나 된 성도들을 섬기는 희락을 자신의 기쁨으로 삼게 하시옵소서. 교회가 바로 자신의 몸이 되는 은혜를 경험하게 하시옵소서.

사랑하는 ○○(직분)님께서 혹시라도 죄를 범하게 될 때 막아주시고, 하나님의 영광을 나타내도록 그의 생각과 행동을 간섭해 주시옵소서. 하나님의 거룩하심으로 세워주시옵소서.

여호와의 간섭으로 특별한 은혜와 은총이 그의 생애에 주어지기 원합니다. 이 가정에 준비하신 복을 넘치도록 부어 주시옵소서.

피 묻은 십자가의 복음을 전하시려고 성경을 펼치신 목사님을 기억하시옵소서. 불붙는 마음으로 말씀을 전하실 때 십자가의 사랑에서 멀리 있었던 심령이 회개하고, 통곡의 자리로 변화되게 하옵소서.

저희들을 돌보아 주셨던 삶을 기뻐하며 예배를 드립니다. 이 시간에 드리는 예배로 먼저 하나님께 영광을 돌리고, ○○(직분)님과 저희들이 서로 연합하여 신령하게 세워지는 것을 경험하게 하시옵소서.

| —이어서, 개인적인 형편에 따라 하나님이 말씀해 주기를 간구한다. |
우리를 하나 되게 하시는 예수님의 이름으로 기도드립니다. 아멘.

기도를 이끌어주는 말씀_히 10:38

한 몸을 이룸에 소원을 품음

의의 면류관을 품게 하시는 하나님,

○○○(이름) ○○(직분)님께서 주의 나타나심을 사모하는 자에게 주시는 의의 면류관에 소망을 품게 하시니 감사드립니다. ○○(직분)님께서 교회 중심의 삶을 원하시는 그대로 은혜를 내려 주시옵소서.

오늘도 예비하신 하늘의 복으로 ○○(직분)님과 이 가정을 둘러 주시옵소서. 주님의 몸으로 주신 ○○교회에서 한 지체로 섬기게 하셨으니, 저희들이 서로를 섬기되 열심을 내게 하시옵소서. 여호와 앞에서 존귀한 ○○(직분)님께서는 은혜 안으로 들어가게 하시옵소서.

교회공동체에 다양한 이들이 모여서 주님의 몸을 이루게 하셨음에, 저희 모두는 감사드립니다. 만일, 저희들에게 예수님의 보혈이 없다면 서로 하나가 될 수 없고, 주님의 몸이 될 수도 없음을 기억하게 하시옵소서. 교회 안에서 하나 되게 하셨음에 감사드립니다.

사랑하는 지체에게 여호와의 백성으로 한 몸을 이룸에 소원을 품게 해 주시옵소서. 예수님의 사랑으로 한 몸을 이루게 하셨음에 감사드리며, 주님의 은혜 안에서 한 몸이 되기를 결단하게 하시옵소서.

이제, ○○(직분)님을 위하여 말씀을 들려주실 목사님을 강건케 하시옵소서. 목사님께 영권을 주시고 권능과 지혜로 함께 해 주시옵소서. 그 말씀으로 저희를 깨우며, 저희들에게 기쁨과 은혜와 소망을 갖도록 인도해 주시옵소서.

ㅣ-이어서, 개인적인 형편에 따라 하나님이 말씀해 주기를 간구한다. ㅣ
서로 사랑하라 하신 예수님의 이름으로 기도드립니다. 아멘.

기도를 이끌어주는 말씀_욥 22:21-23

하나님의 일에 소망을

예배를 원하시는 하나님,

주님의 보혈의 은혜가 생명수의 강물로 이 가정에 흐르게 된 것에 감사드립니다. 그 은혜로 예배의 깊은 데로 나아가게 하시옵소서. 하나님께서 구원하시기로 작정하신 ○○○(이름) ○○(직분)님이 ○○교회의 한 식구가 되게 해 주심을 반가워합니다.

사랑하는 ○○(직분)님과 이 가정의 지체들에게 여호와의 임재를 소망하게 하시니 감사드립니다. 이 가족을 사랑하시는 은혜가 임하여 풍족히 먹도록 하시고, 때마다 놀라운 일을 나타내주시옵소서.

○○(직분)님은 이미 주님의 피로 거듭나시고, 옛 사람의 행실을 이미 버리도록 하셨습니다. 하나님의 일에 소망을 품게 하시며, 하늘로부터 보내심을 받은 자로서 살게 하시옵소서. ○○교회를 가까이 하게 해 주시며, 교회 안에서 여러 지체들과 한 몸으로 예배하는 은혜를 경험하게 하시옵소서. 예배가 즐거움이 되게 하시옵소서.

오늘도 저희에게 말씀을 대언하시는 목사님을 붙들어 주시옵소서. 선포되는 말씀에 저희들의 심령이 새로워지는 시간이 되게 하여 주시옵소서. 사로잡고 있는 귀신의 역사는 물러가고, 자유하게 하시옵소서.

주님께서 십자가에서 죽으심은 저희를 죄로부터 구원해 주시기 위함임을 확인하게 해 주시옵소서. 죄로 말미암아 죽었던 우리를 살리시려고 하나님께서 자기의 독생자를 십자가에 내어 주셨습니다. 죄가 저희들 자신을 정복하지 못하도록 민감하게 하시옵소서.

| -이어서, 개인적인 형편에 따라 하나님이 말씀해 주기를 간구한다. |
보혈을 흘려주신 예수님의 이름으로 기도드립니다. 아멘.

기도를 이끌어주는 말씀_사 40:4-5

하나님의 말씀을 준행하는 삶

하나님과의 화목을 사모하게 해 주신 하나님,

주 안에서 ○○○(이름) ○○(직분)님의 가족이 여호와를 바라는 중에 풍성하게 하셨으니 그 이름을 높여드립니다. 하나님께서 신실하심과 자비를 내리시는 지체에게 예배의 은혜를 더해 주시기를 빕니다.

아침이면 ○○(직분)님의 심령을 새롭게 하시며, 하나님께서 함께 하심을 확인하게 하시옵소서. 하나님과의 화목을 사모하는 가운데 하늘로부터 임하는 희락을 맛보게 하시옵소서.

오늘, 여호와의 심방으로 말미암아 ○○(직분)님께서 복을 받기 위하여 결단하시는 은혜를 내려 주시고, 복된 삶을 준비하도록 하시옵소서. 하나님의 말씀에 순종하는 삶을 기뻐하게 하시옵소서. 여호와 앞에서 살아가는 삶이 투자되어야 하는 진리에 주목하게 하시옵소서.

하나님의 말씀을 준행하며 살면 복을 주신다고 약속하셨습니다. 심방의 은혜 안에서 ○○(직분)님이 자기를 거절하고, 하나님의 뜻을 따르겠다고 다짐하는 시간이 되게 하시옵소서. 그리하여 여호와의 속량을 통해서 사랑하는 종과 이 가정이 복 되게 하시옵소서.

예수님께서 십자가에서 흘려주신 피로 ○○(직분)님께서 죄와 사망과 질병과 망하는 것과 가난해지는 저주에서 놓이게 될 줄 믿습니다. 그 보혈의 은혜로 오늘도 죄를 이기고, 저주와 상관이 없는 삶을 살게 하셨음에 감사하게 하시옵소서. 땅의 것은 하나님께 맡기고, 오직 주님을 영화롭게 해드리는 삶에 민감하게 하시옵소서.

| -이어서, 개인적인 형편에 따라 하나님이 말씀해 주기를 간구한다. |
구원의 문이신 예수님의 이름으로 기도드립니다. 아멘.

기도를 이끌어주는 말씀_욜 3:16-17

아름다운 행실의 사람

아름다운 행실을 소망하게 하시는 하나님,

○○○(이름) ○○(직분)님께서 도를 듣고 가서 행하는 자가 되기로 결단하게 하시고, 말씀의 복에 거하게 하시니 감사드립니다. 오늘, 저희들을 이 가정에 보내주셨으니 하나님께 영광을 돌리게 하시옵소서.

다비다의 선행과 구제하는 일에 헌신했던 아름다움을 ○○(직분)님이 자기 것으로 여기고 닮게 하옵소서. 사랑하는 지체가 교회 안에서 하나님의 손길을 펴서 어려운 이들을 돕고, 복음을 전하는 은혜의 사람이 되기를 소망합니다.

주님의 사랑을 베푸는 아름다운 행실의 사람이 되게 하시옵소서. 주 안에서 한 가족이 된 교회의 성도들을 섬기는 종이 되게 하시옵소서. 이 시간에, 거룩한 결단을 경험하게 해 주옵소서. 자신을 하나님께 드려서 교회와 이웃을 섬기는 즐거움을 경험하게 하옵소서.

영생의 말씀을 듣게 하시니 저희들의 심령을 하늘나라에 두게 하시옵소서. 그 말씀이 ○○(직분)님과 이 가정에 기쁨이 되기를 소망합니다. 이로써 주님을 향한 사랑하는 지체의 믿음이 굳건해지게 하시옵소서.

이제, 혹시라도 사탄의 유혹에 넘어져서 교회를 멀리하지 않게 하시며, 주일을 사모하며 기다리는 마음을 갖게 하시옵소서. 이 가정의 축복이 여호와를 경외하는데서 출발함을 믿고 있사오니, 온 가족이 주일을 온전히 지키는 데서 복을 누리기 원합니다. 가족이 한 마음으로 주일을 지킴에서 신령한 복을 누리게 하시옵소서.

| -이어서, 개인적인 형편에 따라 하나님이 말씀해 주기를 간구한다. |
영생을 주신 예수님의 이름으로 기도드립니다. 아멘.

기도를 이끌어주는 말씀_사 55:1-2
헌신된 자로 자신을 드리는

선한 것을 본받게 하시는 하나님,

○○○(이름) ○○(직분)님의 "악한 것을 본받지 않고, 선한 것을 본받는" 신앙생활이 ○○교회의 지체들에게 모델이 되심에 감사드립니다. 하나님은 여전히 저희들과 함께 하시지만 저희들이 하나님을 찾지 못할 때가 너무 많음을 용서해 주시옵소서.

모든 이름 위에 뛰어나신 여호와를 찬송합니다. 이제, 믿음으로 드리는 예배로 이끌어 주시옵소서. 저희들의 기도와 찬송이 하늘의 하나님께 합당한 영광이 되기를 원합니다.

심방을 통해서 하나님의 찾아오심을 경험하시는 ○○(직분)님에게 약속의 말씀이 주어지는 은혜를 내려 주옵소서. 만유를 지으신 그 말씀이 이 가정에 떨어져 창조의 역사가 나타나게 하시옵소서. 종의 삶이 새로워지고, 헌신된 자로 자신을 드리는 은혜를 보게 하시옵소서.

생명과 진리의 말씀을 선포하시는 목사님께 성령님의 충만하심이 있게 되기를 원합니다. 그 말씀에 들어 있는 복을 약속받는 이 집안의 식구들이 말씀으로 충만해져서 진리의 풍성함을 누리게 하시옵소서. 하나님께서 ○○(직분)님을 사랑하시고 계심을 확인하게 하시옵소서.

이 복스러운 예배에서 ○○(직분)님과 저희들에게 한 마음, 한 입으로 주님께 영광 드리기를 소망합니다. 저희들이 하나님께로만 향한 믿음 안에서 한 몸이 되게 하시기를 원합니다. 구원의 은혜를 누리게 하신 그리스도의 피를 생각합니다.

| –이어서, 개인적인 형편에 따라 하나님이 말씀해 주기를 간구한다. |
믿음의 본이 되시는 예수님의 이름으로 기도드립니다. 아멘.

기도를 이끌어주는 말씀_호 14:1-3
무디어진 심령을 뜨겁게

기도의 문을 열어주시는 하나님,

○○○(이름) ○○(직분)님께서 자신과 관계된 이들에게 축복의 통로로서 사명을 다하고 계심에 감사드립니다. 여호와께서 아브라함에게 오셔서 그의 자손이 하늘의 뭇별처럼 많을 것을 약속하신 은혜를 이 시간에 ○○(직분)님에게 주시기 원합니다.

오늘, ○○(직분)님에게 꼭 필요한 은혜를 내려 주시고, 그가 평소에 간구하던 기도의 응답을 보는 복된 시간이 되기를 빕니다. 저희들은 연약해서 때때로 하나님께로부터 멀어질 때가 있음을 고백합니다. 그리스도의 십자가를 가슴에 받아들이게 하시옵소서.

저희들이 마음을 모아 예배할 때, 저희들의 심령에 기도의 문을 열어주시옵소서. 이 시간의 예배를 통해서 ○○(직분)님의 무디어진 심령을 뜨겁게 해 주심을 기대합니다.

많은 이들 중에서 사랑하는 지체를 하나님의 자녀로 구별하시고, 선택받은 백성으로 예배하게 하셨사오니 영광을 드립니다. 사랑하는 지체의 심령이 하나님께로 온전히 향하게 하시옵소서.

○○(직분)님을 위하시는 하나님의 영이 저에게 충만하시기를 빕니다. 이로써 하나님을 향한 열정을 회복하고, 기도에 열심 내게 하옵소서.

이제, 은혜와 진리의 말씀을 받게 하시니 감사드립니다. 목사님을 통해서 이 가정에 복을 주시고, 위로하시는 하나님의 음성을 듣게 하시옵소서. 이 가정에 말씀에 순종하는 은혜가 있기를 소망합니다.

| -이어서, 개인적인 형편에 따라 하나님이 말씀해 주기를 간구한다. |
죄를 대속해 주신 예수님의 이름으로 기도드립니다. 아멘.

기도를 이끌어주는 말씀_욥 1:16-17
항상 성령님께 충만하도록

심령을 뜨겁게 하시는 하나님,

주 안에서, ○○○(이름) ○○(직분)님께서 ○○교회의 가족이 된 날부터 교회 안에서 기도의 한 지체로 지내오게 하셨음에 감사드립니다. 이 시간에, ○○(직분)님과 함께 기도하던 권속들이 머리를 숙였사오니, 영광을 받으시고 저희들에게는 은혜를 내려 주시옵소서.

연약할 때 붙들어 주시는 하나님께 찬송을 올려드립니다. 지금, 하나님의 자비하신 구원의 은혜를 저희들에게 흡족하게 내려 주시옵소서. 이른 비로 은택을 베푸신 하나님을 찬양하는 예배가 되게 하시고, 주님의 손길을 느끼게 해 주시옵소서. 참으로 주님의 손길을 놀라워하며 주님의 품에 안기게 해 주시기를 원합니다.

기도의 문이 닫히지 않기 위해서 늘 죄에 대하여 민감하게 하시옵소서. 죄를 거절하게 하시며, 죄가 될 일들은 손을 대지 않도록 지켜주시옵소서. 죄를 이기게 하심의 능력은 오직 성령님의 충만함에 있음을 믿습니다. 항상 성령님께 충만하시도록 도와주옵소서.

이제, 목사님의 음성으로 하나님의 말씀을 듣기 원합니다. 말씀을 전해 주실 목사님께 성령님의 능력이 더하시기 바라며, 말씀으로 저희들이 거듭나게 하시옵소서. 말씀의 은혜를 풍성하게 하시옵소서.

오늘, 심방을 통해 내려주시는 은혜로 ○○(직분)님께서 기도의 사람으로 자신을 하나님께 드리게 하시옵소서. 성령님을 가까이 하고, 성령님의 인도하심으로 살아가고자 하는 마음을 주시옵소서.

| -이어서, 개인적인 형편에 따라 하나님이 말씀해 주기를 간구한다. |

하나님의 자녀가 되게 하신 예수님의 이름으로 기도드립니다. 아멘.

기도를 이끌어주는 말씀_약 4:4
하나님께 자기를 드리는 은혜

우리를 받아주시는 하나님,

"여호와께서 우리를 생각하사 복을 주시되 이스라엘 집에도 복을 주시고 아론의 집에도 복을 주시며"라는 약속을 ○○○(이름) ○○(직분)님께서 누리게 하시옵소서.

사람의 길을 정하시는 여호와께 저희들을 올려 드립니다. 이 예배에 모인 이들이 거룩하신 주님을 마음껏 찬양하게 하시옵소서. 찬양으로 ○○(직분)님의 심령이 새로워지기를 빕니다.

주님의 사랑을 받고 있는 ○○(직분)님이 삼손을 닮게 하옵소서. 삼손이 여호와 앞에서 나실인으로 선택을 받아 블레셋을 물리치는 거룩한 일꾼으로 살았던 삶이 사랑하는 지체의 소망이 되기 원합니다. 그가 특별히 하나님께 자기를 드려 자신을 거룩하게 하였던 은혜를 누린 사실을 깨닫게 하시옵소서. 하나님의 사람은 자신의 거룩함을 위해서 세상과 구별되어야 하는 나실인의 의미도 경험하게 하시옵소서.

예배가 진행되는 동안에, 하나님의 권고하심을 경험하는 ○○(직분)님이 되게 하시옵소서. 성령님의 질서와 말씀이 예배하는 중에 흥왕해지는 이 가정이 되도록 복을 내려 주시옵소서. 하나님 앞에서 결단을 하시는 지체를 진리로 회복하게 하시옵소서.

우리를 사랑하시되, 값없이 은혜를 베푸시는 여호와의 손길로 ○○(직분)님께서 하나님 앞에서 구별된 자의 삶을 살게 하시옵소서. 주님의 영광만을 위해서 생명을 드리는 아름다운 종이 되게 하시옵소서.

| -이어서, 개인적인 형편에 따라 하나님이 말씀해 주기를 간구한다. |
죄를 이기게 하시는 예수님의 이름으로 기도드립니다. 아멘.

죄를 즐김(2)

기도를 이끌어주는 말씀_대상 16:8-11

여호와께 의롭다 인정받기를

구별하여 의롭게 해 주신 하나님,

진리를 행하기를 즐거워하여 자기를 지키시는 ○○○(이름) ○○(직분)님의 삶이 ○○(교회)의 지체들에게 도전이 되게 하시옵소서. 우리 모두가 죄인이었을 때, 그 죄로부터 우리를 구해 주셨음을 묵상하며 예배하려 합니다.

저희들의 마음 한쪽에는 아직도 죄를 즐기려는 습성이 있습니다. 주님께서 십자가에서 죽으심은 저희들을 죄로부터 구별해 주심인데, 아직도 죄를 거절하지 못함을 용서해 주시옵소서. 성령님께서 죄의 더러움을 보도록 도와주시고, 죄는 모양이라도 멀리하게 하시옵소서.

하나님께서 주신 생명의 시간을 사는 동안에, ○○(직분)님이 여호와 앞에서 의롭다 인정받기를 빕니다. 잠깐 동안의 유익을 얻기 위해서 거짓과 술수의 미혹이 올 때, 거절하게 하시옵소서. 여호와 앞에서 온전한 사람을 이루어 주님의 장성한 분량이 충만한 데까지 이르게 되는 은혜를 내려 주시옵소서.

오늘도 성령을 의지하고 말씀을 선포하시는 목사님을 권세 있게 해 주시기를 빕니다. 저희들은 말씀에 대한 결단으로 다시는 죄에 눌려 살아가지 않게 하옵소서. 주님을 닮아가는 삶을 사모하게 하옵소서.

이 시간에, 하나님을 사랑해 드려야 할 ○○(직분)님의 가슴에 세상에서의 재물에 탐을 내는 유혹이 들어오지 않게 하시옵소서. 그의 간절한 기대와 소망이 응답되는 은혜를 내려 주시옵소서.

| -이어서, 개인적인 형편에 따라 하나님이 말씀해 주기를 간구한다. |

죄를 거절하게 하시는 예수님의 이름으로 기도드립니다. 아멘.

기도를 이끌어주는 말씀_골 3:1-4

모든 것들이 주께로부터

드리기를 즐겨하게 하시는 하나님,

○○교회의 식구가 된 ○○○(이름) ○○(직분)님이 저희들과 함께 천국 백성의 삶을 살게 하셨사오니, 이 시간의 예배로 영광을 올려 드립니다. 예배하는 중에, ○○(직분)님에게 성령님의 충만하심이 더해지게 하옵소서.

하나님을 사랑함에 앞을 다투어 나아가게 하시고, 하나님의 영광을 위해서 자신을 드리게 하시옵소서. 우리가 날마다 지내면서, 모든 것들이 주께로부터 왔으니 주께 돌려 드린다는 심정을 품게 하시옵소서. 하나님께 드림으로 말미암아 드림의 은혜 안으로 들어가게 하시며, 하나님을 얼마나 사랑하는지를 확인하게 하시옵소서.

○○(직분)님으로 하여금 하나님의 자녀가 되게 한 예수님의 보혈을 사랑하게 하시옵소서. 이에, 하나님의 아들을 믿는 것에 열심을 내게 하시옵소서. 하나님을 아는 일에 열심을 내게 하시옵소서. 모든 만물의 주인이 되시는 하나님 앞에서 살아가시도록 인도해 주시옵소서.

말씀을 전하시는 목사님을 성령님께서 붙들어 주시기를 소망합니다. 그 말씀을 귀하게 여겨 마음으로 받아 순종하려는 다짐이 있게 하시고, 영과 진리로 하나님을 예배하는 심방이 되게 하시옵소서.

이 시간에, 주님의 빛으로서 거룩한 사명을 깨닫게 하셨으니 순종하게 하시옵소서. 세상에 대하여 빛으로 살게 하시며, 여호와께 대하여 착한 행실의 삶이 되게 하시옵소서.

| -이어서, 개인적인 형편에 따라 하나님이 말씀해 주기를 간구한다. |
우리 주 예수님의 이름으로 기도드립니다. 아멘.

기도를 이끌어주는 말씀_잠 3:7-10
하나님께서 원하시는 것을

드리고 싶은 마음을 주시는 하나님,

우리에게 복을 주시고, 좋은 일들로 만족하게 하실 여호와를 사랑합니다. ○○○(이름) ○○(직분)님을 향하신 하나님의 강권하심이 있어 저희들이 심방하게 하셨사오니, 성령님의 심방이 되기를 빕니다.

오늘도 예비하신 하늘의 복으로 ○○(직분)님과 이 가정을 둘러 주시옵소서. 우리 주님의 몸 된 교회를 사랑하고, 성도의 사명을 감당하도록 오늘도 은혜를 베푸시니 감사드립니다. 주님의 이름으로 심방하여 예배할 때, 성령님의 충만하심을 보게 하시옵소서.

부모에게 사랑스러운 자녀는 부모의 뜻에 순종하는 것처럼, 이 땅에서 지내는 동안에 ○○(직분)님은 자신이 원하는 것보다 하나님이 원하시는 것을 따르기를 즐거워하는 심령이 되게 하시옵소서.

성령님께서 ○○(직분)님의 마음과 생각 그리고 행동을 주장해 주시옵소서. 하나님 아버지 앞에서 사랑스러운 자녀가 되기를 결단하시는 경험의 은혜를 내려주시옵소서. 하나님의 기쁨을 묵상하게 하시옵소서.

지금, 이 가정을 위해서 말씀을 준비하여 설교를 하시는 목사님께 영력을 더해 주시기를 원합니다. 진리의 말씀을 반가워하고, 순종함으로써 성령님의 열매를 맺는 은혜를 보게 하시옵소서.

여호와의 은혜로 말미암아 재물에 풍성함이 넘치게 하셨음에 감사드립니다. ○○(직분)님에게 두려움을 건너, 만세반석이 되신 주님의 십자가를 바라보고, 승리하게 하심을 기다리게 하시옵소서.

| -이어서, 개인적인 형편에 따라 하나님이 말씀해 주기를 간구한다. |
진리의 빛으로 오신 예수님의 이름으로 기도드립니다. 아멘.

기도를 이끌어주는 말씀_시 69:30-32
세상의 것들에 마음을 멀리함

욕심을 거절하게 하시는 하나님,

○○○(이름) ○○(직분)님께서 지금은 여러 가지 어려운 문제로 곤란을 겪고 계시지만 시험을 견디고 참은 자의 상급으로 생명의 면류관을 받으실 그날을 기다리게 하시니 감사드립니다.

이 세상에 있는 모든 것들이 하나님께로부터 왔음에, ○○(직분) 님께 감사한 마음으로 사용하게 하시옵소서. 사랑하는 지체에게 하나님의 귀한 것들을 맡기셨으니 성실한 마음으로 사용하게 하시옵소서. 그리하여 하나님 앞에서 복된 심령이 되게 하시옵소서.

바라기는, 혹시라도 저희들이 세상의 것들에 마음을 두지 않게 하시옵소서. 더 가지려는 욕심을 물리치게 하시옵소서. 사용하라고 맡겨 주셨으니 주인의 뜻을 헤아려서 물질을 사용하는 충성스러운 청지기로 지내게 하시옵소서. 혹시라도 재물에 대한 집착이 생겨 하나님을 멀리하지 않도록 강권해 주시옵소서.

목사님께서 하나님의 말씀을 전하실 때, 피 묻은 십자가에서 말씀하시는 주님의 음성을 듣게 하시옵소서. 십자가에서 고통과 멸시를 감당하셨던 주님처럼 살아가겠다는 결단의 현장이 되게 하시옵소서.

이스라엘을 잊지 않으셨던 하나님의 자비가 ○○(직분)님의 것이 되게 하시옵소서. 택한 백성을 돌보시는 하나님의 긍휼하심이 있기를 빕니다. 그 은혜로 역경의 시간을 잘 지내게 하시옵소서. 도와주시기를 기다리는 하나님의 은혜를 소망하게 하시옵소서.

| −이어서, 개인적인 형편에 따라 하나님이 말씀해 주기를 간구한다. |
천국 백성으로 삼아주신 예수님의 이름으로 기도드립니다. 아멘.

기도를 이끌어주는 말씀_렘 31:11-12

재물에 대한 탐욕을 버림

탐욕을 물리치게 하시는 하나님,

영혼이 잘 됨 같이 범사가 잘 되고, 강건하기를 원하시는 하나님의 은혜가 ○○○(이름) ○○(직분)님과 이 가정에 넘치기를 소망합니다. 이 시간에, 저희들이 누릴 수 있는 복이 하나님께로부터 말미암음을 깨닫게 하시니 감사드립니다.

복의 근원이 하나님께 있으니, 여호와를 경외함에 더욱 힘쓰는 지체들이 되기를 빕니다. 저희들이 가질 마음의 자세는 재물에 대한 탐욕이 아님을 잊지 않게 하시옵소서. 재물보다는 우리에게 영원히 복이 되시는 하나님을 사랑하는 마음으로 가슴을 채우게 하시옵소서. 재물을 주신 하나님을 사랑하는 저희들이 되게 하옵소서.

이 시간에, 하나님을 사랑해 드려야 할 ○○(직분)님의 가슴에 세상의 재물에 탐을 내는 유혹이 들어오지 않게 하시옵소서. 그의 간절한 기대와 소망이 응답되는 은혜를 내려 주시옵소서.

말씀을 준비하여 설교를 하시는 목사님께 은총을 내려 주시옵소서. 생명의 말씀으로 말미암아 ○○(직분)님께서 하나님을 두려워하는 종이 되어, 자신을 깨끗하게 하려는 은혜를 경험하도록 해 주시옵소서.

주님께서 동행해 주시는 ○○(직분)님의 삶에서 외롭고 힘든 시간도 능히 지나가게 해 주심을 기대합니다. 또 다른 계획을 갖고 계시는 하나님을 바라봅니다. 저의 사정을 아시는 하나님이시기에 염려를 놓습니다. 사랑하는 권속의 형편을 아시는 하나님께서 인도해 주옵소서.

| -이어서, 개인적인 형편에 따라 하나님이 말씀해 주기를 간구한다. |
의의 보장이 되신 예수님의 이름으로 기도드립니다. 아멘.

기도를 이끌어주는 말씀_사 2:3
여호와께 대하여 착한 행실

의를 위하여 결단하게 하시는 하나님,

세례를 받으신 ○○○(이름) ○○(직분)님을 축복합니다. 사랑하는 지체가 자원하여 하나님의 영광 앞에서 의를 위하여 고난 받는 자가 되기를 각오하고 지내게 하시니 감사드립니다.

세상이 창조되기 전부터 ○○(직분)님을 구원하시기로 작정하신 은혜가 나타났음에 감사드립니다. 우리 주님께서 십자가에서 대신 지불해 주신 피 값을 통해서 의롭게 되었으니, 날마다 그 은혜를 찬송하며 지내는 ○○의 권속이 되게 하옵소서.

하나님께서 주신 생명의 시간을 사는 동안에, ○○(직분)님이 여호와 앞에서 의롭다 인정받으시기를 빕니다. 잠깐 동안의 유익을 얻기 위해서 거짓과 술수의 미혹이 올 때, 거절하게 하시옵소서.

이 시간에, 주님의 빛으로서 거룩한 사명을 깨닫게 하셨으니 순종하게 하시옵소서. 세상에 대하여 빛으로 살게 하시며, 여호와께 대하여 착한 행실의 삶이 되게 하시옵소서.

오늘, 말씀을 받으면서 주님께서 지신 십자가를 지고 주님을 따르는 삶을 결단하도록 인도해 주시옵소서. 오직 주님만을 바라며 살게 하시고, 주님과 동행하는 임마누엘의 삶이 되게 하시옵소서.

복된 가정을 위하여 저희들이 주님의 이름으로 평안과 복을 빌 때, 하늘의 문을 여시고 응답해 주시옵소서. 흔들어 누르고, 차고 넘치도록 풍성하게 하시는 하나님의 자비하심을 바라봅니다.

| –이어서, 개인적인 형편에 따라 하나님이 말씀해 주기를 간구한다. |

죄 값을 지불해 주신 예수님의 이름으로 기도드립니다. 아멘.

기도를 이끌어주는 말씀_시 145:15-17

소원이 이루어지게 하시며

거룩함에 소원을 갖게 하시는 하나님,

주님께서 본을 보여주신 그대로 악의 힘과 싸우고, 마귀를 대적하는 삶에 열심을 내시는 ○○○(이름) ○○(직분)님으로 말미암아 감사드립니다.

우리 주님의 이름으로 복된 가정에 찾아왔으니, 하늘 문을 여시고, 큰 복을 내려 주시옵소서. 저희들이 예배할 때, 이 가정을 영광의 처소로 구별해 주시고, 영과 진리로 예배하게 하시옵소서.

주 안에서 저희들의 심방을 받으신 ○○(직분)님이 예배의 복에 참여하게 하시옵소서. 저희들은 잘 알지 못하지만 ○○(직분)님께서 눈물로 간구하는 소원이 이루어지게 하시며, 이 가정의 복된 삶을 훼방하는 사탄의 역사를 물리쳐 주시옵소서.

○○(직분)님이 하나님의 말씀을 들으실 때, 세상에 대해 끊을 것을 끊고, 버릴 것을 버리는 결단이 있게 하시옵소서. 하나님의 기뻐하시고 온전하신 뜻이 무엇인지 깨달아 실천할 수 있도록 도와주시옵소서. 하나님께 인정을 받으면 그의 삶에 복된 길이 열리게 될 줄 믿습니다.

여호와 앞에서 ○○(직분)님과 이 가정의 식구들에게 응답하시는 하나님께서 함께 해 주시옵소서. 항상 기도하는 것들이 응답되어서 범사에 형통함을 보는 은혜를 내려 주시옵소서. 하나님의 말씀으로 위로를 받게 하시고, 하나님께서 만나 주시며, 복을 베풀어 주시옵소서. 날마다 하나님의 기름 부으심이 넘치게 해 주시옵소서.

| -이어서, 개인적인 형편에 따라 하나님이 말씀해 주기를 간구한다. |

하나님의 자녀로 세워주신 예수님의 이름으로 기도드립니다. 아멘.

군 입대(1)

기도를 이끌어주는 말씀_렘 3:22-23

하나님께서 준비해 주신 군 생활

자기 백성에게 힘을 주시는 하나님,

오늘, 하나님 앞에서 ○○○(이름) ○○(직분)님께서 "여호와께서 자기 백성에게 힘을 주심이여 여호와께서 자기 백성에게 평강의 복을 주시리로다"라고 고백하게 하셨음에 감사드립니다.

영혼이 잘 됨 같이 범사가 잘 되고, 강건하기를 원하시는 하나님의 은혜가 ○○(직분)님과 이 가정에 넘치기를 소망합니다. 사랑하는 ○○○가 군에 입대하게 되어 감사함으로 예배하면서 영광을 드립니다.

이미 저의 군 생활을 위하여 하나님께서 준비해 놓으셨음을 믿습니다. 하나님께서 ○○○를 도우시리라는 확신에 소망을 갖게 하시옵소서. 하나님께서 미리 군대에 가셔서 사랑하는 아들을 인도해 주시옵소서.

○○○는 어엿한 청년으로 자랐으나 ○○(직분)님의 마음에는 언제나 어린 아이와 같은 심정이라 군대에 보내는 마음이 심란하기도 합니다. 종의 마음을 아시는 하나님께서 위로하여 주시옵소서.

○○(직분)님으로 하여금 하나님의 자녀가 되게 한 예수님의 보혈을 사랑하게 하시옵소서. 이에, 하나님의 아들을 믿는 것에 열심을 내게 하시옵소서. 하나님을 아는 일에 열심을 내게 하시옵소서.

목사님이 준비하신 하나님의 말씀이 ○○(직분)님과 군대에 입대하는 ○○○에게 생명이 되기를 빕니다. 그리하여 하나님의 영광을 가리지 않게 하시옵소서. 범사에 하나님 앞에서 복된 삶이 되게 하시옵소서. 사랑하는 지체를 하나님께 맡깁니다.

| -이어서, 개인적인 형편에 따라 하나님이 말씀해 주기를 간구한다. |
생명이 되신 예수님의 이름으로 기도드립니다. 아멘.

군 입대(2)

기도를 이끌어주는 말씀_호 6:1-2
씩씩하고 늠름한 청년이 되어

은혜를 사모하게 하시는 하나님,

○○○(이름) ○○(직분)님께서 "여호와께서 오벧에돔과 그 온 집에 복을 주셨던" 그 은혜를 기다리며 지내오게 하셨음에 감사드립니다. 군에 입대하게 된 ○○○를 위하여 기도하고자 저희들이 모였습니다.

여호와 앞에서 ○○○가 성장하도록 지켜주시고, 도와주셨음에 감사드립니다. 씩씩하고 늠름한 청년이 되어, 이 땅에서 국민의 의무를 지키게 하셨습니다. 이제 나라의 부름으로 입대하게 되었으니, 이전보다 더욱 하나님의 인도하심을 구합니다.

이제까지도 하나님께서 ○○○를 보호해 주시고, 자라게 하셨음을 기억하며, 군대에서도 지켜주실 하나님을 확신하게 하옵소서. 훈련소에 입소하는 그 시간부터 하나님의 불꽃같은 눈동자를 경험하게 해 주옵소서. 우리 하나님께서 ○○○의 편이 되어 주심을 믿고 입대를 앞둔 그에게 담대함을 주시기를 빕니다. 그의 군 생활에도 여전히 하나님께서 함께 해 주시는 은혜를 경험하게 하옵소서.

소망의 말씀을 준비하신 목사님을 기억해 주시옵소서. 성령의 능력으로 붙들어 주셔서, 갈급한 심령으로 말씀을 사모하는 ○○(직분)님께 주님의 약속의 확신과 비전이 넘치는 시간이 되게 하여 주옵소서.

아들을 군대에 보내면서 ○○(직분)님의 심란하신 마음을 저희들이 함께 하기를 원합니다. 저희들이 부모의 가슴이 되어 ○○○를 위하여 기도하게 하시옵소서.

| -이어서, 개인적인 형편에 따라 하나님이 말씀해 주기를 간구한다. |
늘 동행해 주시는 예수님의 이름으로 기도드립니다. 아멘.

기도를 이끌어주는 말씀_겔 13:8
달려갈 길을 다하기까지

더러운 것들로부터 지켜주시는 하나님,

여호와께 존귀한 ○○○(이름) ○○(직분)님과 이 가정을 축복합니다. 날마다 하나님의 은혜를 사모하는 지체에게 주님의 다시 오심을 기다리도록 권면해 주시는 하나님의 사랑에 감사드립니다.

주님께서 오시면 저희들이 믿음을 따라 살아 온 그대로 상을 받을 것을 기대하면서 지내게 하시옵소서. ○○교회를 통해서 하나님의 영광을 구하고, 하나님의 말씀에 순종하여 달려갈 길을 다하기까지 힘을 쓰는 저희들이 되게 해 주시기를 빕니다.

이 시간에, ○○(직분)님과 함께 재림의 신앙을 갖도록 권면을 받기 위하여 머리를 숙였습니다. 주님께서 다시 오시기 전에, 저희들에게 맡겨진 일을 충성스럽게 감당하는 종의 모습을 사모하게 하시옵소서. ○○(직분)님께 재림을 기다리는 삶의 은총을 내려 주시옵소서. 주님을 다시 만나게 된다는 소망 중에 오늘도 지내게 하시옵소서.

바라기는, 어떤 경우에라도 저희들이 세상의 것들에 마음을 두지 않게 하시옵소서. 더 가지려는 욕심을 물리치게 하시옵소서. 사용하라고 맡겨 주셨사오니 주인의 뜻을 헤아려서 물질을 사용하는 충성스러운 청지기로 지내게 하시옵소서.

저희들을 위하여 목사님께서 말씀을 전하십니다. 천국의 말씀을 대언하실 때, 능력을 더하시옵소서. ○○(직분)님과 저희들은 그 말씀에 응답하여 하나님의 뜻을 나타내는 결단을 하게 하시옵소서.

| -이어서, 개인적인 형편에 따라 하나님이 말씀해 주기를 간구한다. |
속량해 주시는 주, 예수님의 이름으로 기도드립니다. 아멘.

허탄(2)

기도를 이끌어주는 말씀_시 96:11-12

종말에 대한 예민함을

세상의 끝에 주목하게 하시는 하나님,

오늘도 예비하신 하늘의 복으로 ○○○(이름) ○○(직분)님과 이 가정을 둘러 주옵소서. 우리 주님의 몸 된 교회를 사랑하고, 성도의 사명을 감당하도록 오늘도 은혜를 주시니 감사드립니다. 주님의 이름으로 심방하여 예배할 때, 성령님의 충만하심을 보게 하옵소서.

이 세상에 있는 모든 것들이 하나님께로부터 왔음에, 감사한 마음으로 사용하게 하시고, 우리처럼 부족한 자들에게 하나님의 귀한 것들을 맡기셨으니 성실한 마음으로 사용하게 하시옵소서. 이 땅에 있을 동안에, 하나님의 영광을 위하여 다 쓰겠다는 마음을 주시옵소서.

저희들에게 종말에 대한 예민함을 갖게 하시고, 이슬과 같이 사라지고 말 세상에 대하여서는 너무 집착하지 않게 하시옵소서. 지금, 저희들이 누릴 수 있는 것으로 하나님께 영광을 구하게 하시옵소서. 청지기 된 사명을 갖고 아름답게 감당하는 종들이 되게 하시옵소서.

피 묻은 십자가의 복음을 전하시려고 성경을 펼치신 목사님을 기억하옵소서. 불붙는 마음으로 말씀을 전하실 때 십자가의 사랑에서 멀리 있었던 심령이 회개하고, 통곡의 자리로 변화되게 하옵소서.

하나님께서 저희 각 사람에게 주신 사명을 감당하기 위해서 저희들은 잠시의 시간이라도 낭비할 수가 없습니다. 오늘, ○○(직분)님께 도전해 주시옵소서. 저에게 주어진 인생의 목표, 곧 하나님의 일을 이루어드리기 위해서 살아드리기를 작정하게 하시옵소서.

| -이어서, 개인적인 형편에 따라 하나님이 말씀해 주기를 간구한다. |

재림하시는 주, 예수님의 이름으로 기도드립니다. 아멘.

복음에 합당하게(1)

기도를 이끌어주는 말씀_빌 1:27-30

여호와의 구별된 처소로

이 가정을 여호와께 구별해 주시는 하나님,

우리 주님의 이름으로 ○○○(이름) ○○(직분)님의 복된 가정에 찾아왔으니, 큰 복을 내려 주시옵소서. 여호와께 자녀로 택함을 받은 가족들이 하나님 앞에서 의의 용사가 되게 하시옵소서. 부모와 자녀들이 주님을 따르는 용사가 되어 거룩함의 횃불을 들게 하시옵소서.

이 가정을 여호와의 구별된 처소로 삼으셨으니, ○○(직분)님과 온 식구들이 성전으로 세워지게 해 주시옵소서. 주님을 모시고 살아가는 저희들에게 한 가지의 소원이 있습니다. ○○(직분)님 가정이 교회를 경험하게 하시고, 부모와 자녀들이 하나님을 경외하게 하시옵소서.

목사님께서 대언하시는 하나님의 말씀으로 위로해 주심에 감사드립니다. 사랑의 음성, 생명의 말씀을 ○○(직분)님과 저희들이 들을 때 성령이 영감을 주시고, 성령님께서 도와주시사 산 믿음을 지니게 하옵소서. 사랑하는 지체의 식구들이 천국의 모형을 경험하게 하옵소서.

○○○(이름) ○○(직분)님의 가족을 거룩한 백성으로 삼아주셨으니, 하나님께 영광을 드리는 제단이 되게 하시옵소서. 귀한 식구들이 하나님께 제물로 드리는 가정이 되기를 소원합니다. 하나님을 아버지로 섬기고 사는 것을 즐거워하게 하시옵소서. 온 식구가 하나님의 자녀가 된 지체들로서 하나님의 영광을 구하게 하시옵소서. ○○(직분)님의 삶이 곧 하나님께 영광이 되기를 빕니다.

| -이어서, 개인적인 아픔을 하나님께서 해결해 주시도록 간구한다. |

죄에서 구원해 주신 예수님의 이름으로 기도드립니다. 아멘.

기도를 이끌어주는 말씀_창 6:9

십자가의 군병이 되어서

십자가의 군병으로 삼아주시는 하나님,

저희들은 ○○○(이름) ○○(직분)님의 가정에 대한 하나님의 계획이 있음을 믿습니다. 이 가정을 통해서 영광을 받으시고, 하나님의 나라가 이 땅에 이루어지게 하심을 믿습니다. 세상에 대하여 축복의 통로가 되어 사명을 감당하게 하시옵소서.

이 가정의 식구들이 세상에 보내어질 때, 하나님의 영광을 가리는 일들에 대항해서 싸우게 하시옵소서. 사탄이 의의 용사를 넘어지게 하려고 갖은 공격을 해올 때, 거뜬하게 물리치게 하시옵소서.

○○(직분)님께서 십자가의 군병이 되어서 대항하는 담대함을 주시옵소서. 불의한 일들을 거절하고, 하나님의 뜻이 이루어지도록 하는데 한 알의 밀알로 썩어지는 은혜를 주시옵소서.

주님의 말씀을 대언하시는 목사님을 성령의 권능으로 붙들어 주시옵소서. 사랑하는 ○○(직분)님과 이 가정의 지체들이 은혜 받음으로 기쁨을 얻고, 이 가정이 바로 여호와께 성전이 되어 살아드리기를 결단하는 시간이 되게 하시옵소서.

오늘, 한 날에도 하나님께서 ○○(직분)님의 가족의 하나님이 되어주심을 믿습니다. 하나님의 사랑의 대상이 된 이 가정에 있는 이들로부터 영광을 받으시고, 저희들은 마땅히 여호와의 이름을 송축하게 하시옵소서. 하나님께서는 홀로 저희들로부터 하나님이 되셔서 다스려 주시옵소서.

| –이어서, 개인적인 아픔을 하나님께서 해결해 주시도록 간구한다. |
우리 주 예수님의 이름으로 기도드립니다. 아멘.

기도를 이끌어주는 말씀_빌 1:12-18

여호와께 거룩한 가정

지체들과 함께 하시는 하나님,

○○○(이름) ○○(직분)님께서 첫째 부활에 참여하는 자의 영광을 사모하며 신앙생활을 하게 하시니 감사드립니다. ○○(직분)님께서 아내(남편)와 손을 잡고 여호와께 거룩한 가정을 이루었습니다. 그러나 지금은 마음으로 힘들어 하고 계시니 하나님의 은총을 구합니다.

사랑하는 ○○(직분)님과 이 가정의 지체들에게 여호와의 임재를 소망하게 하시옵소서. 오늘, 저희들의 걸음을 이 가정으로 인도하셔서 예배하게 하셨음을 기뻐합니다. ○○(직분)님에게 잠깐 동안의 근심이 있지만, 우리 하나님의 은혜로 풀려질 줄로 믿습니다.

여호와 앞에서 존귀한 자녀의 가정에 하나님의 특별하신 은혜가 임하게 되기를 소원합니다. 이 가정에서 하나님을 경외하게 하시고, 영광을 받으시옵소서. ○○(직분)님께서 더욱 풍성한 사랑에 들어가도록 하시는 하나님의 일하심을 보게 하시옵소서.

바울은 복음을 전하면서 억울한 모함과 박해로 인하여 수없이 매를 맞고, 감옥에 갇히기도 하였음을 기억합니다. 그때, 바울이 그러한 고난을 통해서 복음의 진보를 이루게 되었음이, 지금은 ○○(직분)님의 것이 되게 하시옵소서.

이 시간에, 말씀을 전하실 목사님께도 함께 하사 저희들의 마음에 믿음의 선한 씨앗들이 심겨지는 은혜를 경험하게 하시옵소서. 그 말씀으로 먼저, 저희들의 심령에 하나님의 나라가 이루어지게 하시옵소서.

| -이어서, 개인적인 아픔을 하나님께서 해결해 주시도록 간구한다. |

생명을 주신 예수님의 이름으로 기도드립니다. 아멘.

기도를 이끌어주는 말씀_고전 13:13

이전보다 더욱 사랑하는 가족

이 가정을 위하여 일하시는 하나님,

○○○(이름) ○○(직분)님과 이 가정을 주님의 이름으로 축복합니다. 하나님의 백성으로 구별된 성도의 가정에 하늘의 평안을 가득 부어 주시옵소서. 서운함이나 미움의 역사가 일어나지 않게 하시옵소서. 이전보다 더욱 사랑하는 가족들이 되게 하시옵소서.

식구들이 날마다의 삶을 살아가면서, 시간과 자신들이 하려는 일들에 대한 생각을 하나님께 드리게 하시옵소서. 특별히 ○○(직분)님 부부가 이 가정에 축복의 통로가 되어서 자신의 몸까지도 하나님께 바치고, 하루의 길을 가게 하시옵소서.

그리하여 하나님의 은혜를 입은 자들이 되어, 여호와와 동행하는 삶을 살게 하시옵소서. 하늘에 속한 사람, 언약을 지키는 공동체라는 특권에 대한 긍지를 누리게 하시옵소서. 그래서 세상 사람들에게는 외톨이가 된다 할지라도, 서로 존중하는 부부가 되게 하시옵소서. 하나님의 은혜 안에서 부부가 서로 섬기게 하시옵소서.

목사님께서 말씀을 강도하실 때, 미쁘게 듣는 귀를 갖게 하시옵소서. 천국의 율례를 지켜 행할 것을 다짐하려는 마음으로 말씀을 받게 하시옵소서. 왕의 자녀들로서 영광스러운 모습으로 예배합니다.

하나님의 자녀로서 살아가도록 계명과 율례와 법도를 주셨으니, ○○(직분)님께서 기쁨으로 그 명령을 따르게 하시옵소서. 여호와의 명령에 보장된 언약의 백성으로 살아가는 특권을 지니게 하옵소서.

| -이어서, 개인적인 아픔을 하나님께서 해결해 주시도록 간구한다. |
사랑의 주, 예수님의 이름으로 기도드립니다. 아멘.

기도를 이끌어주는 말씀_고후 5:18

가정을 하나님의 나라로 삼아

이 가정을 천국으로 삼으시는 하나님,

○○○(이름) ○○(직분)님과 이 가정을 하나님께 올려 드립니다. 이 가정을 하나님의 나라로 삼으셔서 천국의 모형으로 삼으셨음을 감사드립니다. 오늘, 저희들은 이 가정에서 부모와 자녀에 대한 하나님의 은혜를 기다립니다.

하나님께서 자녀와 부모의 관계를 통하여 하나님과 우리 사이의 관계를 세상에 나타내셨음을 믿게 하시옵소서. 부모는 하나님의 대리자로서 자녀를 보호하고, 자녀는 부모에게 순종하는 것으로 하나님께 나아가는 가정이 되게 하시옵소서. 이로써 하나님의 은혜와 복을 누리는 가정으로 만들어 주시기를 간절히 빕니다.

저희들을 부모가 되게 하신 여호와를 찬양합니다. 저희들에게 자녀의 양육을 맡기셔서 아이들을 키우게 하신 하나님의 섭리를 묵상합니다.○○○ (집사)님의 가정에도 칭찬받는 자녀들을 주셔서 이 가정이 모범되게 하셨음을 즐거워합니다. 갈등의 아픔을 통해서 하나님의 은혜를 구하는 ○○○ (집사)님에게, 부모에게 순종하는 자녀와 자녀를 격노케 하지 않는 부모의 가정을 만들어 가게 하시옵소서. 나아가 이 은혜 안에서 하나님과의 바른 가족관계를 경험하게 하시옵소서.

하나님의 말씀에 귀를 기울이려 합니다. 말씀을 전해 주실 목사님께 성령님과 지혜로 충만하게 하시옵소서. 생명의 말씀으로 인하여 하나님께는 영광을 드리며, 저희들은 은혜로 기뻐하게 하시옵소서.

| –이어서, 개인적인 아픔을 하나님께서 해결해 주시도록 간구한다. |

복의 문이 되신 예수님의 이름으로 기도드립니다. 아멘.

기도를 이끌어주는 말씀_엡 6:1-3

여호와의 강권적인 만져 주심

자기 백성을 존귀하게 해 주시는 하나님,

○○○(이름) ○○(직분)님의 가정에 하나님의 특별하신 은혜가 임하게 되기를 소원합니다. 여호와 앞에서 존귀한 지체에게 더욱 풍성한 사랑에 들어가도록 하시는 하나님의 일하심을 보게 하시옵소서.

지금, 잠시의 갈등으로 하나님을 찾게 하셨으니 여호와의 강권적인 만져 주심의 은혜 내려 주심을 간구합니다. 부모와 자녀가 보혈의 은혜 안에서 하나가 되게 하시옵소서. ○○(직분)님을 위하여 저희들을 이 가정에 보내셨으니, 하나님의 심방이 되기를 빕니다.

하나님의 백성으로 구별된 성도의 가정에 하늘의 평안을 가득 부어 주시옵소서. 서운함이나 미움의 역사가 일어나지 않게 하시옵소서. 이전보다 더욱 사랑하는 가족이 되도록 도와주시옵소서. 하나님으로 더불어 사는 것을 세상에 있는 그 어떤 것들보다 귀하게 여기게 하시옵소서. 사랑이 넘치는 가정으로 인도해 주시옵소서.

이 가정의 삶에서 가정에 복을 내려주시는 하나님의 은혜를 보게 하셨음을 기억합니다. 지금, 아주 잠깐 동안 부모와 자녀 사이에 갈등이 있어 기도하게 하시니 더욱 감사드립니다. 갈등을 통해서 부모는 더욱 좋은 부모가 되고, 자녀는 더욱 부모에게 사랑스럽게 하시옵소서.

말씀을 대언하실 목사님께 성령님으로 함께 하시옵소서. 저희들은 그 말씀으로 천국 백성이 되기를 결단하게 하시옵소서. 또한 저희들보다 앞서 가시며, 날마다 도우시는 하나님께 가까이 가게 하시옵소서.

| -이어서, 개인적인 아픔을 하나님께서 해결해 주시도록 간구한다. |

죄를 깨닫게 하시는 예수님의 이름으로 기도드립니다. 아멘.

기도를 이끌어주는 말씀_잠 17:1
서로를 섬기는 동기간

지체들이 서로 섬기게 하시는 하나님,

○○○(이름) ○○(직분)님께 주님의 이름으로 찾아오게 하시니 감사드립니다. 하나님의 은혜 안에서 지내는 ○○(직분)님께 하늘의 영광을 구하게 하시옵소서. 사랑하는 종을 통해서 이 가정이 하나님께 드려지게 하시옵소서.

이 시간에, 이 가정에 복을 주시기 위해서 저희들이 심방하게 하시며, 예배로 영광을 드리오니 하늘의 문을 여시고, 받아 주시옵소서. 영과 진리로 예배할 때, 하나님의 은총이 크게 나타나게 하시옵소서.

성령님의 충만하심이 저희 가정의 자녀들에게 내려오기를 빕니다. 성령님의 감동으로 자녀들이 하나님을 더욱 더 사랑하게 하시옵소서. 그리고 한 가정에서 서로 형제가 되었음에 감사하고, 서로를 섬기는 동기간이 되게 하시옵소서. 이로써 이 가정에서 하나님은 영광을 받으시고, 형제들은 한 몸이 되는 것을 경험하도록 도와 주시옵소서.

목사님께서 말씀을 증거하실 때, 하나님의 능력과 은혜가 드러나게 하시고, 저희들은 거룩함을 입혀 주시옵소서. ○○(직분)님과 이 가정에 속해있는 지체들에게 성령님의 능력으로 충만하게 하시옵소서.

그들이 가정에서 살아가는 동안에, 하나님께서 주신 말씀을 지키는 것이 저희들에게 복이 되게 하시옵소서. 부모로부터 받는 사랑과 은혜에 대하여 한 목소리로 감사하면서, 여호와 앞에서 화목하게 지내기를 소원하게 해 주시옵소서.

| –이어서, 개인적인 아픔을 하나님께서 해결해 주시도록 간구한다. |
회개의 영이 되시는 예수님의 이름으로 기도드립니다. 아멘.

기도를 이끌어주는 말씀_롬 12:18

주 안에서 마음을 같이하여

사랑으로 하나 되게 하시는 하나님,

사랑하는 ○○○(이름) ○○(직분)님께서 잠시 마음이 곤고하고, 평안을 잃었으니 하나님의 위로하심을 간구합니다. 성령님의 충만하심으로 괴롭고, 쓰라린 마음이 치유되게 하시옵소서.

저희 가정과 가족이 세상으로부터 구별되어, 마음을 다해서 하나님을 찬양하는 공동체가 되게 하시옵소서. 부모와 자녀들이 우리 주님의 지체가 되어 하나님을 찬송하고, 그 이름을 기뻐하는 것으로 영원한 즐거움이 되기 원합니다.

하나님께서 이 가정의 자녀들에게 주관자가 되어 주시고, 이 가정은 여호와의 거룩한 집이 되게 하시옵소서. 부모의 신앙으로 자녀들도 하나님을 가까이 하게 하시고, 믿음의 사람으로 자라게 하시옵소서.

자녀들이 주 안에서 마음을 같이하여 예배하는 심정으로 지내게 하시옵소서. 자녀들이 공부를 하는 교실에서 하나님을 찾으며 형제로서 존중하고 섬기게 하시옵소서.

생명과 진리의 말씀을 베풀기에 부족함이 없으시도록 목사님을 강건케 해 주옵소서. ○○(직분)님을 붙들고 있는 삶의 문제는 말씀을 듣는 중에 해결 받게 하옵소서. 말씀의 능력으로 일으켜 주옵소서.

여호와께서 하나님의 자녀로 구별해 주셨으니, 이 가정에 속한 자녀들은 하나님을 두려워하게 하시며, 성령님께서 그들의 마음을 주장해 주시사 더욱 하나님께 영광이 되는 자녀들이 되게 하시옵소서.

| -이어서, 개인적인 아픔을 하나님께서 해결해 주시도록 간구한다. |

보혈의 은혜를 주시는 예수님의 이름으로 기도드립니다. 아멘.

기도를 이끌어주는 말씀_창 1:28

여호와를 모시고 사는 이 가정

복된 가정에 주를 모시게 하시는 하나님,

○○○(이름) ○○(직분)님을 축복합니다. ○○(직분)님을 위하시는 하나님의 사랑으로 저희들을 이 가정에 보내셨음을 믿습니다. 지금은 저희들을 보내시며, 이 가정을 위하여 예비하신 복을 내려 주시는 시간이기를 빕니다.

하늘로부터 임한 은혜를 생각할 때, 낮이나 밤으로 마음을 다 드린다 하여도 감사의 찬양을 못 다 부를 것입니다. 오늘 이후로는 오직 찬양으로 살아드리는 ○○(직분)님의 가족이 되게 하시옵소서.

사랑하는 지체가 하나님께서 남자와 여자를 지으신 후에, 그들에게 복을 주셨다는 사실을 기억하게 하시옵소서. 그 은혜가 오늘은 ○○(직분)님의 것이 되게 해 주시려는 하나님의 의도하심을 생각하게 하시옵소서. 이미 받은 하나님의 사랑으로 가족이 한 몸의 삶을 경험하도록 이끌어 주시옵소서.

여호와께 존귀한 ○○(직분)님과 이 가정을 축복합니다. 이 시간에, 저희들의 예배로 말미암아 하나님의 은혜가 충만해지게 하시옵소서. 여호와를 모시고 사는 이 가정의 식구들에게 하나님을 사랑하는 소원을 주시옵소서. 주님의 몸 된 교회를 경험하게 하시옵소서.

하나님의 말씀에 귀를 기울입니다. 말씀에 은혜를 주셔서 ○○(직분)님께 위로가 넘치게 하시옵소서. 하나님의 능력으로 치료받는 기적을 체험하게 하시옵소서. 하나님의 회복해 주심을 소망합니다.

| −이어서, 개인적인 아픔을 하나님께서 해결해 주시도록 간구한다. |
서로 섬기게 하시는 예수님의 이름으로 기도드립니다. 아멘.

기도를 이끌어주는 말씀_마 5:9
서로 사랑을 더하는 지체들

에덴동산을 회복시켜 주시는 하나님,

주님의 이름으로 ○○○(이름) ○○(직분)님의 가정에 찾아왔습니다. 하나님의 복이 임하는 심방이 되게 하시옵소서. 성령님께서 이 가정에 찾아와 주시는 은혜를 빕니다. 저희들이 예배하는 시간에, 주님의 사랑의 영이 이 가정에 충만하게 임하기를 빕니다.

하나님께서 우리를 사랑하시니 ○○(직분)님의 가족은 서로 사랑을 더하는 지체들이 되게 하시옵소서. 부부의 사랑에 하나님의 사랑이 풍성하게 하시고, 부모와 자녀들의 사랑에 하나님의 사랑이 흐르게 하시며, 자녀들끼리는 동기간의 우애가 넘쳐나게 하시옵소서.

우리 하나님 앞에서 선택을 받은 가정에 날마다 사랑이 더해지는 공동체가 되게 하시옵소서. 식구들이 하나님을 주목하는 중에, 서로에게 사랑으로 섬기는 분위기가 되기를 원합니다.

진리의 말씀으로 도전받기를 원합니다. 목사님께서 대언해 주시는 말씀에, 성령으로 충만하게 하사, 삶의 능력이 나타나게 해 주시옵소서. ○○(직분)님의 삶이 하나님의 나라 확장에 쓰임 받게 하시옵소서.

하나님의 사랑을 찬양하면서 ○○(직분)님 부부와 어린 자녀들이 서로 사랑으로 살아가기를 소망하게 하시옵소서. 하나님의 사랑이 이 가정에 사랑의 회복이라는 역사를 일으켜 주시기를 빕니다. ○○(직분)님의 가정이 사랑으로 세워져서 ○○교회의 지체들에게도 아름다운 소문으로 가득하게 하시옵소서.

| −이어서, 개인적인 아픔을 하나님께서 해결해 주시도록 간구한다. |
의의 길로 인도해 주시는 예수님의 이름으로 기도드립니다. 아멘.

기도를 이끌어주는 말씀_마 5:27-32
이 가정을 허물려는 더러운 영

더러운 영을 쫓아내주시는 하나님,

귀한 가정을 ○○교회의 지체로 삼아주시고, 오늘, 저희들이 심방하게 하셨음에 감사드립니다. 이 시간에 저희들의 예배를 받으시고, 하나님께 영광을 돌리게 하시옵소서.

○○○(이름) ○○(직분)님의 상한 마음을 여호와께서 받아주시옵소서. 사랑하는 지체가 생각해보지 않았던 일로 어려움에 처하게 되었습니다. 이 가정을 허물려는 더러운 영이 드리워있으니 성령님께서 물리쳐 주시옵소서.

인간은 연약한 존재이기 때문에 자기의 생각과 달리 죄를 짓게 된다는 것을 깨닫습니다. 사탄이 여호와께 속한 가정을 방해하려고 고의적으로 죄를 짓게 하고, 이 가정을 무너뜨리려 하고 있으니, 성령님께서 이 악한 세력을 물리쳐 주시옵소서.

이 시간에, 말씀을 선포하시는 목사님께 크신 은혜와 능력을 허락하심으로 말씀의 역사가 일어나게 도와주시옵소서. 심방을 받으신 ○○(직분)님과 이 가정의 지체들에게 말씀의 복으로 새롭게 하시옵소서. 오직 하나님의 말씀이 다스림이 되게 하시옵소서.

오늘, ○○(직분)님이 하나님께 소망을 두게 하시옵소서. 저희들은 지금, 하나님께서 ○○(직분)님의 결혼으로 이 가정을 만들어주시고, 성소로 삼아 주셨음을 기억합니다. ○○(직분)님이 죄악 된 행실을 끊고, 하나님께로 돌이키게 하시옵소서.

| -이어서, 개인적인 아픔을 하나님께서 해결해 주시도록 간구한다. |
거룩하게 해 주신 예수님의 이름으로 기도드립니다. 아멘.

기도를 이끌어주는 말씀_시 32:6

음란의 마귀가 틈을 타서

마귀의 역사를 물리쳐주시는 하나님,

우리 하나님께서 사랑하시는 ○○○(이름) ○○(직분)님의 가정에 사탄이 틈을 타지 못하도록 보호해 주시옵소서. 혹시라도 죄의 유혹을 받아 자신을 내어주지 않는 가정이 되도록 지켜 주시옵소서. 불륜이라는 더러운 영의 유혹으로 이 가정이 아픔을 겪고 있습니다.

하나님의 강권하시는 역사하심으로 ○○(직분)님이 자신을 돌아보게 하시고, 죄악의 길에서 돌이키게 하시옵소서. ○○(직분)님의 죄악 된 행실로 말미암아 눈물을 흘리고 계신 ○○(직분)님을 받아 주시옵소서. 그 눈물에 들어있는 간구에 응답해 주시옵소서.

이 죄는 하나님을 주목하지 못한 데서 비롯된 행실이라 생각됩니다. 지금, 사랑하는 종을 불쌍히 여기시고, 그의 눈물을 보시는 하나님을 찬양합니다. 여호와께 구별된 성전으로서의 가정을 지켜주시옵소서.

이 가정에 음란의 마귀가 틈을 타서 괴로워하고 있으니, 하나님의 구원하심을 보게 하시옵소서. 오직 서로를 사랑으로 섬기는 부부가 되게 하시옵소서.

생명수를 기다립니다. 예배를 인도하시며 말씀을 전하시는 목사님과 함께 하시옵소서. 기도하시는 중에, 준비된 말씀이 ○○(직분)님의 가정과 삶의 터전 위에 하나님의 축복하심이 함께 되게 하여 주시옵소서. 말씀을 통해서 저의 심령을 위로해 주시고, 하나님의 영으로 회복되게 하시옵소서.

| -이어서, 개인적인 아픔을 하나님께서 해결해 주시도록 간구한다. |
성결케 하시는 예수님의 이름으로 기도드립니다. 아멘.

기도를 이끌어주는 말씀_시 73:27-28

거룩함으로 보호받는 가정

흑암의 세력을 걷어내 주시는 하나님,

○○○(이름) ○○(직분)님이 심령의 옷을 정결하게 잘 씻은 자가 되어 자신의 성결에 힘쓰게 하시니 감사드립니다. 오직 믿음으로 살아가기를 소원하는 ○○(직분)님께서 예배하는 시간을 사모하고, 즐거워하게 하셨으니, 영광을 올려 드립니다.

여호와께 존귀한 지체와 이 가정을 축복합니다. 안타깝게도 사랑하는 지체에게 어려움이 있어 하늘의 은혜를 구합니다. 저희들은 이 근심과 걱정이 아주 잠시일 뿐임을 믿습니다. 흑암의 세력을 걷어내시고, 주님의 피가 묻은 손으로 어루만져 주시옵소서.

아담의 죄로 말미암아 이 세상에서 살아가는 동안의 삶은 행복보다는 불행한 삶이라고 할 수 있게 되었습니다. 하나님께 대하여 영적으로 죽어있기 때문에 인생의 길을 잃었고, 진리보다는 비진리를 따르게 되었으며, 저주 아래에 놓여 있게 된 것을 불쌍히 여겨주시옵소서.

목사님의 말씀을 전하시는 시간에 성령님의 축복하심이 넘치시기를 원합니다. 하나님의 말씀을 대언하실 목사님께 말씀의 능력을 더해 주시며, 의와 진리의 말씀이 이 가정에 은혜의 초석이 되게 하시옵소서. 복된 말씀을 주시옵소서.

사랑하는 지체가 죄를 멀리함에 주목하게 하시며, 아주 잠시라도 불의한 일들을 거절하게 하시옵소서. 성령님께서 강권해 주시옵소서. 하나님의 뜻이 이루어지는데 한 알의 밀알로 썩어지는 은혜를 주시옵소서.

| -이어서, 개인적인 아픔을 하나님께서 해결해 주시도록 간구한다. |

성령님께 충만하게 하시는 예수님의 이름으로 기도드립니다. 아멘.

기도를 이끌어주는 말씀_딤전 6:11
죄인의 자리에 서지 않도록

죄인의 자리에 서지 않게 하시는 하나님,

○○○(이름) ○○(직분)님을 주님의 이름으로 찾아왔습니다. 이 가정에 성령님의 바람이 불어와 생명을 살리는 역사를 보여주시옵소서. 오늘 예배하는 중에, ○○(직분)님의 마음을 누르고 있는 악한 세력을 물리쳐 주시옵소서. 흑암의 세력을 걷어내시고, 우리 주님의 피가 묻은 손으로 어루만져 주시기를 빕니다.

여호와께 존귀한 ○○(직분)님과 이 가정을 축복합니다. 안타깝게도 사랑하는 권속에게 어려움이 있어 하늘의 은혜를 구합니다. 흑암의 세력을 걷어내시고, 주님의 피가 묻은 손으로 어루만져 주시옵소서. 보혈의 은혜와 능력으로 더러운 일에서 손을 떼게 하시옵소서.

사탄은 ○○(직분)님을 쓰러뜨리려고 온갖 방법으로 유혹하고 있으나 성령님께서 불 칼과 불 병거로 막아주시옵소서. 악한 생각의 자리에 함께 하지 못하도록 붙잡아 주시옵소서. 오직 여호와를 즐거워하고, 하나님의 은혜를 구하게 하심을 빕니다. 사랑하는 지체가 죄인의 자리에 서지 않게 하시옵소서.

하나님의 말씀에 소망의 기대를 둡니다. 목사님을 사용하셔서 저희들에게 주시는 말씀의 복으로 인하여 날마다 승리하게 하시옵소서. 연약함과 부족함을 주님의 강하심과 부요하심으로 채워주실 줄로 믿습니다. ○○(직분)님이 종말에 대한 민감함을 갖게 하시고, 이슬과 같이 사라지고 말 세상에 대하여서는 너무 집착하지 않게 하시옵소서.

| -이어서, 개인적인 아픔을 하나님께서 해결해 주시도록 간구한다. |

죄를 속하여 주시는 예수님의 이름으로 기도드립니다. 아멘.

빚을 져서 도피 중인 가족(1)
기도를 이끌어주는 말씀_사 51:12-16
위로하시는 여호와의 손

우리를 위하시는 하나님,

○○○(이름) ○○(직분)님의 가정에 주님의 이름으로 저희들을 보내셨음에 감사드립니다. 원하지 않는 일들로 말미암아 어려움에 처하게 되신 이 가정에 위로하시는 여호와의 손길을 간구합니다. 이 가정을 불쌍히 여겨주시고, 누려야 될 은혜를 공급해 주시옵소서.

저희들의 예배를 받으시고, 이 가정의 문제를 해결해 주시는 응답의 은혜를 내려 주시옵소서. 오늘도 예비하신 하늘의 복으로 ○○(직분)님과 이 가정을 둘러 주시옵소서. ○○(직분)님이 재정의 어려움으로 험악한 시간을 보내고 있지만 하나님의 참으심을 묵상하면서, 이 고난을 참게 하시옵소서.

어떻게 해볼 수 없어서 결국에는 이 상황을 피하여 숨을 수밖에 없는 지경에 이르렀습니다. ○○(직분)님을 불쌍히 여기시고, 도와 주시옵소서. 사방으로 우겨 쌈을 당한 상황에서도 여호와의 이름을 부르는 것을 붙잡게 하셨음이 소망이라 믿습니다.

하나님의 말씀으로 새롭게 해 주시옵소서. 세상과 구별되어 성결하게 하시고, 세상에 복음을 전하는 선교적인 사명을 감당하되, 하나님의 부르심의 소명을 따라 충성함으로 감당하겠다고 결단하게 하시옵소서.

이 시간에, 하나님을 사랑해 드려야 할 ○○(직분)님의 가슴에 세상에서의 재물에 탐을 내는 유혹이 들어오지 않게 하시옵소서. 그의 간절한 기대와 소망이 응답되는 은혜를 내려 주시옵소서.

| -이어서, 개인적인 아픔을 하나님께서 해결해 주시도록 간구한다. |
심령을 지켜주시는 예수님의 이름으로 기도드립니다. 아멘.

기도를 이끌어주는 말씀_시 31:2

참음의 은혜로 역경을 이겨내도록

하나님의 일하심에 주목하게 하시는 하나님,

하나님의 불쌍히 여겨주시는 자비하심을 바라봅니다. ○○○(이름) ○○(직분)님께서 눈물로 여호와만을 바라보오니, 이 시간에 이 가족의 상황을 만져주시는 하나님의 손길을 보여주시옵소서.

지금, 참음의 은혜를 주셔서 이 역경을 인내하게 하시옵소서. 이로써○○(직분)님께서 하나님의 뜻을 이루도록 하시옵소서. 저에게 실패가 필요하였기에, 이 순간을 맞이하게 하신 줄로 받아들이게 하시옵소서. 저를 겸손하게 만드시려고, 이 은혜를 주신 줄 믿습니다.

실패의 환난이 고통처럼 보였으나, 지금은 하나님의 은혜로 감사드립니다. 역경의 은혜를 감사함으로 누리게 하시는 중에, 사랑하시는 손길로 저의 손을 잡아 주시옵소서. 하나님만이 ○○(직분)님과 이 가정에 소망이십니다. 하늘의 문을 여시고, 붙들어 주시옵소서.

하나님의 위로해 주시는 말씀을 준비하신 목사님께 성령의 능력이 더해지기 원합니다. 하나님의 지혜로 말씀을 전하게 하시옵소서. 그 말씀에 회개의 영이 임하여 ○○(직분)님께서는 여호와 앞에서 우는 것을 경험하게 하시옵소서.

○○(직분)님께서 재정의 어려움으로 험악한 시간을 보내고 있지만 하나님의 참으심을 묵상하면서, 이 고난을 참게 하시옵소서. 하나님을 사랑해 드려야 할 사랑하는 지체의 가슴에 세상에서의 재물에 탐을 내는 유혹이 들어오지 않게 하시옵소서.

| ─이어서, 개인적인 아픔을 하나님께서 해결해 주시도록 간구한다. |
참아 인내하게 하시는 예수님의 이름으로 기도드립니다. 아멘.

재판을 받는 이가 있을 때(1)

기도를 이끌어주는 말씀_막 10:46-52

하나님의 의를 드러내 주시고

의를 드러내 주시는 하나님,

주의 백성을 ○○○(이름) ○○(직분)님의 가정으로 보내주신 하나님께 찬양을 올려 드립니다. ○○(직분)님과 이 가정에 굳센 믿음과 복음으로 늘 평안하게 해 주셨음에 감사드립니다. 이 시간에, 하나님의 아끼지 않으시는 긍휼에 위로를 두게 하시옵소서.

○○(직분)님께서 낙심하지 않게 하시며, 새롭게 하시는 하나님의 손길을 보게 하시옵소서. 재판을 통해서 하나님의 의를 드러내 주시고, 혹시 ○○(직분)님의 과실로 말미암았다면 자신의 잘못을 뉘우치고, 여호와 앞에 세워지게 해 주시옵소서. 하나님의 공의를 베풀어 주시고, 이번 기회로 더욱 의롭게 살아가기를 소원하게 하시옵소서.

인간의 연약함과 죄의 본성의 유혹으로 말미암아 넘어지실 수도 있으니 하나님께서 일으켜 주시기를 빕니다. 재판을 받으면서 ○○(직분)님께서는 여호와 앞에서 회개하며, 속죄의 은혜를 받게 하셨음에 감사드립니다.

목사님께서 복된 말씀을 전해 주실 때, ○○(직분)님께 축복과 격려가 되게 하시옵소서. 그 말씀으로 말미암아 구원을 받은 은혜를 크게 즐거워하게 하시옵소서. 주님을 더욱 더 사랑하는 마음을 갖게 해 주시옵소서. 하나님께서 주신 생명의 시간을 사는 동안에, ○○(직분)님이 여호와 앞에서 의롭다 인정받기를 빕니다. 잠깐 동안의 유익을 얻기 위해서 거짓과 술수의 미혹이 올 때, 거절하게 하시옵소서.

| -이어서, 개인적인 아픔을 하나님께서 해결해 주시도록 간구한다. |

눈동자처럼 지켜주시는 예수님의 이름으로 기도드립니다. 아멘.

기도를 이끌어주는 말씀_시 144:2
실패의 환난을 은혜로 바꾸어서

환난을 은혜로 바꾸어주시는 하나님,

○○○(이름) ○○(직분)님께서 감당하기 힘든 시간에 놓여 있어서 이 가정을 찾았습니다. 저희들이 피할 곳은 하나님의 품인 것을 믿습니다. ○○(직분)님께서 흘리시는 고통의 눈물을 받아주시고, 해결해 주시옵소서.

이 시련이 사랑하는 지체에게 필요하였기에 주셨음을 믿습니다. 지금 아주 짧은 시간 동안에, ○○(직분)님에게는 환난의 시간이지만, 여호와 앞에서 하나님의 사람으로 만들어주시는 은혜라 믿습니다. 만일, 이 일로 말미암은 책임을 져야 한다면 감당할 수 있도록 하시옵소서. 결코 분노하거나 억울해하지 않고, 소망으로 견디게 하시옵소서.

○○(직분)님께서 겪으셔야만 하는 실패의 환난을 은혜로 바꾸어서 하늘의 신령한 복을 누리게 하시옵소서. 실수와 잘못으로 말미암아 어려움에 처하게 된 이 가정에 긍휼을 기다립니다.

이대로 주저앉을 수 없어 하늘의 하나님을 바라봅니다. 인간의 역사가 고통과 시련에 용감하게 맞선 사람들에 의해 새로 쓰였다면, 저의 실패가 새로운 역사가 되게 하시옵소서.

말씀을 준비하신 목사님께 영력을 칠 배나 더해 주시옵소서. 선포되는 하나님의 말씀을 사모하게 하시옵소서. ○○(직분)님께는 그 말씀에 응답하여 '아멘'으로 받게 하셔서 순종적인 성도가 되도록 은혜를 주시옵소서.

| -이어서, 개인적인 아픔을 하나님께서 해결해 주시도록 간구한다. |
소망이 되시는 예수님의 이름으로 기도드립니다. 아멘.

기도를 이끌어주는 말씀_욘 3:1-2
다시 한 번의 기회를

찾을 때, 만나주시는 하나님,

우리 주님의 이름으로 ○○○(이름) ○○(직분)님의 복된 가정에 찾아왔으니, 하늘의 문을 여시고 예비 되어 있는 복을 내려 주시옵소서. 지금의 아픔이 더 멀리 뛰어오르는 개구리의 뒷걸음이 되게 하시옵소서. 사랑하는 가정에 회복의 은혜를 내려주시옵소서.

이 시간에, ○○(직분)님께 하나님의 성취하게 하심을 바라봅니다. 실패의 쓰라림에 좌절하기보다 이 기회에 깨달아야 할 것들을 배우는 은혜를 주시옵소서. 자신의 잘못으로 받아야 할 벌이었다면 먼저 여호와 앞에서 회개하고, 벌을 감당하게 해 주시옵소서.

사람은 살아가면서 한 번의 실수, 한 번의 잘못, 한 번의 실패를 경험할 수 있습니다. 이때, 대부분의 경우에 그것으로 사람을 평가하고, 그를 실패자로 낙인을 찍을 것입니다.

혹시 주위로부터 차가운 시선이 있어도 낙심하지 않도록 붙들어 주시옵소서. ○○(직분)님께 소망이 있음은 하나님께서 사람을 대하심은 실패를 용납하시고, 다시 한 번의 기회를 주심을 믿기 때문입니다. 다시 기회를 주시는 하나님을 바라보게 하시옵소서.

오늘, 말씀과 기도를 통하여 ○○(직분)님께 능력을 얻게 해 주시옵소서. 어리석음 가운데 지혜롭게 해 주시고, 믿음 없음에 더욱 강건한 믿음으로 성장하게 하시옵소서. 주님의 십자가를 가슴에 안고 일어서게 하시옵소서.

| -이어서, 개인적인 아픔을 하나님께서 해결해 주시도록 간구한다. |
힘이 되어주시는 예수님의 이름으로 기도드립니다. 아멘.

기도를 이끌어주는 말씀_나 1:7

실패라는 연단의 시간

곤란 중에 너그럽게 하시는 하나님,

○○○(이름) ○○(직분)님의 가정을 위로해 주시옵소서. 지금, ○○(직분)님이 사람으로서는 견디기 힘든 처지에 놓이셨으니 오직 우리 하나님께서만 도와주실 수 있습니다. 저희들을 죄와 어려운 처지에서 구원해 주시는 하나님의 이름에 찬양을 올려 드립니다.

○○(직분)님의 가정에서 자신의 실수나 어리석음으로 위기가 닥쳤더라도 하나님의 간섭하심의 은혜를 잊지 않게 하시옵소서. 실패라는 연단의 시간을 통해서 온전해지는 모습을 바라보게 하시옵소서. 이 시련에도 하나님의 보호하심과 인도하심이 있으리라 믿습니다.

○○(직분)님이 원하지 않는 역경을 만나셨으니, 믿음으로 견디도록 은혜를 내려 주시옵소서. 이 곤고함에도, 하나님께서는 여전히 사랑하심을 믿게 하시옵소서. 이 은혜로 말미암아 하나님의 마음에 합하게 하시옵소서.

사랑하는 ○○○ (집사)님에게 잠깐 동안의 근심이 있지만, 우리 하나님의 은혜로 풀려날 줄 믿습니다. ○○○ (집사)님이 더욱 풍성한 사랑에 들어가도록 하시는 하나님을 만나게 하시옵소서. 하나님께 소망을 두고 기다리게 하시옵소서.

생명과 진리의 말씀을 선포하시는 목사님께 성령님의 충만하심이 있기를 원합니다. 그 말씀에 들어 있는 복을 받으므로 이 집안의 식구들이 말씀으로 충만해져서 진리의 풍성함을 누리게 하시옵소서.

| -이어서, 개인적인 아픔을 하나님께서 해결해 주시도록 간구한다. |

짐을 대신 지시는 예수님의 이름으로 기도드립니다. 아멘.

기도를 이끌어주는 말씀_출 20:12

불평하기보다는 하나님을 찾고

간구할 때 들으시는 하나님,

사랑하는 ○○○(이름) ○○(직분)님께서 잠시 마음이 곤고하고 평안을 잃었으니 하나님의 위로하심을 빕니다. 성령님의 충만하심으로 괴롭고 쓰라린 마음의 아픔이 치유되게 하시옵소서.

서운함과 마음의 상함으로 눈물 밖에 없는 ○○(직분)님에게 내 편이 되어 주시는 하나님의 은총을 보게 하시옵소서. 불평하기보다는 하나님을 찾고, 불만으로 성격을 나타내기보다는 하나님의 인도하심을 구하는 종에게 은혜로 응답해 주시옵소서.

○○(직분)님은 언제나 하나님의 영광에 주목해서 살아 오셨던 것을 기억합니다. 그동안에도 여러 번 시가와 갈등이 생길 수 있었고, 시가의 식구들과 불화도 있었으나 하나님의 영광을 가릴까 염려하며 조심스러워 하신 것을 하나님도 아시리라 믿습니다. 이 시간에, 성령 하나님께서 ○○(직분)님을 위로해 주시옵소서.

이제, 은혜와 진리의 말씀을 받게 하시니 감사드립니다. 목사님을 통해서 이 가정에 복을 주시고, 위로하시는 하나님의 음성을 듣게 하시옵소서. 이 가정에 말씀에 순종하는 은혜가 있기를 소망합니다. 하나님께서 지금의 상황을 만져주시고, 선하게 인도하여 주시옵소서.

○○(직분)님께 사람의 의지가 아니라 성령님의 강권하시는 은혜를 풍성하게 하시옵소서. 그래서 성령님의 마음으로 시가와의 일들에 대하여 더 참게 하시고, 화목을 위하여 자신을 내려놓게 해 주시옵소서.

| –이어서, 개인적인 아픔을 하나님께서 해결해 주시도록 간구한다. |
우리의 편이신 예수님의 이름으로 기도드립니다. 아멘.

기도를 이끌어주는 말씀_요이 1:5

시가의 식구들과 한 몸이 되어

　평안히 지내게 하시는 하나님,

　하나님의 은혜 안에서 지내는 ○○○(이름) ○○(직분)님의 가정에서 예배하게 하시니 감사드립니다. 이 시간에 하늘의 문을 여시고, 이 가정에 복을 주시기 위해서 저희들로 하여금 심방하게 하시며, 예배로 영광을 드리오니 받아 주시옵소서. 영과 진리로 예배할 때, 하나님의 은총이 크게 나타나게 하시옵소서.

　사랑하는 지체에게 부모를 공경하면서 하나님을 공경하는 것을 배우게 하셨음을 기억합니다. 이제까지와 같이, 시가의 부모님을 사랑하고, 가까이 하게 하심으로써 하나님을 섬기게 하셨음을 깨닫게 하시옵소서. 오늘, 진심으로 시가에 대한 새로운 다짐을 하게 하시옵소서.

　이 가정에 며느리를 보듬어 품는 시어머니와 시어머니를 마음으로 섬기는 며느리의 복됨을 누리게 하시옵소서. 주님의 사랑이 ○○(직분)님을 시가의 식구들과 한 몸이 되도록 하셨으니, 부모에게 공경하고, 동기간에 사랑하는 심정으로 시가와의 화목에 결단하게 하시옵소서.

　이 시간에, 전해지는 진리의 말씀에 응답하는 복을 받게 하시옵소서. ○○(직분)님이 자기를 위해 사는 자가 되지 않고, 주님을 위해 살기를 결단하게 하시며, 주님께서 가신 길을 따르게 하옵소서.

　○○(직분)님을 시가의 식구들에게 축복의 통로로 삼고자 하신 하나님의 계획에 주목하게 하시옵소서. 성령님께서 강권해 주시는 대로 순종하게 하시옵소서.

　| ―이어서, 개인적인 아픔을 하나님께서 해결해 주시도록 간구한다. |
　사랑의 주, 예수님의 이름으로 기도드립니다. 아멘.

기도를 이끌어주는 말씀_요일 3:18
처의 부모에게 효도하는 사위

얼굴을 들어 비쳐주시는 하나님,

○○○(이름) ○○(직분)님께서 여호와의 말씀을 듣는 자가 되어 자신의 성결에 힘쓰게 하시니 감사드립니다. 여호와께서 집을 세워주시는 복이 이 가정에 임하기를 원합니다. 주님께서 친히 파수꾼이 되셔서 지켜주시고, 땀을 흘리며 수고할 때, 헛되지 않게 하시옵소서.

○○(직분)님께서는 아내의 부모를 자신의 부모로 섬기는 선물을 받았습니다. 이제까지도 ○○(직분)님께서는 부모를 공경하며 지냈습니다. 그 삶이 아내의 부모에게도 이어져 처의 부모에게 효도하는 사위가 되게 하시옵소서. 자신을 겸손히 하여 처가의 식구들을 받아들이게 하시옵소서. 처가의 부모에게 자식이 되는 심정으로 섬기는 삶을 자원하게 하시옵소서.

오늘, 하나님 앞에서 꿀 송이보다 더 단 주의 말씀을 사모하게 하시옵소서. 그 말씀으로 인하여 ○○(직분)님과 이 가정의 지체들의 믿음이 더욱 자라나게 하시고, 메마른 심령이 말씀으로 살아나게 하시옵소서.

모든 만물이 주님의 사랑을 기뻐하여 찬양합니다. 간절히 바라기는 ○○(직분)님께서 임마누엘의 하나님을 고백하며, 처가와 화목하기를 기도하며 살기를 원합니다.

하나님의 도우심을 구합니다. 사랑하는 지체나 처가의 식구들이 가슴을 열어 곧 여호와의 성전이 되게 하시옵소서. 주님께서 잠시도 떠나지 않으시고, 이들 곁에 계심을 알게 하시옵소서.

| -이어서, 개인적인 아픔을 하나님께서 해결해 주시도록 간구한다. |
은혜의 주, 예수님의 이름으로 기도드립니다. 아멘.

기도를 이끌어주는 말씀_요일 4:2

선물로 받게 된 처가와의 식구들

인생의 심정을 헤아리시는 하나님,

○○○(이름) ○○(직분)님의 집을 주님의 사랑으로 심방하였습니다. 이 시간에, ○○(직분)님께서 처가와의 갈등으로 불편하시기에, 하나님의 도우심을 구합니다. 저희들이 예배하는 시간에, 화목하게 하는 영으로 충만하게 하시옵소서.

이 집에서 사는 동안에 사랑하는 지체가 결혼의 선물로 받게 된 처가와의 식구들과 하나님의 은혜를 찬송하게 하시옵소서. 처가의 부모가 저의 부모가 되게 하시고, 처가의 형제들이 저의 동기가 되어 지내도록 하시옵소서. 주님께서 준비해 주신 보금자리에서 한 몸의 사랑으로 여호와께 영광을 드리는 삶을 살게 하시옵소서. 처가의 식구들을 대하면서 하나님의 선하신 인도에 소망을 두게 하시옵소서.

이제, 말씀을 대언하실 목사님께 성령의 갑절의 영감으로 강하게 역사해 주시기를 빕니다. 말씀의 검에 날이 서게 하심으로써 ○○○님의 심령이 쪼개어지며, 그의 가슴을 짓누르고 억압하는 문제가 풀리는 은혜를 내려주시옵소서.

○○(직분)님과 그의 처가를 축복합니다. 두 사람을 향하신 주님의 신실하심과 은혜로 저들이 복되기를 소망합니다. 사랑하는 지체를 통하여 날마다 거룩하게 하시며 도우시는 주님을 생각할 때, 감사의 영광을 드립니다. 주님께서 간구한 이들을 아시므로 언제나 합력하여 선을 이루시는 그 손길을 기뻐하여 고백하는 가족이기를 축복합니다.

| –이어서, 개인적인 아픔을 하나님께서 해결해 주시도록 간구한다. |

회복의 은혜를 주시는 예수님의 이름으로 기도드립니다. 아멘.

기도를 이끌어주는 말씀_막 14:32-38

새롭게 하심을 기대하는

울음의 눈물을 보시는 하나님,

영혼이 잘 됨 같이 범사가 잘 되고, 강건하기를 원하시는 하나님의 은혜가 ○○○(이름) ○○(직분)님과 이 가정에 넘치기를 소망합니다. 사랑하는 지체가 하나님 앞에서 가정을 이루어 한평생을 사랑으로 지내기를 원하였으나 이혼하게 되었으니, 하나님의 위로하심을 빕니다.

에덴동산의 복을 상실한 이후, 인생에는 많은 위기가 찾아 올 수밖에 없음을 생각합니다. 죄로 말미암아 저주 아래에 갇히게 되어, 우리의 삶에는 고통과 한숨이 도처에 있게 되었습니다.

그렇지만 하나님께서는 때때로 저희들에게 감당하기 어려운 일들을 주심으로써 천국 백성으로 만드시려고 단련시키심을 믿습니다. 이제까지와 같이 ○○(직분)님을 사랑해 주시고, 그의 상처 받은 심령을 품어주시옵소서.

하나님의 말씀으로 권면하실 목사님께 성령님의 능력이 있기를 소원합니다. 이 가정을 축복하사 사랑하는 지체의 심령이 하나님의 은혜로 충만하여 말씀을 붙들고 세상을 이길 수 있는 힘을 받게 하옵소서. 하나님만이 사랑하는 지체에게 전부이심을 믿습니다.

이제, 이혼의 아픔에 연연하지 않고, 하나님의 새롭게 하심을 기대하는 ○○(직분)님이 되게 하시옵소서. 이제까지와 같이 거룩하게 살아가는 은혜를 누리게 하시옵소서. 하나님께서 저에게 원하시는 삶의 의미를 깨달아 순종의 삶을 살게 하시옵소서.

| -이어서, 개인적인 아픔을 하나님께서 해결해 주시도록 간구한다. |
일으켜 주시는 예수님의 이름으로 기도드립니다. 아멘.

기도를 이끌어주는 말씀_벧후 3:14

여호와께 선택이 되기를

사랑을 풍성하게 하시는 하나님,

여호와께 존귀한 ○○○(이름) ○○(직분)님의 가정을 심방하여 예배드립니다. 낙심 중에도 소망이 되시고, 눈물을 거두어주실 하나님께서 사랑하는 지체를 위로해 주시기를 원하여 이 가정을 찾았습니다. 주님께서 손을 내밀어 ○○(직분)님을 붙잡아 주시옵소서.

오늘, 저희들이 함께 예배할 때 영광을 받으시고, ○○○(이름) ○○(직분)님에게 눈물을 닦아주시는 은혜를 내려 주시옵소서. 사랑하는 종이 기도하는 중에 결심을 하게 하시고, 이혼마저도 하나님의 뜻을 구하는 것이 되기를 사모하시니, 여호와의 인도하심이 ○○(직분)님에게 나타나게 되기를 간구합니다.

하나님께서 짝을 지어주신 것을 사람이 나눌 수 없다고 하신 말씀 앞에서 괴로워하시는 ○○(직분)님께 성령님의 위로하심을 부탁드립니다. 저가 수없는 많은 시간을 번민과 기도로 지내오시다 결국 이혼을 하게 되었으니, 이것 역시 여호와께 선택이 되게 하시옵소서.

오늘도 저희에게 말씀을 대언하시는 목사님을 붙들어 주시옵소서. 선포되는 말씀에 저희들의 심령이 새로워지는 시간이 되게 인도하여 주시옵소서. 사로잡고 있는 귀신의 역사는 물러가고, 자유하게 하시옵소서. 성령님의 능력을 둘러 주시옵소서.

슬픔을 당한 여인들을 위로해 주셨던 주님을 그리워합니다. 여호와의 이름이 ○○(직분)님에게 소망이 되고, 길이 되어 주시옵소서.

| ―이어서, 개인적인 아픔을 하나님께서 해결해 주시도록 간구한다. |
믿음을 주시는 예수님의 이름으로 기도드립니다. 아멘.

이사–늘여감(1)

기도를 이끌어주는 말씀_창 24:10–14

천국의 집을 바라보는 은혜

그 이름이 아름다우신 하나님,

○○○(이름) ○○(직분)님을 위해서 고르고 골라 준비해 주신 집을 볼 때, 감사의 찬양을 드립니다. 이 집으로 인하여 영광 받으옵소서. 경건한 자손에게 약속되어 있는 복이 ○○(직분)님과 이 집 안에 넘치게 하시옵소서. 성령님께서 이 가정에 충만하시기를 소원합니다.

주님께서 거룩하게 구별해 주신 ○○○(이름) ○○(직분)님을 축복합니다. 저가 하나님 앞에서 살아오던 중, 참으로 좋은 집을 선물로 받았습니다. 하나님의 사랑으로 마련한 집에서 예배할 때, 장차 저희들이 이사를 가야만 하는 천국의 집을 바라보게 하시옵소서.

사랑하는 가족이 하늘의 은혜를 소망하는 삶이 되게 하시옵소서. ○○(직분)님의 자녀들도 부모님의 신앙을 본받아 자란다는 소원을 품게 하시옵소서. 부모의 하나님을 자기들의 하나님으로 받게 하시옵소서. 부모가 경험했던 하나님의 은혜가 자녀들의 것이 되기를 원합니다.

순서에 따라 목사님께서 하나님의 말씀을 들려주실 때, 새롭게 하시옵소서. 무지한 인생을 천사가 흠모하는 귀한 인생으로 바꾸어 주시옵소서. 길기와 같은 심령을 열매 맺는 옥토의 마음이 되게 하시옵소서.

○○(직분)이 이사한 즐거움을 교회의 성도들도 함께 누리게 하시니 감사드립니다. 저희들의 사랑이 천국에 가는 날까지 이어지게 하옵소서. 좋으신 하나님께 존귀와 영광을 드립니다.

| –이어서, 이 가정의 상황에 따른 하나님의 손길을 간구한다. |

의로 이끌어주시는 예수님의 이름으로 기도드립니다. 아멘.

기도를 이끌어주는 말씀_잠 8:17-18
아브라함의 제단을 쌓는 가족

자기의 자녀를 잊지 않으시는 하나님,

은혜로우신 구세주의 이름을 높이 찬양합니다. ○○○(이름) ○○(직분)님께서 집을 옮기셨다는 소식을 저희들에게 주시고, 함께 하기 위해서 모이도록 하셨으니 이 예배를 통해서 영광을 드리기 원합니다.

오늘, 여호와의 복 주심의 한 모습에 ○○의 지체들이 동참하게 하셨음에 하늘의 하나님께 찬양을 올려 드립니다. 하나님께서 ○○(직분)님을 사랑하셔서 이처럼 아름다운 집을 주셨음에 감사드립니다.

여호와의 자비하심으로 복을 주셔서 사랑하는 지체와 이 가정의 식구들을 위해서 하늘의 아름다운 보고를 열어주시옵소서. 그리고 언제나 주님의 십자가를 바라보고 살아가도록 인도해 주시옵소서. 보혈의 은혜로 이 가정을 의롭게 하시옵소서. 이 가정에 속해 있는 모든 이들의 가슴이 주님의 피로 적셔지게 하시옵소서.

이 가정을 위해서 예비하신 집으로 옮길 수 있게 하셨으니, 그 손길을 찬양합니다. 성령님께서 준비해 주신 거룩한 자리에서 찬송으로 하나님을 영화롭게 해드리게 하시옵소서. 주님께서 마련해 주신 이곳에서 아브라함의 제단을 쌓는 가족이 되게 하시옵소서. 온 식구들이 둘러앉아 예배드릴 때마다 하나님의 나라를 바라보게 하시옵소서.

목사님께서 하나님의 말씀을 전하실 때, 피 묻은 십자가에서 말씀하시는 주님의 음성을 듣게 하옵소서. 십자가에서 고통과 멸시를 감당하셨던 주님처럼 살아가겠다는 결단의 현장이 되게 하옵소서.

| -이어서, 이 가정의 상황에 따른 하나님의 손길을 간구한다. |
죄를 멀리하게 해 주신 예수님의 이름으로 기도드립니다. 아멘.

기도를 이끌어주는 말씀_요 13:1

주님의 사랑을 입는 은혜를

도우심을 기다리게 하시는 하나님,

지극히 높은 하늘보다 더 높은 사랑으로 ○○○(이름) ○○(직분)님을 보호해 주셨고, 지극히 깊은 바다보다도 더 깊은 은혜가 오늘의 즐거움을 주셨으니, 감사의 한 시간이기를 빕니다. 하나님 앞에서 택함을 받은 가정의 식구들이 이 장막에서 복스럽게 지내게 하옵소서.

지금까지 지내던 집에서 작은 공간으로 옮기게 되었지만 이런 상황도 잠시뿐인 것을 믿습니다. 살아가는 공간은 줄었으나 ○○(직분)님의 믿음은 오히려 더 넓어지고, 깊어진 것에 감사드립니다. 매일 매일의 삶이 가정에서의 천국이 되게 하시옵소서.

사람이 하나님의 주신바 그 일평생에 먹고 마시며 낙을 누리는 은혜를 경험하는 가정이 되게 하시옵소서. 이 가정의 경건한 자손들에게 주님을 사랑하는 자들이 주님의 사랑을 입는 은혜를 내려 주시옵소서.

목사님의 말씀으로 생명의 역사가 펼쳐지기를 소원합니다. 말씀을 사모하는 ○○(직분)님과 이 가정의 지체들에게 주님의 기쁨이 충만하게 하시옵소서. 하늘로부터 내려오는 은혜의 단비를 체험하는 귀한 시간이 될 수 있도록 도와주시옵소서.

이 가정에서 자라나는 자녀들에게도 하나님을 제일로 공경하고 섬기는 은혜를 내려 주시옵소서. 그들이 공부하는 분주함으로 하나님을 잊거나 주님의 품에서 떠나지 않기를 소망합니다. 주님의 손으로 지켜주시는 집에서 평안의 은혜로 살게 하옵소서.

| —이어서, 이 가정의 상황에 따른 하나님의 손길을 간구한다. |

악인을 거절하게 해 주신 예수님의 이름으로 기도드립니다. 아멘.

기도를 이끌어주는 말씀_벧후 3:17

이 장막이 성전이 되기를

겸손한 자와 함께 하시는 하나님,

○○○(이름) ○○(직분)님께서 세상을 이긴 자의 상급으로 금 면류관을 바라보게 하시니 ○○(교회)의 지체들과 더불어 감사드립니다. 하나님께서 장막을 이주하게 해 주셨으므로 이곳이 주님의 성전이 되기를 사모하여 예배합니다.

사랑하는 ○○(직분)님과 이 가정의 지체들에게 여호와의 임재를 소망하게 하시니 감사드립니다. 경건한 자손에게 약속되어 있는 복이 ○○(직분)님과 이 집안에 넘치기를 소망합니다. 혹시라도 집의 크기로 말미암아 이 가정의 식구들의 마음이 상하거나 위축되지 않게 해 주시옵소서. 어느 곳이든 주님께서 함께 하시기를 사모하게 하시옵소서.

예수님은 하나님의 아들로서 이 세상에 오셔서 우리를 위하시는 하나님의 사랑을 나타내 보이셨습니다. 세상에 대하여 행하신 예수님의 사역은 우리를 사랑하시는 하나님의 모습이었습니다. 비록 작은 집으로 옮겼으나 하나님을 사랑하는 것은 이전보다 크게 해 주시옵소서.

말씀을 준비하신 목사님께 성령님으로 감동해 주옵소서. 하나님의 말씀이 이 가정에 축복의 메시지가 되기 원합니다. ○○(직분)님과 이 가정의 지체들을 먹이시는 하나님의 은혜가 말씀으로 주어지기 원합니다. 함께 한 저희들에게도 하늘의 위로를 받게 하시옵소서.

성령님께서 이 가정의 사정을 아시고 미리 예비하여 좋은 곳으로 장막을 옮기게 하셨음에 감사하는 식구들이 되게 하시옵소서.

| ─이어서, 이 가정의 상황에 따른 하나님의 손길을 간구한다. |

경건의 본이 되신 예수님의 이름으로 기도드립니다. 아멘.

집을 구입하였을 때(1)

기도를 이끌어주는 말씀_출 17:8-13

새 집의 기쁨도 하나님의 것

날마다 소원을 주시는 하나님,

○○○(이름) ○○(직분)님께서 "하나님이 능히 모든 은혜를 너희에게 넘치게 하시나니"라고 하신 축복의 주인공이 되어 지내게 하셨음에 감사드립니다. ○○(직분)님을 위하시는 여호와의 은혜로 새로운 장막을 마련하였기에 찬송을 올려 드립니다.

하나님께서 예비해 주신 새 집으로 이사 오신 ○○(직분)님을 축복합니다. 이제까지 하나님의 교회를 위하여, 자녀들을 키우시기 위하여 살아오신 ○○(직분)님의 삶을 축복합니다. 지금은 이 집이 좋지만, 이 집보다도 더욱 화려한 하늘나라의 집을 소망하는 은혜를 주시옵소서.

○○(직분)님의 자녀들 역시도 부모님의 신앙을 본받아 자란다는 소원을 품게 하옵소서. 가정에서 천국의 삶을 경험하는 자녀들이 되기 원합니다. 약속의 자녀들을 축복하오니 이 집에서 그들의 공부하는 중에 잘 되고, 하나님께 영광을 드리게 하옵소서.

지금, 목사님의 입술에서 말씀이 선포될 때, 하나님의 능력이 함께 해 주시옵소서. 하나님의 온전하시고 기뻐하시는 뜻이 전달되며, ○○(직분)님과 저희들은 그 말씀에 결단하는 역사가 일어나게 하시옵소서.

이 집의 등기는 ○○(직분)님의 이름으로 기재하였지만 이 주택의 소유자는 하나님이심을 믿습니다. 사랑하는 지체가 새 집을 마련한 기쁨도 하나님의 것입니다. 온 가족이 하나님의 집에서 사는 은혜로 들어가게 해 주시옵소서.

| -이어서, 이 가정의 상황에 따른 하나님의 손길을 간구한다. |
우리의 왕이신 예수님의 이름으로 기도드립니다. 아멘.

기도를 이끌어주는 말씀_삼하 22:50
미리 예비하사 좋은 곳으로

좋은 것으로 만족하게 하시는 하나님,

예수님을 따라가며, 하나님의 말씀에 순종하고, 성령님의 충만을 사모하시는 ○○○(이름) ○○(직분)님으로 말미암아 감사드립니다. 우리 주님의 이름으로 복된 가정에 찾아왔으니, 하늘의 문을 여시고 큰 복을 내려 주시옵소서. 여호와 앞에서 ○○(직분)님께 이사의 기쁨을 주신 하나님의 사랑은 이 시간에 머리를 숙인 저희들에게도 동일하게 임할 것임을 믿고 감사드립니다. 하늘에서 은혜를 내려주시고, 저희들은 영광을 드리게 하시옵소서.

지극히 높은 하늘보다 더 높은 사랑으로 ○○(직분)님을 보호해 주셨고, 지극히 깊은 바다보다도 더 깊은 은혜를 오늘의 즐거움으로 주셨으니, 감사의 한 시간이기를 소망합니다.

우리가 이 땅에서 살아가는 동안에 승리의 삶을 살도록 주신 무기가 있다면 믿음과 소망, 사랑임을 믿습니다. 하나님을 향한 신망애는 어떤 경우에도 우리를 이기게 하시며 만족하게 하심에 감사하면서 믿음, 소망, 사랑을 복으로 여기게 하시옵소서.

목사님께 성령님의 역사가 함께 하사, 말씀을 대언하실 때에 크신 은혜로 더하여 주시옵소서. ○○(직분)님의 삶이 그 말씀으로 인하여 세상을 이기게 하시기를 빕니다. 하나님의 뜻을 나타내게 하시옵소서.

성령님께서 이 가정의 사정을 아시고 미리 예비하사 좋은 곳으로 장막을 옮기게 하셨음을 즐거워합니다.

| -이어서, 이 가정의 상황에 따른 하나님의 손길을 간구한다. |
구원의 주, 예수님의 이름으로 기도드립니다. 아멘.

기도를 이끌어주는 말씀_잠 3:9-10
하나님의 영광을 구별하는 가정

하늘에 영광을 바치게 하시는 하나님,

○○○(이름) ○○(직분)님께서 하나님 앞과 사람들 앞에서 주님의 뜻을 이루어드리는 삶에 충성해 오셨음에 감사드립니다. 오늘, 귀하고 복된 집에 ○○교회의 지체들을 불러주셨으니, 이곳이 주님의 성전이 되게 하시옵소서.

여호와께 존귀한 가족을 사랑하사 새집을 주시는 하나님께 찬양을 올려드립니다. 오직 하나님의 말씀으로 가정을 세우시려는 ○○(직분)님을 축복합니다. 이사를 계획하도록 하시고, 좋은 보금자리를 주셨으니, 이곳이 성령님을 모시는 자리가 되게 하시옵소서. 새집에서 새로운 찬양으로 하나님을 영화롭게 해드리게 하시옵소서.

말씀의 권세와 능력이 저희들에게 하나님의 말씀을 전하실 목사님과 함께 하시옵소서. 종의 입술로 전해 주시는 말씀마다 능력이 있게 하셔서, 심령 골수를 쪼개기에 부족함이 없도록 함께 하여 주시옵소서.

○○(직분)님께서 이 집에서 살아가는 동안에 아침과 저녁으로 하나님의 일하심에 대하여 깨닫는 마음, 보는 눈, 듣는 귀를 주시기를 소망합니다. 이 가정에 속해있는 주님의 자녀들을 축복하니 복에 복을 더하여 주시옵소서.

이 가정에서 하나님께서는 받으실 영광을 취하시기 원합니다. 이 집에서 살아가는 동안에 아침과 저녁으로 하나님의 일하심에 대하여 깨닫는 마음, 보는 눈, 듣는 귀를 주시옵소서.

| -이어서, 이 가정의 상황에 따른 하나님의 손길을 간구한다. |
기쁨이 되신 예수님의 이름으로 기도드립니다. 아멘.

기도를 이끌어주는 말씀_대상 16:34

누리는 즐거움으로 영광을

성도의 집을 거룩하게 하시는 하나님,

주님의 사랑 안에 살면서 ○○교회의 지체들에게 두려움을 이긴 증거가 되신 ○○○(이름) ○○(직분)님이시라 감사드립니다. ○○(직분)님께서 집을 옮기셨다는 소식을 저희들에게 주시고, 함께 하기 위해서 모이도록 하셨으니 예배를 통해서 영광을 드리기 원합니다.

우리에게 주어진 것은 모두 하나님의 것입니다. 부모가 자녀를 사랑하여 그에게 요구되는 것들을 풍요롭게 해 주듯이, 하나님께서는 우리의 필요를 아시고, 채워주셨음을 믿습니다. 모든 것이 하나님께로부터 왔으니, 누리는 즐거움으로 영광을 드리게 하시옵소서.

여호와 앞에서 존귀한 지체들에게 주님의 섭리와 경륜에 순종해서 하나님 앞에 잠잠히 기다리는 은혜를 주시옵소서. 하늘의 문을 여시고, 세상을 살아가는데 필요한 모든 것들을 주시기를 축복합니다. 새 집에서 하나님의 은혜를 새롭게 맞이하게 하시옵소서.

말씀을 전하시는 목사님께도 주님께서 함께 하시옵소서. 주님의 진리의 말씀을 베풀기에 부족함이 없도록 도와주시옵소서. ○○(직분)님과 저희들의 영육이 강건해지는 귀한 말씀이 되도록 축복해 주시옵소서.

주님의 인도하심은 구원의 은혜를 베풀어주신 첫날부터 지금까지 한 번도 쉬지 않으셨습니다. 사랑하고, 택함을 받은 가정의 식구들이 이 장막에서 복스럽게 지내게 하시옵소서. 온 식구들이 주님의 은혜를 찬양하면서 살아가는 아름다움이 있도록 인도해 주시옵소서.

| -이어서, 이 가정의 상황에 따른 하나님의 손길을 간구한다. |
우리 주 예수님의 이름으로 기도드립니다. 아멘.

기도를 이끌어주는 말씀_대상 29:13

하나님께 찬미의 제사를 날마다

성산으로 오르게 하시는 하나님,

오직, 좁은 문과 좁은 길, 곧 십자가의 길을 가기를 소원하시는 ○○○(이름) ○○(직분)님과 한 몸을 이루게 하시니 감사드립니다. 오늘, 사랑하는 ○○(직분)님이 그동안에 사시던 집을 고쳐서 다시 입주하게 하셨으니 예배로 영광을 드립니다.

새 집을 주신 하나님께 찬미의 제사를 날마다 드리게 하시되, 이 집 자체에 마음을 두지 않고, 더욱 더 하나님의 나라를 소망하시는 귀한 종이 되게 하시옵소서. 새 집에서 새 찬양으로 하나님을 영화롭게 해드리게 하시옵소서.

이로써 주님의 섭리와 경륜에 순종해서 하나님 앞에 잠잠히 기다리는 은혜를 주시옵소서. 사람이 하나님의 주신바 그 일평생에 먹고 마시며 해 아래서 수고하는 모든 수고 중에서 낙을 누리는 은혜를 경험하는 가정이 되게 하시옵소서.

생명의 복음을 전하시려는 목사님께 하나님의 은혜로 구원의 복음을 힘 있게 선포할 수 있도록 이끌어 주시옵소서. ○○(직분)님과 저희들의 가슴을 십자가의 피로 적셔지게 해 주시옵소서.

하나님의 사랑으로 마련된 좋은 집에서 예배할 때, 장차 저희들이 이사를 가야만 하는 천국의 집을 바라보게 하옵소서. 하나님께서 마련해 주신 이 장막에서 예배를 드린 열매로 성도들 모두에게 우리의 참 장막이 하늘에 있음을 소망하게 하시옵소서.

| -이어서, 이 가정의 상황에 따른 하나님의 손길을 간구한다. |

구원의 주, 예수님의 이름으로 기도드립니다. 아멘.

기도를 이끌어주는 말씀_스 3:11
경건한 자손에게 약속되어 있는 복

인생을 굽어 살피시는 하나님,

○○○(이름) ○○(직분)님께서 자신에 대한 하나님의 계획에 주목하여 지내오심으로 ○○교회의 지체들에게 신앙의 유익을 도모하셨음에 감사드립니다. 이 시간에 ○○(직분)님께 새 집을 주셔서, 그 은혜를 찬미하려고 저희들이 모였습니다.

사랑하는 지체를 위해서 고치고 다듬어서 준비해 주신 집을 볼 때, 감사의 찬양을 드립니다. 집으로 인하여 영광을 받으시옵소서. 경건한 자손에게 약속되어 있는 복이 ○○(직분)님과 이 집안에 넘치기를 소망합니다.

주님께서 거룩하게 구별해 주신 ○○○ 성도님을 축복합니다. 사랑하는 종이 하나님 앞에서 살아오던 중, 참으로 좋은 집을 선물로 받았습니다. 이 집에서 ○○(직분)님께 자녀들도 부모님의 신앙을 본받아 자란다는 소원을 품게 하시옵소서.

약속의 자녀들도 축복하오니 그들이 공부하는 중에 잘 되고, 하나님께 영광을 드리게 하시옵소서. 복된 인생이 되도록 키워주시옵소서.

영생의 말씀을 듣게 하시니 저희들의 심령을 하늘나라에 두게 하시옵소서. 그 말씀이 ○○(직분)님과 이 가정에 기쁨이 되기를 소망합니다. 이로써 주님을 향한 지체의 믿음이 굳건해지게 하시옵소서.

○○(직분)님과 사랑하는 자녀들이 기도를 해온 그대로 좋은 곳으로 이사하셨으니, 이 가정이 한걸음 더 주님께 가까워지게 하옵소서.

| -이어서, 이 가정의 상황에 따른 하나님의 손길을 간구한다. |
만유의 주 예수님의 이름으로 기도드립니다. 아멘.

4

위로 심방

졸지에 당한 환난(1)

기도를 이끌어주는 말씀_시 31:1

여호와의 이름에 소망을

　자기 백성을 지켜주시는 하나님,

　주님께서 가셨던 섬김의 길을 따름에 ○○○(이름) ○○(직분)님이 ○○교회의 지체들에게 본이 되게 하셨음에 감사드립니다. 사랑하는 지체에게 황급히 당한 곤란함으로 말미암아 여호와의 이름을 찾습니다.

　눈을 떠도 캄캄하고, 어떻게 수습해야 할지 염려뿐이지만, 성령님의 도우심을 바라보게 하시옵소서. 인간적으로는 눈물과 한숨의 골짜기에 떨어졌지만, 하나님 앞에서 도가니의 시간이 되기를 빕니다. 사람으로서는 감당하기 어렵지만 하나님의 일하심을 보게 하시옵소서.

　성령님의 충만하신 감동에 가슴이 뜨거워지게 하시고, 하늘나라를 바라보는 것만으로도 만족하게 하셨음을 기억합니다. 이번의 일이 안타깝지만 하나님의 또 다른 역사하심을 기다리게 하시옵소서.

　생명의 말씀을 사모합니다. 말씀으로 말미암아 은혜를 체험하고 다짐하는 귀한 시간이 되게 하시옵소서. 말씀을 전하시는 목사님께 영력을 더하시옵소서. 심방을 받으신 ○○(직분)님께서 세상을 이기게 하시옵소서. 넉넉히 이기게 하시는 하나님께 소망을 둡니다.

　곤란 중에도 소망을 주시옵소서. 환난의 풍랑을 지나 잔잔한 바다를 이루게 하시는 하나님을 바라보게 하시옵소서. 이 고난을 통해서 남들의 어려움에도 동참하게 하시옵소서. 이 재난이 도리어 은혜의 수단이 되어, 하나님의 사람으로 만들어지는 축복이 되게 하시옵소서.

　| ─이어서, 개인적인 형편에 따른 하나님의 위로를 간구한다. |
　우리의 편이신 예수님의 이름으로 기도드립니다. 아멘.

기도를 이끌어주는 말씀_시 119:153

다시 서게 되는 복을

존귀한 자를 보호하시는 하나님,

오늘까지도, ○○○(이름) ○○(직분)님께서 온유한 자라 하는 증거를 얻기를 사모하심에 감사드립니다. ○○(직분)님께서 졸지에 어려움을 만나게 되어, ○○의 지체들이 주님의 이름으로 모였습니다. 이 시간에, 사랑하는 지체를 위하여 빌기를 다하려 합니다. 오직 하나님께서 소망이 되어주시옵소서.

하나님께서 계시므로 환난이 ○○(직분)님께 새로운 의미가 됨을 소망합니다. 이제, 이 은혜를 주신 하나님의 자비하심으로 말미암아 고난의 시간을 견디어 내고, 이후에 올 평안의 시간을 맞이할 준비를 하게 하시옵소서.

저에 대한 하나님의 사랑이 이 환난을 통해서 나타났음을 믿게 하시옵소서. 하나님의 사랑의 특별함을 이 역경을 통해서 보기 원합니다. ○○(직분)님과 여기에 머리를 숙인 지체들에게 고난을 사용하여 풍성한 열매를 맺으시는 하나님을 바라보게 해 주시옵소서.

하나님의 사랑과 늘 보호하심으로 살아온 지난날을 기억합니다. 눈앞에 보이는 손해와 안타까움에 마음의 평안을 잃지 않게 하시옵소서. 하나님의 사랑이 어려움을 넉넉하게 견디게 하심을 믿습니다.

하늘의 문을 여시고, 말씀을 주시옵소서. ○○(직분)님과 이 가정의 권속들이 들어야 하는 생명의 말씀이 선포되어 그 말씀이 축복이 되고, 위로가 되기를 빕니다. 다시 서게 되는 복을 체험하게 하시옵소서.

| -이어서, 개인적인 형편에 따른 하나님의 위로를 간구한다. |

하나님 앞에 세워주시는 예수님의 이름으로 기도드립니다. 아멘.

기도를 이끌어주는 말씀_눅 15:18-20

치료해 주시는 은총

치료해 주시는 하나님,

주님의 음성을 기쁨으로 여기고, 이 세상에서 살아가는 동안에 주님께로 가까이 가기를 소원하시는 ○○○(이름) ○○(직분)님의 모습에서 신앙적인 도전을 받게 하시니 감사드립니다.

사랑하는 ○○(직분)님이 갑작스럽게 병에 걸림으로 말미암아 낙심할 수도 있었으나, 여호와를 향해서 얼굴을 들게 하셨음에 감사드립니다. 질병 앞에서 하나님의 이름을 불러 봅니다. 이 시간의 누림이 질병의 은혜인 것을 묵상하게 하시옵소서. 하나님께서 하셨으니, 합력해서 선을 이루어주실 줄로 믿습니다.

질병의 고통이 죽음으로 몰아가는 것 같을지라도, 여호와의 얼굴에 소망을 두게 하시옵소서. ○○(직분)님께서 힘들어 할 때, 우리 주님도 아심을 믿습니다. 치료해 주시는 여호와의 은혜로 눈물의 골짜기를 지나게 하시옵소서.

하나님의 말씀을 듣게 될 때, ○○(직분)님과 이 가정에 복이 되기 원합니다. 하나님의 음성에 순종하여 주님의 사랑 안에 거하게 하시옵소서. 그 말씀으로 생명의 활력이 넘쳐나게 하시옵소서.

이 재난의 슬픔이 저를 강한 사람으로 단련시키는 기회가 되게 하시옵소서. 언제나 좋아야만 한다는 허상을 깨뜨리고, 하나님의 은혜가 더 소중하다는 것을 깨닫게 하셨습니다. 하나님보다 안락함을 더 즐겼던 죄를 발견하게 하셨음에 감사드립니다.

| -이어서, 개인적인 형편에 따른 하나님의 위로를 간구한다. |
생명이 되신 예수님의 이름으로 기도드립니다. 아멘.

기도를 이끌어주는 말씀_시 119:170

보호와 풍성하게 하심을

평안으로 인도하시는 하나님,

크게 소리를 내지 않고, 자신의 자리를 지켜 교회의 유익을 도모해 오신 ○○○(이름) ○○(직분)님이시기에 감사드립니다. 갑자기 드러난 질병으로 말미암아 견디기 어려운 고통 중에서 여호와의 도우심을 구합니다. 하나님을 사랑하는 마음을 잃지 않게 하시옵소서.

여호와께 존귀한 ○○(직분)님과 이 가정을 축복합니다. 걸음마다, 자국마다 위로해 주셨던 여호와의 손길이 있어 감사드립니다. 하나님의 보호와 풍성하게 하심을 시간마다 새롭게 하시옵소서. 질병보다 질병을 다스리시는 하나님께 소망을 두게 하시옵소서.

네 사람이 중풍으로 고통을 받고 있던 병자를 예수님께 데려왔던 심정으로 ○○의 지체들이 머리를 숙였습니다. 예수님께서 친구의 불치의 병을 고쳐주실 수 있다는 믿음을 가지고 있었던 그들과 같이 저희들도 ○○(직분)님을 고쳐주실 수 있음을 믿습니다.

이제, 목사님의 음성으로 하나님의 말씀을 듣기 원합니다. 말씀을 전해 주실 목사님께 성령님의 능력이 더하시기 바라며, 말씀 속에서 저희들이 거듭나게 하시옵소서. ○○(직분)님께 말씀의 은혜를 풍성하게 하시옵소서. 그리하여 이 시간을 이겨내게 하시옵소서.

이 시간에, 저희들에게 하나님의 일하심을 보게 하시옵소서. 하나님께서 자기 백성을 사랑하시고, 천국의 일꾼을 만들어 가시는 비전을 보게 하시옵소서. 이 환난이 하나님의 일하심임을 깨닫게 하시옵소서.

| −이어서, 개인적인 형편에 따른 하나님의 위로를 간구한다. |

친구가 되신 예수님의 이름으로 기도드립니다. 아멘.

기도를 이끌어주는 말씀_시 43:1
남은 식구들과 이 가정을

생명을 귀하게 여기시는 하나님,

우리는 사람의 시선을 두려워하는데, 오직 하나님의 시선을 두려워하시면서 자신의 길을 묵묵히 걸어가시는 ○○○(이름) ○○(직분)님이시기에 감사드립니다. 오늘, 저희들이 머리를 숙여 이 가정에 하나님의 긍휼하신 위로를 소망합니다.

안타깝게도 ○○(직분)님께서 사업의 실패로 말미암은 고통을 견디지 못하시어 스스로 목숨에 손을 대는 잘못된 판단을 하셨습니다. 고인은 생명의 주인이 하나님이심을 알고 계셨는데, 현재로서 자신이 겪으셔야 하는 상황에서 막다른 데 처함으로 그렇게 하였을 것입니다. 저희들의 심정도 심히 죽을 지경입니다.

사랑하는 ○○(직분)님이 생전에, 얼마나 기도를 하셨을까요? 얼마나 견디기 어려우셨으면, 그리고 사업장의 문제로 다른 이들에게 고통을 겪게 한 죄책감에 시달렸으면 이 길을 선택하셨을까요? 하나님의 불쌍히 여기시는 은혜를 기다립니다.

이 가정의 예배를 위해서 말씀을 전해 주시는 목사님을 위해서 간구합니다. 성령님의 능력과 권세에 붙들리게 하시옵소서. 여호와 앞에서 존귀하신 ○○(직분)님을 회복하게 해 주시는 말씀이기를 빕니다.

○○(직분)님이 자신의 목숨에 대하여 지은 죄를 용서해 주시옵소서. 그리고 남은 식구들과 이 가정을 불쌍히 여겨주시옵소서. 앞으로 진행될 장례예식의 절차들을 하나님께서 주관해 주시옵소서.

| −이어서, 개인적인 형편에 따른 하나님의 위로를 간구한다. |
위로가 되신 예수님의 이름으로 기도드립니다. 아멘.

기도를 이끌어주는 말씀_시 116:4
오직 하늘에 위로를 둘 뿐

지팡이와 막대기로 안위하시는 하나님,

○○○(이름) ○○(직분)님이 지금까지도 의를 사모하는 자의 심령으로 자신을 하나님께 드리니 감사드립니다. 지금, 저희들의 가슴은 구멍이 뚫린 느낌입니다. 엊그제만 해도 저희들과 함께 하던 ○○○(이름)이었는데, 다시는 그의 얼굴을 볼 수 없게 되었습니다.

사람이 피할 수 없는 사고가 일어난 것도 아니고, 사랑하는 ○○○(이름)가 주위로부터 받았던 모욕을 견디지 못하여 극단적인 선택을 하게 되었으니, 이 모든 것은 저희들의 죄 때문입니다.

우리 사회 곳곳에 집단 따돌림과 나보다 조금 부족한 사람에 대한 놀림의 문화를 방관해 온 저희들의 죄로 자살을 선택할 수밖에 없었습니다. 저희들의 무관심, 사랑이 없는 가슴을 용서하시옵소서.

사랑하는 자녀를 느닷없이 잃게 된 ○○(직분)님의 부부를 위로해 주실 분은 하나님뿐이십니다. 불쌍히 여겨주시옵소서. 그리고 지금도 집단 따돌림이나 놀림으로 고통을 겪고 있는 이들을 불쌍히 여겨주시옵소서.

하나님의 말씀으로 저희들을 향한 주님의 뜻이 무엇인지 분별하여 새로워지기 원합니다. 여호와 앞에서 존귀한 ○○(직분)님과 이 집의 지체들에게 여호와의 증거로 지혜롭게 하시며, 그 이름이 저희에게 위로와 소망이 되기 원합니다.

이제, 장례의 모든 절차를 하나님께 맡기오니 주관해 주시옵소서.

| -이어서, 개인적인 형편에 따른 하나님의 위로를 간구한다. |
우리 주 예수님의 이름으로 기도드립니다. 아멘.

기도를 이끌어주는 말씀_시 23:1-3
하나님이 피난처가 되시니

피난처가 되시는 하나님,

○○○(이름) ○○(직분)님이 하나님의 영으로 충만해서 그 행하는 일에 정직한 자가 되기를 결단하게 하시니 감사드립니다. ○○(직분)님께서 갑자기 어려운 일을 겪게 되어 위로하고자 예배를 드립니다. 하나님께서 이 위기에서 속히 건져내어 주시기를 원합니다.

여호와만이 도움이 되시고, 여호와께 피할 때, 저의 기쁨이 있음을 믿습니다. 하나님의 사랑이 회복시켜 주실 것을 확신합니다. 영혼이 눌림으로 엎드려질 수밖에 없으나, 하나님께서 일으켜 주심을 믿습니다.

우리 하나님께서 ○○(직분)님께 목자가 되어 주셨음을 고백합니다. 암탉이 병아리를 품는 보호하심으로 이제까지 지켜주셨으니, 앞으로 돌보아 주시옵소서. 지금, 생각하지도 못했던 형편을 당하였지만, 이 아픔을 잘 감당하도록 은혜를 더하실 것을 믿습니다. 잃어버렸던 것을 믿음과 함께 회복시켜 주실 것을 믿습니다.

이로써 오늘, 잠시의 어려움이며, 이를 통해서 하나님의 사람으로 단련되는 은혜를 고백하게 하시옵소서. 이 시련에도, 하나님이 피난처가 되시니 피할 수 있고, 하나님이 힘이 되시니 또 다시 도전할 수 있음을 기억하게 하시옵소서.

말씀을 전하실 목사님을 성령의 능력으로 붙들어 주실 줄로 믿습니다. 말씀을 받을 때, ○○(직분)님께서 그 말씀으로 세상을 이기게 하시며, 사랑하는 지체의 삶의 자세가 바뀔 수 있도록 도와주시옵소서.

| -이어서, 개인적인 형편에 따른 하나님의 위로를 간구한다. |

손을 잡아주시는 예수님의 이름으로 기도드립니다. 아멘.

기도를 이끌어주는 말씀_삼하 22:7

감사하는 중에 은혜로

은혜로 회복해 주시는 하나님,

○○○(이름) ○○(직분)님과 이 가정의 지체들이 여호와의 임재를 소망하게 하시니 감사드립니다. 여호와께 단을 쌓는 심정으로 예배하는 ○○(직분)님께 복을 더하시옵소서.

환난 중에 만날 큰 도움이 되시는 하나님께서 나의 하나님이심에 감사하게 하시옵소서. 감사하는 중에 은혜로 이끌어 주시옵소서. 새 힘을 얻게 해 주시옵소서. 만일, 이 재난이 사탄의 흉계로 말미암은 것이라면, 그 저주를 물리쳐 주시옵소서. 사탄의 궤계에 굴하지 않고, 믿음으로 일어나 독수리가 날개 치며 올라감 같을 것을 보게 하옵소서.

잃어버린 것들에 대한 서운함을 위로해 주시옵소서. 눈물의 고생을 담보로 모아 온 것들을 한 순간에 잃어버린 억울함을 풀어 주시옵소서. 그러나 이 기회에 땅의 것으로는 하늘의 것을 이룰 수 없음을 아는 지혜로 이끌어 주시옵소서.

목사님께서 대언하시는 하나님의 말씀으로 성령의 불길이 저희들에게 임하게 되기를 원합니다. 저희의 심령이 쪼개지는 역사가 일어나게 하시옵소서. 말씀을 통하여 삶의 문제를 해결 받게 하시옵소서. 사탄은 넘어지게 할지라도 하나님께서는 다시 일으켜주실 것입니다.

혹시라도 하나님의 일보다 소유하고 있는 것들에 더 마음을 둘까 하여 이런 어려움을 보게 하셨음을 깨닫습니다. 이 땅에서 얻게 되는 모든 것들이 하나님이 될 수 없음을 분명히 하게 하시옵소서.

| -이어서, 개인적인 형편에 따른 하나님의 위로를 간구한다. |
소망이 되시는 예수님의 이름으로 기도드립니다. 아멘.

기도를 이끌어주는 말씀_마 15:21-28
여호와의 이름을 부를 수 있어

인자하심으로 지켜주시는 하나님,

○○○(이름) ○○(직분)님을 "그리스도 안에서 하나님의 의가 되게 하려" 하셨음에 감사드립니다. 사랑하는 지체는 여호와께 존귀한 자녀이심을 믿습니다. 느닷없는 사고의 소식에 안타까움으로 달려와 예배하게 하시니 하나님께 영광이 되게 하시옵소서.

어찌해야 할 바를 모르고, 아픔이 참기 어려운데, 성령님의 위로하심과 치유의 은혜가 있기를 빕니다. ○○(직분)님께서 짓누르는 아픔에 침이 마르지만, 여호와의 이름을 부를 수 있어 감사드립니다. 마른 혀는 입의 천장에 달라붙어, 숨조차 고르지 못하게 하지만, 하나님께서 함께 해 주심을 믿어 힘이 납니다.

오늘도 예비하신 하늘의 복으로 ○○(직분)님과 이 가정을 둘러주시옵소서. ○○(직분)님이 크게 다치지 않은 것에 감사하면서, 이 일에 하나님의 간섭하심이 있으시기를 빕니다.

하나님께서 보호하여 지켜 주셨기에, 이만한 것을 감사드리오니 미련한 저희들이 알지 못하는 하나님의 섭리가 나타나게 해 주시옵소서. 하나님의 은혜를 기다리게 하옵소서.

안타까운 틈을 타서 사탄이 ○○(직분)님의 영혼을 쓰러뜨리려고 공격해 올 때, 성령님께서 막아 주시옵소서. 육체의 고통은 잠시일 뿐이고 하나님의 크신 은혜가 나타날 줄로 믿습니다. 하나님께서 상처를 입은 지체와 이 가정에 역사해 주실 것을 기대합니다.

| **-이어서, 개인적인 형편에 따른 하나님의 위로를 간구한다. |

평안을 주시는 예수님의 이름으로 기도드립니다. 아멘.

기도를 이끌어주는 말씀_욥 42:10-15

하늘의 위로와 소망이

선하심이 따르게 하시는 하나님,

언제나 소원은 하나님께 영광을 드리고, 교회를 위하여 자신을 드림으로 살아오신 ○○○(이름) ○○(직분)님으로 말미암아 감사드립니다.

만의 하나, 천의 하나로 택함을 받은 ○○(직분)님이 갑자기 교통사고를 당하여 심방을 왔사오니, ○○(직분)님에게 하나님의 긍휼을 베풀어 주시기를 간구합니다. 사고를 당한 아픔의 괴로움보다, 여호와를 찾게 하셨음에 감사를 올려 드리게 하시옵소서.

이 고통이 몸으로 부르짖는 간구가 되어, 하나님께 전해지기를 빕니다. 저의 고통이 심한 것을 아시고, 때를 따라서 넉넉하게 이기게 하실 하나님을 바라보게 해 주시옵소서. 하늘의 위로와 소망이 풍성한 한 시간이 되기를 빕니다.

저희들의 눈물을 받으셔서 ○○(직분)님께서 슬픔 중에도 소망을 보게 하시옵소서. 혹시라도 장애에 대한 두려움에 사탄이 틈을 타서 낙심으로 떨어뜨리지 않게 하시옵소서. 마귀의 훼방으로 절망을 받아들이지 않게 하시옵소서.

○○(직분)님을 위해서 하나님께서 준비해 주신 말씀을 목사님께서 전하실 때, 성령님의 역사를 보여주시옵소서. 전능하신 하나님을 찬양하고, 저희들의 연약함을 하나님께 올려드리고, 결단을 도전하게 하시옵소서. 하나님께서 ○○(직분)님의 편이 되어서 소망 중에 인도해줄 것을 믿습니다.

| -이어서, 개인적인 형편에 따른 하나님의 위로를 간구한다. |

저희들의 힘이 되시는 예수님의 이름으로 기도드립니다. 아멘.

기도를 이끌어주는 말씀_창 35:3

천국 백성의 연단을

거룩한 곳에 세워주시는 하나님,

하나님의 인도하심과 보호하심의 증거가 되어 ○○교회의 지체들에게 믿음으로 살아갈 것을 도전 받게 하시는 ○○○(이름) ○○(직분)님을 바라보며 감사드립니다.

날마다 크신 은혜를 내려주셔서, 감사로 지내게 하셨음을 묵상합니다. 졸지에 만난 이 어려움에 넘어지지 않고, 천국 백성의 연단을 달게 받게 하시옵소서. 성령님의 충만하심으로 신령한 눈을 열어 주시옵소서.

이 고통을 외면하지 않으시는 하나님의 사랑에 감사드립니다.

○○(직분)님의 인생이 흔들리는 아픔을 통하여 온전함을 갖추게 하시옵소서. 잃어버린 재물의 회복보다도, 영혼이 건강해지기를 간구합니다. 고통스러운 재난 앞에서 모든 문제를 해결해 주실 하나님의 손길을 찬양하게 하시옵소서.

지금, 진리의 말씀으로 은혜를 누리게 하시고, 여호와 앞에서 잠잠하여 주님의 이름을 높이게 하시옵소서. 예배를 인도하시는 목사님을 큰 능력으로 붙드셔서 진리와 은혜로 인도하시도록 함께 하옵소서. 성령님께 충만하고, 하늘의 문이 열리는 시간이 되게 하시옵소서.

하나님의 말씀을 생명의 진리로 받아 ○○(직분)님과 이 가정의 지체들이 세워지고, 순종하게 하시옵소서. 하나님의 사람이 지금 부딪치는 환경이 고달프고 어렵다 해도, 사랑하는 지체를 위하시는 하나님의 말씀으로 위로를 받게 하시옵소서.

| -이어서, 개인적인 형편에 따른 하나님의 위로를 간구한다. |

죄에서 구원해 주시는 예수님의 이름으로 기도드립니다. 아멘.

기도를 이끌어주는 말씀_신 33:29

하나님의 도와주심

도움이 되시는 하나님,

하나님의 영이 ○○○(이름) ○○(직분)님께 마음이 가난한 자로 여호와 앞에 세워지기를 소망하게 하시니 감사드립니다. ○○(직분)님이 본의 아니게 어려운 일에 휘말리게 되어 고난을 겪고 있습니다. 이에, 하나님의 도우심을 구하기 위하여 머리를 숙였습니다.

사랑하는 지체가 이제까지도 여호와의 인자하심으로 흔들림 없이 살아가고 있음에 감사드립니다. 지금, 세상은 저를 위로해 줄 수 없음을 고백합니다. 오히려 도움이 되시는 하나님을 바라보게 하시옵소서.

혹시, 인간의 욕심으로 말미암아 넘어지게 되었다면 깨닫게 하시고, 평안하게 하시옵소서. 이번 일로 말미암아 하나님께 더 가까이 가게 하시옵소서. 좋으신 하나님이 되어주심을 믿습니다.

이제, ○○(직분)님을 위하여 말씀을 들려주실 목사님을 성령님으로 강하게 붙들어서 능력을 더하시옵소서. 영권을 주시고 권능과 지혜로 함께 하셔서, 그 말씀으로 영혼을 깨우며, 저희들에게 기쁨과 은혜와 소망을 갖도록 인도해 주시옵소서.

우리 하나님은 고난 중의 위로가 되시는 하나님이심을 믿습니다. 하나님의 위로하시는 은혜를 받게 하시려고 재난이라는 선물을 주신 것으로 여기게 하시옵소서. 감사로 받으면 무익한 것이 하나도 없고, 뜻이 없는 일이 하나도 없음을 알게 하시옵소서. 이 고난이 억울하기도 하고, 분노가 치밀기도 하지만 여호와께서 일하심을 보게 하시옵소서.

| −이어서, 개인적인 형편에 따른 하나님의 위로를 간구한다. |

눈물을 닦아주시는 예수님의 이름으로 기도드립니다. 아멘.

기도를 이끌어주는 말씀_삼하 22:28

영혼을 위한 하나님의 섭리

믿음을 굳건하게 하시는 하나님,

○○○(이름) ○○(직분)님이 하나님 앞에서 애통하는 자로 살아 드리기를 소망하시니 감사드립니다. 사랑하는 지체가 사람으로서는 해결하기 어려운 상황을 만나셨기에 여호와께 도움의 손을 내밉니다. 저희들의 간구를 들어주시고, ○○(직분)님을 불쌍히 여겨주시옵소서.

이 재난이 육체적으로는 어려움을 겪을지라도, 제 영혼을 위한 하나님의 섭리였음을 깨닫게 하시옵소서. 저의 영혼이 거룩하게 보전되기 위해서 재물의 일부를 손해 보는 고난을 주셨다는 것을 깨닫게 하시옵소서. 저의 심령이 하늘에 집중될 수 있도록 하기 위해서 주신 역경임을 믿습니다.

실로 엄청난 일을 당하여 슬픔이 북받쳐 오르는데, 침묵하게 하시는 성령님의 은혜를 묵상합니다. 어떤 말의 간구도 저의 상한 심령을 위로해 주지 못함을 아시기에, 오히려 침묵하게 하시는 은혜를 묵상하게 하시옵소서. 이 역경을 은혜로 받아들이고, 감사하게 하시옵소서. 하나님의 기적을 보게 하시옵소서.

짧은 시간에, 하나님의 말씀을 대언하시는 목사님을 붙들어 주시옵소서. 그의 입술로 전해지는 말씀에 ○○(직분)님과 저희들의 심령이 새로워지게 하시옵소서. 주님의 피로 저희들의 심령을 채워주시옵소서. ○○(직분)님을 의의 좋은 길로 인도하시옵소서. 그리하여 곤경을 만난 것이 하나님의 은혜가 되게 하시옵소서.

| –이어서, 개인적인 형편에 따른 하나님의 위로를 간구한다. |

진리로 붙들어 주시는 예수님의 이름으로 기도드립니다. 아멘.

기도를 이끌어주는 말씀_욥 36:15

재앙이 아니라 축복으로

하늘을 보게 하시는 하나님,

○○○(이름) ○○(직분)님이 여호와 앞에서 마음이 청결한 자가 되기를 소원하게 하시는 성령님께 감사드립니다. ○○(직분)님이 재물을 잃게 되는 사고를 당하여 저희들이 간구합니다. 어찌해야 할 바를 모르고, 울고 있을 수밖에 없는 ○○(직분)님의 심령을 만져주시옵소서.

육신의 눈으로 볼 때, 이보다 더 큰 아픔이 어디 있으련만, 신령한 눈을 떠서 하나님의 인도하심을 바라보게 하시옵소서. 이 어려운 일에, 하나님의 도우시는 손길을 바라보게 하시옵소서.

이 재난이 하나님께서 허용하신 것이라면, 재앙이 아니라 축복으로 받아들이게 하시옵소서. 그리하여 재난으로 말미암은 손해만 따질 것이 아니라, 하나님의 은혜가 어떻게 임하는지를 바라보게 하시옵소서. 합력해서 선을 이루시는 여호와의 일하심에 기대를 품게 하시옵소서.

오늘도 목사님께서 하나님의 말씀을 들려주시니 감사드립니다. 태초부터 계획하셨던 ○○(직분)님과 이 가정에 복을 더해 주시옵소서. 사랑하는 목사님에게 성령의 능력이 더하시기 바라며, 말씀 속에서 저희들이 거듭나게 하옵소서.

이 역경으로 인하여 ○○(직분)님께서 울며 부르짖게 하시고, 영원한 도움이 되시는 하나님을 찾게 하셨음에 감사드립니다. 아울러, 하나님의 말씀으로 고난의 시간을 넉넉히 이기게 하시며, 하나님의 약속에 소망을 두게 하시옵소서.

| -이어서, 개인적인 형편에 따른 하나님의 위로를 간구한다. |
응답의 보장이 되시는 예수님의 이름으로 기도드립니다. 아멘.

갑자기 잃은 일터(1)

기도를 이끌어주는 말씀_시 91:11-16
이제와 같이 앞으로도

여호와를 찾게 하시는 하나님,

○○○(이름) ○○(직분)님께서 주님 앞에서 욕을 보는 것을 두려워하지 않고, 하나님의 영광을 구하게 하시니 감사드립니다. 사랑하는 ○○(직분)님이 그동안 다니던 직장을 그만두시게 되었습니다. 오늘, 저희들의 발걸음을 이곳으로 인도해 주셨사오니, 여호와께서 응답해 주심을 믿으며 기도하게 하시옵소서.

우리 하나님께서 알고 계시는 대로 ○○(직분)님이 일터를 잃게 되어 여호와께 머리를 숙였습니다. 그동안에, 일터에서 땀을 흘려 수고하게 하시고, 그 수고로 말미암아 재물을 얻을 능력도 주셨던 하나님을 기억합니다.

이제와 같이 앞으로도 여호와의 인도하심과 돌보심을 기대할 때, 감사드립니다. 직장을 잃었다는 쓰라림이 견디기 어렵지만, 여호와께서 일어나 속히 도와주실 것을 확신합니다. 하나님의 사랑을 받고 있음을 기뻐하게 하시옵소서. 여호와께서 ○○(직분)님의 우편에서 함께 해 주시고, 모든 위협으로부터 건져 주실 것을 믿고 감사드립니다.

목사님의 설교에 하나님의 역사가 있게 하시옵소서. 사랑하는 지체의 연약함을 만져주시고, 인간의 교만함이 낮아지게 하시옵소서. 아울러 ○○(직분)님의 부족함이 채워지는 역사가 일어나게 하시옵소서. 고난 중에도 저를 너그럽게 하셔서 견디게 하시옵소서. 하나님께서 사랑하는 지체의 편이 되셔서 선한 결과로 인도해 주시옵소서.

| -이어서, 개인적인 형편에 따른 하나님의 위로를 간구한다. |
우리를 위하시는 예수님의 이름으로 기도드립니다. 아멘.

기도를 이끌어주는 말씀_시 34:2
참아 이기도록 위로해 주심

참아 이기도록 하시는 하나님,

이제까지도, ○○○(이름) ○○(직분)님이 여호와 앞에서 존귀한 자의 상급으로 썩지 않는 면류관을 바라보게 하셨사오니 ○○(교회)의 지체들과 더불어 감사드립니다. 사랑하는 지체가 아무런 계획도 없는 상황에서 일터를 잃게 되었습니다. 이 시간에, 시간 속에서 역사하시는 하나님의 특별하신 은혜를 사모하여 이 가정을 찾았습니다.

○○(직분)님에게 하늘의 문이 열려져 은혜의 폭포가 쏟아지기를 간구합니다. 생계에 대한 두려움이 저의 심령을 짓누르고 있기에, 하나님의 도우심을 바라봅니다.

기도하시는 중에, 설교를 준비하신 목사님께 힘을 더하셔서 권세 있는 말씀을 선포할 수 있게 하시옵소서. 그 말씀으로 낙심하고 지쳐서 주저앉았던 ○○(직분)님이 다시 일어나는 체험을 주시옵소서.

지금은 견디기가 무척 힘들지만, 이것이 저를 위한 하나님의 선물임을 깨닫게 하시옵소서. 이 재앙으로 저와 저의 가족이 겪어야 하는 어려움도 능히 성령 하나님의 도우심으로 헤쳐 나가게 될 것을 믿습니다. 하나님께서 참아 이기도록 새 힘을 허락해 주시옵소서. 하나님의 섭리를 기다리게 하시옵소서.

하나님께서 아픔을 주셨으니, 이를 통해서 만족을 구하게 하시옵소서. 저에게 믿음으로 나아가기 위하여 이런 재앙을 겪도록 하심을 믿습니다. 저를 위한 하나님의 복이 고난이었음을 받아들이게 하시옵소서.

| −이어서, 개인적인 형편에 따른 하나님의 위로를 간구한다. |
우리 주 예수님의 이름으로 기도드립니다. 아멘.

기도를 이끌어주는 말씀_전 7:14

지금이 주님만 바라보는 시간

주님만 바라보게 하시는 하나님,

○○○(이름) ○○(직분)님께서 손으로 수고하고 먹는 자의 복을 사모하게 하시니 감사드립니다. 사랑하는 ○○(직분)님이 직장을 잃게 되셔서 하나님께 소망을 두고 기도하기를 원합니다. 지금, 머리를 숙인 저희들이 한 목소리로 간구할 때, ○○(직분)님을 위한 하나님의 일하심을 보여주시옵소서.

사랑하는 지체에게 힘들고 어려운 지금이 바로 주님만 바라보는 시간이 되도록 도와주시옵소서. 기도하면서 더욱 하나님을 신뢰하는 은혜를 내려 주시옵소서. 인간의 눈으로는 부정적일 수밖에 없지만, 하나님의 함께 하심에 소망을 두고 나아갈 때에, 이 고난의 시련이 축복으로 바뀔 것을 믿게 하시옵소서.

말씀을 준비하여 설교를 하시는 목사님께 은총을 내려 주시옵소서. 생명의 말씀으로 말미암아 ○○(직분)님께서 하나님을 두려워하는 종이 되어, 자신을 깨끗하게 하려는 은혜를 경험하도록 도와주시옵소서. 하나님의 말씀이 위로가 되고, 소망의 약속이 되어주시옵소서.

고난의 시간 동안에 저의 믿음과 삶이 다스려지게 하옵소서. 여호와 앞에서 정결해지고, 거룩함을 향한 소망을 갖게 하셨습니다. 고난의 유익을 누리게 하셨사오니, 이제는 고난을 물리쳐 주실 여호와의 손길을 기다리게 하시옵소서. 하늘의 평강으로 인도해 주실 것을 믿습니다. 소성케 하심으로 인도해 주시옵소서.

| -이어서, 개인적인 형편에 따른 하나님의 위로를 간구한다. |

보혈을 흘려주신 예수님의 이름으로 기도드립니다. 아멘.

기도를 이끌어주는 말씀_잠 4:12

도우심을 의지하는 것만이

영혼을 소생시켜 주시는 하나님,

우리 구원의 능력이신 여호와를 사랑하며, 그 이름에 합당한 영광을 드리게 하시옵소서. ○○○(이름) ○○(직분)님께서 다니던 직장이 문을 닫아 사직을 하게 되었습니다. 거의 한 평생을 직장에서 헌신하며 지내오셨는데, 사직하게 되어 갑자기 이 가정에 광풍이 불고 있습니다. 풍랑마저도 높습니다. 어서, 잔잔케 해 주시옵소서.

○○(직분)님께서 자신의 기도 제목이, 첫째도 주님의 뜻, 둘째도 주님의 뜻, 셋째도 주님의 뜻으로 살아오셨기에 감사드립니다. 오늘, 저희들이 이 가정을 심방한 것은 ○○(직분)님께서 사직을 하게 되셨기에 하나님의 위로를 구하고, 하나님의 영광을 찾고자 모였습니다.

○○(직분)님의 삶에서 때마다, 일마다, 늘 순간순간을 함께 해 주셨던 하나님을 사랑합니다. 이 시간에, 하나님의 도우심을 의지하는 것만이 저의 피난처가 됨을 믿습니다. 그 도우심에서 잃었던 평안을 도로 찾게 하시옵소서. 지금의 상황은 인간적으로는 낙심할 수밖에 없습니다만 하나님의 또 다른 계획하심을 바라보게 하시옵소서.

말씀을 전하시는 목사님을 성령님께서 붙들어 주시기를 소망합니다. 그 말씀을 귀하게 여겨 마음으로 받아 순종하려는 다짐이 있게 하시고, 영과 진리로 하나님을 예배하는 자리가 되게 하시옵소서. 사실, 지금은 두려움과 근심이 너무 커서 숨조차 쉴 수 없으나 하나님의 은혜에 소망을 두게 하시옵소서.

| -이어서, 개인적인 형편에 따른 하나님의 위로를 간구한다. |
위로가 되시는 예수님의 이름으로 기도드립니다. 아멘.

기도를 이끌어주는 말씀_대상 22:11

무흠하게 지내시다가 은퇴를

영예롭게 하시는 하나님,

어디든지, 언제든지 주님과 함께 하시는 분이라는 모습으로 저희들에게 다가오시는 ○○○(이름) ○○(직분)님과 ○○교회의 한 지체로 지내게 하시니 감사드립니다. 하나님께서 ○○(직분)님에게 평생의 기업을 주셔서 지금까지 지내오도록 해 주셨음을 기억합니다.

오늘, ○○(교회)의 지체들에게 마지막이라는 아름다움을 보여주셨음에 감사하면서 즐거워합니다. 사랑하는 ○○(직분)님께서 생업이라는 달리기를 잘 달려서 마칠 수 있도록 하셨습니다. 결코, 짧지 않았던 기간이라 수많은 일들이 일어날 수도 있었지만 무흠하게 지내시다가 은퇴를 하시게 되었습니다.

이 영광은 바로 하나님의 것입니다. ○○(직분)님께서 직장생활의 달리기, 육신적인 인생의 달리기를 잘 마치셔서 오고 오는 세대에 모델로 도전을 받게 하셨습니다. 바로 그 삶이 신앙적으로도 연결이 되어 교회 안에서도 경건한 삶의 본이 되어주셨음을 묵상합니다. 열심히 살아오신 ○○(직분)님의 삶이 본인의 가족은 물론 교회의 지체들에게도 바른 신앙생활의 교훈이 되게 하시옵소서.

이 좋은 자리에서 하나님의 말씀을 사모합니다. 곤고한 형편에서 머리를 숙였으니, 하나님의 말씀을 듣고 기뻐하는 복된 시간이 되게 하시옵소서. 세상에서 사는 날 동안에, 성도의 직분을 잘 감당하도록 은혜를 더하시옵소서.

| -이어서, 개인적인 형편에 따른 하나님의 위로를 간구한다. |

상급이 되신 예수님의 이름으로 기도드립니다. 아멘.

기도를 이끌어주는 말씀_창 39:2

제2의 인생, 인생의 후반전을

다시 달려가게 하시는 하나님,

이 세상의 끝 날까지 오직 주님만 섬기며 살기를 소망하시는 ○○(이름) ○○(직분)님께서 ○○교회의 지체이심을 감사드립니다. 오늘, 저희들은 ○○(직분)님께 은퇴의 영광을 안겨주신 하나님을 찬미하려고 모였습니다.

○○(직분)님이 여호와 앞에서 일터를 성소처럼 여기고, 평생을 지내오게 하신 하나님께 찬양을 올려 드립니다. 여호와의 종이 은퇴라는 영광을 누리도록 내조를 하면서 수고를 다하신 ○○(직분)님을 위로해 주시옵소서. 두 분이 한결같은 마음으로 평생을 지내오셨습니다. 평생 동안 자리를 지켜 살아온다는 것은 결코 쉬운 게 아님을 압니다. 어떤 경우에는 직장의 사정으로 본인의 의지와는 달리 그만 두게도 되는데, ○○(직분)님을 은혜로 지켜주셨음을 묵상합니다. 지금까지 무흠하게 지내시다가 은퇴하게 하시니 이 영광은 하나님의 것입니다.

말씀을 전하시는 목사님께 더욱 성령님의 은혜를 나타내 주시옵소서. 저희들에게는 들을 귀를 열게 하시며, 복된 메시지가 되게 하시옵소서. 그 말씀의 은혜로 ○○(직분)님께서 다시 시작하게 하시옵소서.

하나님께서 생업으로 주신 일터에서는 정년이라는 이름으로 은퇴하셨으나 삶의 현장에서는 은퇴가 없는 줄로 믿습니다. 성령님께서 종에게 감동해 주시기를 빕니다. 그리하여 ○○(직분)님께 새로운 제2의 인생, 인생의 후반전을 시작하실 수 있도록 새 힘을 허락해 주시옵소서.

| −이어서, 개인적인 형편에 따른 하나님의 위로를 간구한다. |

영광의 주, 예수님의 이름으로 기도드립니다. 아멘.

응급 환자(1)

기도를 이끌어주는 말씀_대하 20:9

치료하는 광선을 보내셔서

치료하는 광선을 보내시는 하나님,

○○○(이름) ○○(직분)님과 이 가정의 지체들에게 여호와의 도우심을 소망하게 하시니 감사드립니다. 갑자기 만난 고통의 시간에, 치료하는 광선을 보내셔서 환부를 쏘여 주시옵소서. 성령님의 불로 환부를 도려내 주시고, 썩어진 부분에 새 살이 돋게 하시옵소서.

○○(직분)님을 넘어뜨리기 위하여 질병이 생겼으나 여호와의 크신 능력으로 고쳐 주시고, 싸매어 주시옵소서. 이미 우리를 위하여 주님께서 채찍에 맞으셨으니 ○○(직분)님은 나음을 보게 될 줄로 믿습니다.

오늘의 심방으로 저희에게 병든 ○○(직분)님을 사랑하는 마음을 주셨으니 감사드립니다. 주님의 이름으로 기름을 바르는 심정으로 ○○(직분)님을 대하며, 병 낫기를 위하여 간구하오니 속히 낫게 하시옵소서. 사랑하는 지체에게 '여호와라파'의 하나님이 되어 주심을 믿습니다.

하나님께서 사랑하시는 자녀를 주님의 이름으로 축복합니다. 이 자리에 충만하심으로 함께 해 주시옵소서. 혈루증으로 고통을 받던 여인이 믿음으로 나았다면, 그 역사와 은혜가 그대로 나타나기를 간구합니다.

지금, 성령님의 치료하시는 은총이 나타난 것을 확신합니다. 함께 심방을 온 저희들의 믿음이 주님의 마음에 합하여져서 선한 역사를 보게 해 주시옵소서. 저희들의 믿음을 보시고, 사랑하는 지체를 일으켜주시옵소서. 강건한 몸으로 회복시켜 주시옵소서.

| -이어서, 개인적인 형편에 따른 하나님의 회복을 간구한다. |

보혈의 주, 예수님의 이름으로 기도드립니다. 아멘.

기도를 이끌어주는 말씀_요 9:3

스올에 버리지 않으심을

나음을 입게 하시는 하나님,

○○○(이름) ○○(직분)님께서 이제까지 주님의 풍성한 사랑으로 평안히 지내왔음을 고백합니다. 그동안에 함께 해 주셨던 여호와 앞에서 잠잠하여 주님의 이름을 높이게 하시옵소서.

한 중풍병자가 주님께 나아와 죄 사함을 받고, 자신을 괴롭히던 중풍에서 나음을 입은 은혜가 저의 것이 되게 해 주시옵소서. 중풍병자에게 베푸셨던 사유하심과 치유하심의 은혜를 지금, ○○(직분)님에게도 보여 주시옵소서.

하나님의 사랑하시는 종이 병을 얻었사오니, 여호와의 치료하심을 보여 주시옵소서. 이로써 하나님은 자기 백성들을 스올에 버리지 않으심을 알게 하시옵소서. 성령님께서 치유의 영으로 사랑하는 지체에게 역사해 주시옵소서. 이 위급함이 축복의 사건이 되게 하시옵소서.

지금은 하나님의 영광을 나타내려고 저의 몸을 사용하고 계심을 믿습니다. 이 시간에, 저희들과 ○○(직분)님의 가족이 질병이라는 사실만 보는 것에 그치지 않게 하시옵소서. 갑자기 만난 어려움 뒤에서 역사하시는 하나님의 손길을 보게 하시옵소서.

우리 하나님은 자기 백성을 양 같이 인도하심을 믿습니다. 또한, 광야에서 양떼 같이 인도하시니, 여호와를 바라보는 ○○(직분)님이 되게 하옵소서. 받아들이기 힘든 이 갑작스런 어려움으로 말미암아 저가 하나님을 더욱 찾게 하시옵소서.

| -이어서, 개인적인 형편에 따른 하나님의 회복을 간구한다. |

치료해 주시는 예수님의 이름으로 기도드립니다. 아멘.

기도를 이끌어주는 말씀_마 9:23-26

감당할 만한 힘을 주실 것을

고통의 시간을 이겨내게 하시는 하나님,

갑작스러운 안타까움에 주님의 사랑으로 이 병실을 방문하였습니다. 저희들 앞에서 씩씩하게 뛰어놀던 ○○이(가) 병상에 누워있습니다. 주님께서 이 어린 생명을 만져주시옵소서.

사랑하는 ○○○(이름) ○○(직분)님이 두려워하거나 당황하지 않도록 붙들어 주시옵소서. 부모로서 자녀의 고통에 대하여 심히 놀란 가슴을 진정시켜 주시고, 하나님의 손길을 의지하게 하시옵소서.

치료해 주시는 은혜가 힘이 되어 고통의 시간을 이겨내게 하시옵소서. 병상에 찾아오시는 주님을 만나게 하시옵소서. 하나님의 자비로우심을 체험하게 하시옵소서.

회당장 야이로는 예수님을 하나님의 아들로 믿고 확신하였습니다. 그리하여 자기의 딸이 죽으려 할 때, 주님께서 죽을병에서 낫게 하실 수 있는 분이심을 믿고 예수님께 간청하였습니다. 그는 딸이 죽었다는 통지를 받은 후에도 예수님께서 그를 살리실 수 있다고 믿었는데, 그 믿음이 ○○(직분)님의 것이 되기를 소원합니다.

주 안에서 사랑을 받고 자라는 ○○(이)가 건강하게 되는 것이 하나님의 뜻이라 믿습니다. 갑작스럽게 어려움을 만나 ○○(이)를 간호하고 수발하는 가족들을 위로합니다. 성령님께서 만져 주시고 감당할 만한 힘을 주실 것을 소망합니다. 저가 건강을 도로 찾는 그 시간까지 기도할 가족들에게 힘을 주시옵소서.

| -이어서, 개인적인 형편에 따른 하나님의 회복을 간구한다. |
불쌍히 여겨주시는 예수님의 이름으로 기도드립니다. 아멘.

기도를 이끌어주는 말씀_시 16:10

그 능력으로 병을 이기게 하시고

치유의 은혜를 내려주시는 하나님,

오늘도 눈물로 얼굴을 적시고 있지만, 하나님의 은혜를 바라보게 하시옵소서. 자녀가 몸이 아픈 고통을 수용하고 겸허히 받아들이게 하시옵소서. 부모로서 자녀의 고통을 곁에서 지켜보기란 여간 힘이 드는 것이 아닙니다. 하나님께서 지금, 이 가정에 치료하시는 주님이 되어 주시옵소서.

우리 주님께서도 지켜보고 계심을 믿습니다. 주님의 능력으로 어서 일으켜 주시기를 빕니다. 믿는 자들에게는 치유의 은혜가 나타난다고 하신 말씀에 의지하여 간구합니다. 주님의 능력을 보게 해 주시옵소서. 그 능력으로 병을 이기게 하시고, 저의 영혼마저 피폐하게 하는 어둠의 세력이 쫓겨 가게 하시옵소서.

주님의 이름으로 흉악한 질병을 결박해 주시고, 다시는 저의 몸에서 왕 노릇하지 못하게 하시옵소서. 이 어려움을 사용하셔서 이루어질 하나님의 일을 보게 하시옵소서. 우리 주님의 손에 저 자신을 맡기게 하시옵소서. 하나님의 살아계심을 보여주시옵소서. 사랑하는 어린 자녀를 붙들어 주시옵소서.

이 아픔을 믿음으로 견디면, 사랑하는 ○○(이)의 영혼이 여호와 앞에서 더욱 강하게 될 것을 믿습니다. 이어서 때가 되면, 육체의 연약함도 고쳐 주시리라 확신합니다. ○○(이)가 자신의 육체를 하나님께 내려놓는 은총을 경험하게 해 주시옵소서.

| -이어서, 개인적인 형편에 따른 하나님의 회복을 간구한다. |

강건하게 해 주시는 예수님의 이름으로 기도드립니다. 아멘.

기도를 이끌어주는 말씀_고후 4:11
여호와의 회복해 주시는 은혜

질병에서 나음을 받게 하시는 하나님,

먼저, ○○○(이름) ○○(직분)님을 위로해 주옵소서. 그리고 이 가정의 식구들을 위로해 주시옵소서. ○○(직분)님에게 이처럼 어려움이 생긴 것은 하나님의 섭리임을 믿습니다. 여호와의 회복해 주시는 은혜가 임하기를 간구합니다.

인간적으로는 슬픔이오나 성령님께서 위로해 주시고, 하나님께 예배하도록 심령에 은혜를 주시니 감사드립니다. 지금까지 ○○(직분)님과 이 가정에 은혜를 베풀어 주신 여호와를 기억하고 감사함으로 예배합니다. 목사님께서 하나님의 말씀을 전하실 때, 성령의 능력이 드러나게 하시고, 저희들은 은혜 속에서 듣기를 원합니다.

주님께서 한 나병환자를 민망히 여기사 깨끗하게 하신 은혜가 사랑하는 지체의 것이 되기 원합니다. 성령님의 은혜를 통해서 주님의 손이 저의 몸을 만지시기를 소망합니다. 간절히 구하니, ○○(직분)님께서 질병에서 고침을 받는 일이 하나님의 원하심이 되게 하시옵소서.

이제, 목사님께서 예수님의 말씀에 순종해서 형제의 다친 부위에 손을 얹으실 때, 병든 사람에게 손을 얹으면 낫게 하시겠다고 약속하셨으니, 말씀대로 이루어질 줄로 믿습니다. 주님의 종이 오직 말씀에 의지하여 손을 얹으실 때, 주님의 손이 되어 다친 부위를 치료해 주시고, 회복시켜 주시옵소서. 믿음으로 간구할 때, 치료하는 광선을 비쳐주시옵소서.

| -이어서, 개인적인 형편에 따른 하나님의 회복을 간구한다. |

민망히 여겨주시는 예수님의 이름으로 기도드립니다. 아멘.

기도를 이끌어주는 말씀_삿 6:23
아버지의 거룩한 이름에

잃었던 건강을 회복시켜 주시는 하나님,

○○○(이름) ○○(직분)님을 사랑하시어 회복시켜 주시는 하나님의 크신 은혜와 권능의 손을 의탁하여 간구합니다. 예수님의 보혈로 ○○(직분)님 안에 있어서는 안 되는 것을 모두 없애 주소서. 해롭고 비정상적인 세포는 뿌리 채 뽑아주시고 건강한 세포가 많아지게 하옵소서.

성령의 충만한 임재하심을 사모합니다. 하나님께서 사랑하는 지체를 만져주시는 은혜를 경험하게 하시옵소서. 지금 이 시간에, 성령의 기름부음으로 채우시옵소서. 그리하여 ○○(직분)님의 삶이 아버지의 거룩한 이름에 영광과 기쁨이 되게 하시옵소서.

"나는 치유하는 여호와라" 말씀하신 아버지 하나님을 저희들이 믿습니다. 자녀를 치유하시기를 원하시는 아버지 하나님의 약속을 의지합니다. 자녀를 복 주시기 원하신다는 아버지 하나님의 약속을 저희들이 믿고, 의지합니다.

○○(직분)님에게 주신 영원한 새 생명과 놀라운 은혜를 찬양합니다. 이 질병에서 치료를 받은 이후, 앞으로는 ○○(직분)님께서 자신의 인생을 주장하지 않고, 하나님의 나라와 의를 위하여 살게 하옵소서. 그의 몸이 하나님의 성전이 되게 하시고, 그의 말과 감정과 의지와 지성까지 온전히 하나님의 나라와 의를 위해 쓰이게 하시옵소서.

저는 죽고 예수님의 능력만이 살아있게 하시옵소서. 주님의 나라와 의와 영광을 위해서 사랑하는 지체의 몸을 치료하여 주시옵소서.

| -이어서, 개인적인 형편에 따른 하나님의 회복을 간구한다. |
치유하시는 주, 예수님의 이름으로 기도드립니다. 아멘.

기도를 이끌어주는 말씀_마 20:29-34

지금의 아픔을 능히 이겨내도록

하늘의 문을 열어주시는 하나님,

낙심할 수밖에 없는 환경에서도 주님을 소망하시는 ○○○(이름) ○○(직분)님으로 말미암아 ○○교회의 지체들이 오히려 위로를 받게 하시니 감사드립니다.

우리 주님의 이름으로 복된 가정에 찾아왔으니, 하늘의 문을 여시고 큰 복을 내려 주시옵소서. 여호와의 이름만 생각해도 기쁘고, 해처럼 밝게 살고 싶은 소망을 주셨음에 감사드립니다. 이 시간에, ○○(직분)님의 친구가 되신 주님도 십자가에서 고통을 겪으셨으니, 지금의 아픔을 능히 이겨내게 하시옵소서. 주님의 이름으로 질병의 고통이 떠나가게 하시옵소서.

생각하지도 못하였고, 예비하지도 못한 일이었으나 ○○(직분)님의 몸을 통해서 하나님의 일이 이루어지기를 소망합니다. 지금은 하나님의 영광을 나타내려고 저의 몸을 사용하고 계심을 믿습니다, 저희들과 ○○(직분)님의 가족이 질병이라는 사실만 보는 데 그치지 않게 하시옵소서. 갑자기 만난 어려움 뒤에서 움직이시는 하나님의 손길을 보게 하옵소서. 저의 몸을 통해서 주님께 영광이 되기를 원합니다.

한 중풍병자가 주님께 죄 사함을 받고, 자신을 괴롭히던 중풍에서 나음을 입은 은혜가 저의 것이 되게 하시옵소서. 중풍병자에게 베푸셨던 사유하심과 치유하심의 은혜를 보여 주시옵소서. 이로써 하나님은 자기 백성들을 스올에 버리지 않으심을 알게 하시옵소서.

| -이어서, 개인적인 형편에 따른 하나님의 회복을 간구한다. |

강건하게 하시는 예수님의 이름으로 기도드립니다. 아멘.

노인 환자(2)

기도를 이끌어주는 말씀_약 5:15

권능의 손으로 지금 역사하시어

치료하는 은혜를 기다리게 하시는 하나님,

○○○(이름) ○○(직분)님께서 여호와를 늘 의지하는 자가 되기를 소망하도록 성령님께서 인도해 주시니 감사드립니다. 성도들과 함께 예배하기를 사모하시는 ○○(직분)님의 심령에 하늘의 크신 위로를 내려 주시옵소서.

육체의 고통을 통해서 여호와의 치료하시는 손을 기다리게 하셨음을 묵상합니다. 뼈의 마디마디가 고통으로 찌를 듯이 엄습해올 때마다 하나님의 이름을 부르게 하시옵소서. 하나님의 치료하시는 은혜로 사랑하는 지체에게 역사해 주시옵소서.

사랑하는 ○○(직분)님께서 고통 때문에 낙심하지 않게 하시옵소서. 저의 눈물이 주님의 민망함이 되게 하시기를 빕니다. 이 외로운 시간이 하나님께 영광이 되기를 사모하게 하시옵소서. 질병이 고통을 더하지만 합력하여 선을 이루어주심을 기대합니다.

치유의 손으로 지금 저를 만져 주시옵소서. 권능의 손으로 지금 역사하시어 ○○(직분)님을 둘러싼 모든 원수의 세력이 떠나가게 하셔서 속히 주의 크신 영광 보게 하시옵소서.

이 시간에, 하나님께서는 ○○(직분)님의 삶, 가정, 몸과 마음, 정신의 회복을 원하신다는 것을 믿습니다. 예수님의 보혈로 머리끝에서 발끝까지 덮어 주소서. 강력한 성령의 임재하심으로 사탄이 가져다 준 모든 묶여있는 것으로부터 자유하게 하시옵소서. 평안을 주시옵소서.

| −이어서, 개인적인 형편에 따른 하나님의 회복을 간구한다. |
평강의 주, 예수님의 이름으로 기도드립니다. 아멘.

기도를 이끌어주는 말씀_왕하 20:3
위로와 평안이 찾아들게

위로와 평안이 되시는 하나님,

이 시간에, ○○○(이름) ○○(직분)님과 저희 모두에게 아름답고 거룩한 자세로 여호와 앞에 마음을 드리게 하시옵소서. 하나님을 예배할 때, 이 자리가 복 되게 하시옵소서.

병상에서 간호하시는 ○○(직분)님과 집에 있으나 마음을 졸이고 있을 식구들에게 평안을 주시고, 하늘의 위로로 함께 하시옵소서. 이 시간도 하나님께서 주신 것이라 받아들일 때, 축복이 되게 하시옵소서.

사랑하는 ○○(직분)님께서 이제까지 우리 주님의 풍성한 사랑으로 지내왔음을 고백합니다. 여호와 앞에서 잠잠하여 주님의 이름을 높이게 하시옵소서. 저희들이 예배할 때, 하나님께서 영광을 받으시고, 어려움을 만나게 된 지체의 심령에는 위로와 평안이 있게 하시옵소서.

목사님의 설교를 마음의 문을 활짝 열고 듣게 하옵소서. 주님의 말씀을 생명의 양식으로 받아 심령이 배부르게 하시옵소서. 우리 하나님은 자기 백성을 양 같이 인도해 주심을 믿습니다. 또한 광야에서 양떼 같이 인도하시니, 여호와를 바라보는 자 되게 하시옵소서. 받아들이기 힘든 이 어려움으로 말미암아 하나님을 더욱 찾게 해 주시옵소서.

부족한 종이 주님의 이름으로 간구할 때, 치유의 역사가 나타날 줄 믿습니다. 여호와의 치료하심을 보여 주시옵소서. 이 어려움을 사용하셔서 이루어질 하나님의 일을 보게 하시고, 주님의 손길에 온전히 맡기게 하시옵소서.

| -이어서, 개인적인 형편에 따른 하나님의 회복을 간구한다. |

구원해 주시는 주, 예수님의 이름으로 기도드립니다. 아멘.

기도를 이끌어주는 말씀_눅 4:39
하나님의 사랑의 불길이

때를 따라 은혜를 베푸시는 하나님,

○○○(이름) ○○(직분)님께서 겟세마네 동산에서 피가 땀방울이 되도록 기도하셨던 주님의 기도의 모습을 닮고 싶어 하심에 감사드립니다. 종말의 시간에는 세상이 알지 못했던 일들을 보여주시는 하나님을 믿습니다. 때를 따라 은혜 베푸시는 하나님께 찬송을 드립니다.

○○(직분)님께서 건강하게 지내실 때, 영광을 받으셨던 여호와께서 저에게 성령님이 충만하심으로 주님의 뜻을 보게 하시옵소서. 지금 저에게 있는 고난을 통해 하나님의 뜻이 있음을 생각하니 찬송을 드립니다. 사랑하는 지체가 잠시 동안, 육체의 어려움을 겪으시겠지만 저를 통해서 이루어질 하나님의 일을 바라봅니다.

하나님의 사랑의 불길이 저의 온 몸을 관통하여 온전하게 하시고, 몸의 아픈 부위가 아버지께서 창조하신 그 기능대로 작동하도록 새롭게 만들어 주시옵소서.

예수님의 보혈의 능력으로 모든 염증을 없애주시고 감염된 부위를 깨끗이 씻어 주시옵소서. 병상에 누워 있는 시간에, 하나님의 이름을 부르는 은혜가 넘치게 하시옵소서.

○○(직분)님의 의식과 감정, 그리고 그 마음의 가장 깊은 곳까지 만져 주시옵소서. 저의 삶의 전체에 하늘로부터 채워주시는 사랑, 평안, 감사로 가득하게 하시고, 삶의 매 순간 하나님께 더 가까이 다가가게 하시옵소서.

| -이어서, 개인적인 형편에 따른 하나님의 회복을 간구한다. |
생명을 주신 예수님의 이름으로 기도드립니다. 아멘.

기도를 이끌어주는 말씀_눅 8:40-48

고통의 시간에 주님의 십자가를

십자가를 바라보게 하시는 하나님,

여호와의 긍휼하심으로 ○○○(이름) ○○(직분)님께서 날마다 소망 중에 거하도록 인도하심에 감사드립니다. 육체의 연약함으로 인해 도리어 하나님을 더욱 사랑하고 의지하게 하시니 찬송과 영광을 하나님께 올려 드립니다.

이제, 간절히 바라옵기는 육체가 강건하다 하는 이들보다, 더욱 하나님의 이름을 ○○(직분)님의 입술을 통해 찬양하게 하심을 즐거워합니다. 육체의 연약함에서 오는 고통의 시간에 주님의 십자가를 바라보게 하시옵소서. 사람이 할 수 없을 때, 하나님의 역사가 나타나서 저의 원하는 일을 다 이루게 하시옵소서.

이 시간에, ○○(직분)님의 상한 심령을 치유해 주시고, 하늘에 소망을 두도록 그 심령을 다스려 주시옵소서. 성령님의 충만하심이 치료의 역사, 위로의 역사로 이 자리에 임하시기를 원합니다.

오랜 지병으로 낙심에 처한 지체와 가족들의 심령을 소생시켜 주시고, 슬픔 대신에 화관을 주시는 여호와의 은혜를 바라게 하시옵소서. 하나님 앞에서 은혜의 시간이 되게 하시옵소서. ○○(직분)님의 약해지신 육체를 붙잡아 주시옵소서.

비록 몸은 병들어서 괴로움을 더하지만, 이 몸에 나타나는 하나님의 영광을 바라보는 눈을 주시옵소서. 몸이 병들어서 하나님의 영광을 드러낸다면, 도리어 이 환난이 감사의 식탁이 되게 하시옵소서.

| -이어서, 개인적인 형편에 따른 하나님의 회복을 간구한다. |

우리의 짐을 져주시는 예수님의 이름으로 기도드립니다. 아멘.

기도를 이끌어주는 말씀_약 5:14

건강을 도로 찾는 은총을

연약한 육체를 강건하게 하시는 하나님,

영혼이 잘 됨 같이 범사가 잘 되고 강건하기를 원하시는 하나님의 은혜가 ○○○(이름) ○○(직분)님과 이 가정에 넘치기를 소망합니다. 이 시간에, 저희들이 한 몸이 되어 간구할 때, 성령님의 치유하시고, 다시 일으켜 주시는 역사를 보여주시옵소서.

○○님을 치료해 주시려고 병원에 입원하게 하셨사오니, 미리 준비하신 여호와의 역사를 보게 하옵소서. 속히 치료할 수 있는 지혜와 잃었던 건강을 도로 찾을 수 있는 은총을 내려 주옵소서.

○○(직분)님께 이 병실에서 만나는 하나님의 은혜를 맛보게 하옵소서. 또한 가족들에게도 뜻밖의 장소에서 만나는 하나님의 은총을 알게 하시옵소서. 지금은 낙심도 하겠지만, 여기에 누워계신 자리가 바로 성소가 되게 하시며, 번제단으로 삼아주시옵소서. 사랑하는 지체의 눈물을 제물로 받아주시옵소서.

하나님께서 불쌍히 여겨주신다는 믿음으로 하나님을 찾게 하시옵소서. 주님께서 흘려주신 보혈이 ○○(직분)님의 심령을 적셔주실 때, 치료의 역사가 나타날 것을 기대합니다. 이 고통에서 자유하게 해 주실 주님의 손길을 바라봅니다.

아픔을 견디시는 저와 곁에서 지켜보며 간호하는 이들의 마음을 어루만져 주시옵소서. 환자가 아픔으로 힘겨워 할 때마다 가족들의 가슴은 미어질 것이니 저들을 하나님의 긍휼하심으로 위로해 주시옵소서.

| -이어서, 개인적인 형편에 따른 하나님의 회복을 간구한다. |
회복의 영이신 예수님의 이름으로 기도드립니다. 아멘.

기도를 이끌어주는 말씀_애 3:19-24
믿음으로 육체를 이기는 삶을

질병을 치료해 주시는 하나님,

이제까지도 ○○○(이름) ○○(직분)님을 믿음으로 살아가도록 이끌어주신 하나님의 은혜에 감사드립니다. 오늘, 하나님의 축복이 질병의 가면을 쓰고, 저에게 온 줄로 믿습니다. 인간의 육체는 의지할 바가 못 된다는 것을 깨닫는 은혜를 주셨습니다. 성령님께서 친히 ○○(직분)님의 몸을 수술해 주시옵소서.

○○님의 몸을 세상에 보내주신 하나님의 영광이 수술을 통해서도 나타날 것을 바랄 때, 소망으로 찬송을 드립니다. 늘 한결같이 ○○님을 찬송으로 지내오게 하셨던 하나님의 손길이 집도하는 의사들의 손에 나타날 것을 기대합니다.

성령님께서 수술을 집도하는 의사들에게 지혜를 주시고, 수술을 주도해 주실 것을 믿습니다. ○○님의 수술이 진행되는 동안에 저의 영혼에서는 성령님의 충만하심으로 찬송이 울려 퍼지게 하시옵소서. 주님의 은혜를 보게 하시옵소서.

이 믿음으로 육체를 이기는 삶을 경험하게 하시옵소서. 질병의 고통을 통해서 육체를 이기게 하시는 하나님의 경륜을 배우게 하시옵소서. 육체의 집이 아니라, 하늘의 영원한 집을 더욱 사모하게 하시옵소서.

풍랑을 다스리시던 주님의 손길로 어루만지셔서 평안하게 하시옵소서. 저가 병상에 있는 고로, 하지 못하는 일들 때문에 초조하지 않게 하시고, 여호와의 도우심으로 저의 일들이 다 이루어지게 하시옵소서.

| -이어서, 개인적인 형편에 따른 하나님의 회복을 간구한다. |

보혈을 흘려주신 예수님의 이름으로 기도드립니다. 아멘.

기도를 이끌어주는 말씀_사 53:5
질병으로부터 구해 주시려고

질병에서 구해 주시는 하나님,

하나님의 사랑을 받는 자녀, ○○○(이름) ○○(직분)님께서 어려움을 만나셨으나 여호와의 은혜가 나타나게 될 것을 믿습니다. 이 고난을 통해서 하나님께서 사랑하는 지체를 얼마나 사랑하시는지, 또한 그의 가족을 얼마나 위하시는지를 보여주시옵소서.

육체의 연약함을 외면하지 않으시고, 늘 어루만져 주신 하나님의 은혜에 감사드립니다. 통증으로 인한 고통이 심해져 참으로 견디기 어려우나 십자가에 달리셨던 주님을 생각하기 원합니다. 저를 질병으로부터 구해 주시려고 수술을 계획하신 하나님을 바라봅니다.

오랜 병고로 시달리시지만 ○○(직분)님의 몸을 사용하시는 여호와의 손길을 보게 하시옵소서. 지금 겪고 계신 어려움만 보면 낙심하고 또는 절망하기 쉽사오나, 어떠하든지 주님의 손길이 나타나기를 바라게 하시옵소서. 성령님께서 병실을 방문해 주시옵소서.

수술에 참여하는 의사와 간호사들의 손길을 붙들어 주시옵소서. 인간을 지으시고, 생명의 조직을 창조해 주신 하나님의 영이 수술을 집도하는 의료진에게 함께 해 주시기 빕니다.

하나님의 뜻 안에서 회복의 은혜를 누리도록 도와주시옵소서. 지금은 고난 같으나 ○○(직분)님께서 하나님을 잊지 않도록 고통의 골짜기를 지나게 하시고, 환난의 웅덩이를 지나게 하심을 믿습니다. 이 시간에, 기도하면서 하나님을 가까이 모시게 하시옵소서.

| -이어서, 개인적인 형편에 따른 하나님의 회복을 간구한다. |
불쌍히 여겨주시는 예수님의 이름으로 기도드립니다. 아멘.

기도를 이끌어주는 말씀_마 8:14-15
건강을 회복하게 하셨음에

이전보다 더욱 건강하게 해 주실 하나님,

○○○(이름) ○○(직분)님께서 주님의 뒤를 따라서 십자가를 등에 지고, 앞만 향해 가시는 모습을 보이심에 감사드립니다. 병에서 놓여나게 하심에 감사드립니다. 다시는 질병이 찾아오지 않게 하시고, 이 고난으로 인한 사탄의 모함이 있지 않게 하시옵소서. 육체의 치료와 함께 역사하던 사탄의 속임수도 물리쳐 주셨음을 확신합니다.

육체의 연약함은 눈물을 마르지 않게 하였지만, 질병이라는 고통의 공부를 잘 마치게 하셨음에 감사드립니다. 여호와의 크신 사랑으로 회복하게 되었으니 이전보다 더욱 건강하게 하시옵소서.

이전에는 부모로부터 물려받은 몸이었지만, 지금은 성령님께서 강건하게 해 주시는 몸이 되게 하시옵소서. 회복의 은혜를 받은 몸으로 하나님을 찬양하게 하시옵소서.

하나님께서 연약한 육체를 지켜주시고, 잃었던 건강을 회복하게 하셨음에 감사하는 한 시간이기를 소망합니다. 치료가 되어 회복기에 들어선 ○○(직분)님과 저희들이 참 마음으로 주께 감사하며 그 이름을 송축하게 하시옵소서.

이 시간에 드리는 예배로 여호와의 영예를 말하는 것이 되며, 머리를 숙인 지체들이 하나님의 거룩하신 이름을 영원히 송축하는 표현이 되게 하시옵소서. 그 사랑이 화평과 기쁨으로 위로가 됨을 고백합니다. 이 질병으로 ○○(직분)님이 치유의 하나님을 만나게 하시옵소서.

| -이어서, 개인적인 형편에 따른 하나님의 회복을 간구한다. |
중보자가 되시는 예수님의 이름으로 기도드립니다. 아멘.

기도를 이끌어주는 말씀_갈 5:1
은혜를 누리는 귀한 기회

덤으로 사는 생명을 누리게 하시는 하나님,

십자가의 은혜로 ○○○(이름) ○○(직분)님께서 건강을 도로 찾고, 회복할 수 있게 인도하심을 즐거워합니다. 하나님의 긍휼로 덤으로 사는 생명을 누리게 되었으니, 이제는 주님의 것으로 살아가게 하시옵소서.

깨어지는 고난의 시간을 보내게 하셨던 은혜로 저를 회복시켜 주시니 감사드립니다. 건강을 회복한 몸으로 주님의 영광만을 위해서 생명을 드리는 아름다운 종이 되게 하시옵소서. 성령님께서 ○○(직분)님의 몸을 주관해 주시옵소서.

우리를 사랑하시되, 값없이 은혜를 베푸시는 여호와의 손길로 ○○(직분)님이 하나님 앞에서 사명자의 삶을 살게 하시옵소서. 어려운 시간을 보내면서 여호와의 인도하심을 소망하게 하시고, 목이 마르고 맑은 상태에서 하나님을 찾게 하셨음에 감사를 드립니다. 땅이 변하든지, 산이 흔들려 바다 가운데 빠지든지 저를 지켜주실 것을 믿습니다.

이 시간에, ○○(직분)님의 하나님의 이름을 높여 드립니다. 하나님의 완전히 치유하시는 은혜를 소망하면서 아무 것도 원망하지 않게 하시옵소서. 힘든 시간을 보내는 동안에 오직 주님만 찾게 하셨사오니 이 믿음이 더욱 굳건하게 하시옵소서.

병상에서 만났던 여호와, 병상에서 저의 손을 잡아주셨던 주님을 더욱 의지하는 ○○(직분)님이 되도록 능력을 주시옵소서. 하나님의 영에 충만하게 하시옵소서.

| ─이어서, 개인적인 형편에 따른 하나님의 회복을 간구한다. |

생명의 주, 예수님의 이름으로 기도드립니다. 아멘.

기도를 이끌어주는 말씀_마 8:16

오직 하나님의 위로를

자비로우신 하나님,

예수님께 소망을 두고, 오늘까지 성실하게 지내오신 ○○○(이름) ○○(직분)님으로 말미암아 감사드립니다. 사랑하는 지체를 불쌍히 여겨주시옵소서. 인간의 지식이 한계에 부딪쳐 이렇게 병상에 있게 되셨음을 측은히 여겨주시옵소서.

병자의 손을 잡고 불쌍히 보시면서 낫게 하셨던 주님의 얼굴을 저희들에게 돌려주옵소서. 인자하신 얼굴로 ○○(직분)님을 바라보시며 치료해 주시는 은혜를 베풀어 주시옵소서. 사랑의 손으로 만져 주시옵소서. 인간으로서는 불가능하지만 하나님께서는 낫게 하심을 믿습니다.

○○(직분)님의 완쾌를 위하여 기도하는 가족들에게 하나님의 자비하심이 넘치기를 소망합니다. 사랑하는 가족들에게는 갑자기 닥친 슬픔으로 마음이 비탄에 빠져 있으니 하나님의 위로를 보게 하시옵소서. 성령님의 충만하심으로 인해서 치료하심과 싸매어주시는 은혜를 소망합니다.

모든 이들이 절망할 수밖에 없는 상황에 처해 있어도 주님께서 붙잡아 주시면 온전하게 될 것을 믿습니다. 주님의 인자한 얼굴로 여호와 앞에서 존귀한 지체를 보아주시고, 사랑의 손을 내밀어 주시옵소서.

"일어나라" 말씀해 주심으로써 저희에게 기쁨을 보게 하옵소서. 병상에서 간호하시는 ○○(직분)님과 집에 있으나 마음을 졸이고 있을 가족들에게 평안을 주시고, 하늘의 위로를 베풀어 주시옵소서.

| ―이어서, 개인적인 형편에 따른 하나님의 회복을 간구한다. |

우리 주 예수님의 이름으로 기도드립니다. 아멘.

기도를 이끌어주는 말씀_마 15:28

거룩한 자세로 여호와 앞에

우리를 있는 그대로 받아주시는 하나님,

○○○(이름) ○○(직분)님을 "하나님께 영광의 찬송이 되게 하려" 하셨음에 감사드립니다. 이 병상이 거룩한 자리가 되어 하늘의 성전을 향하는 저희들이 되게 하옵소서. 하나님의 영광이 이 자리에 가득하게 하시옵소서.

성도들과 함께 예배하기를 사모하신 ○○(직분)님의 심령에 하늘의 크신 위로가 있기를 소망합니다. 이 시간에 저희 모두에게 아름답고 거룩한 자세로 여호와 앞에 마음을 드리게 하시옵소서. 저희들의 믿음을 보시고, ○○(직분)님께 치료의 은혜를 보여주시옵소서.

하나님을 예배할 때, 이 자리가 복 되게 하옵소서. 설교하시는 목사님께 하늘 문을 열어 능력을 더하여 주시옵소서. 하나님의 말씀이 힘이 되어 주님의 능력을 받게 하시옵소서.

지금, 사랑하는 지체의 마음의 요동을 다스려 주시옵소서. 풍랑을 다스리시던 주님의 손길로 저를 어루만지시사 평안하게 하시옵소서. 저가 병상에 있는 고로, 하지 못하는 일들 때문에 초조하지 않게 하시고, 여호와의 도우심으로 저의 일들이 다 이루어지게 하시옵소서.

○○(직분)님께서는 참는 것이 힘드시지만, 이로 인하여 기도하게 하심에 감사드립니다. 저의 고통스런 몸을 통해서 하나님의 영광을 나타내고 있음을 믿습니다. 저희들의 원함과는 달리 속히 일어나지는 못하시지만 하나님의 일하심이 나타날 줄로 믿습니다.

| -이어서, 개인적인 형편에 따른 하나님의 회복을 간구한다. |

우리를 위하시는 예수님의 이름으로 기도드립니다. 아멘.

기도를 이끌어주는 말씀_ 말 4:2

피 묻은 손을 저에게 내밀어

절망에 처했으나 낙심하지 않게 하시는 하나님,

○○○(이름) ○○(직분)님께서 "살든지 죽든지 그의 몸에서 그리스도가 존귀하게 되게 하려" 하셨음에 감사드립니다. 우리 주님의 몸에서 능력이 나가 병자를 치료해 주신 은혜가 오늘, ○○(직분)님의 것이 되게 하시옵소서.

얼마나 더 기다려야 합니까? 오랫동안 시달리는 병중에서도 사랑하는 지체를 지켜주신 여호와를 찬양하는 예배를 드리오니 받으옵소서. 여호와의 발등상 앞에서 엎드려 예배하오니 영광을 받아주시옵소서.

지금, 목사님께서 하나님의 말씀을 증언하실 때, ○○(직분)님에게 위로와 힘이 되게 하시고, 은혜를 받게 하시옵소서. 말씀을 받음이 저의 복이 되기 원합니다.

여호와의 도우심만을 의지하는 지금, 한 나병환자를 깨끗하게 해 주셨던 주님의 은총을 보여 주시옵소서. 이 시간에 치료하시는 주님의 권세로 ○○(직분)님께서 자리를 털어내고 일어나게 해 주심을 믿습니다. 어서 속히, 주님의 일으키심을 보여주시옵소서. 예수님의 피 묻은 손을 저에게 내밀어 주시옵소서.

이제는 오랜 고통으로 연약해질 대로 약해진 심령을 붙들어 주시고, ○○님을 강건하게 하옵소서. 저희들의 원과는 달리 속히 일어나지는 못하시나 하나님의 일하심이 나타날 줄로 믿습니다. 순간순간이 어렵지만 낙심하지 않게 하시옵소서.

| −이어서, 개인적인 형편에 따른 하나님의 회복을 간구한다. |

은혜가 되시는 예수님의 이름으로 기도드립니다. 아멘.

기도를 이끌어주는 말씀_겔 34:16
여호와를 신뢰하는 기쁨을

치유해 주시는 하나님,

○○○(이름) ○○(직분)님께서 하나님을 앙모하는 자로 지내는 거룩함에 도전하게 하시니 감사드립니다. 절망으로 낙심에 빠지고, 슬픔이 너무 커서 희망이 없는 것처럼 보이는 이 가정에 주님이 참 위로자가 되어 주시옵소서. ○○님의 머리끝에서 발끝까지 치유해 주시는 하나님의 은혜를 기다리는 가족들을 위로합니다.

○○님이 누워계신 이 자리를 거룩하게 하신 여호와의 은혜를 기립니다. 이 자리를 구별하여 성전이 되게 하신 하나님께 영광을 드리는 예배의 한 시간으로 이끌어 주시옵소서. 우리 하나님 여호와를 신뢰하는 기쁨과 즐거움이 예배의 한 시간에 드러나게 하시옵소서.

사랑하는 목사님의 입술을 통하여 말씀이 전해질 때, 저희들의 심령을 새롭게 하시는 하나님의 말씀만 선포되게 하옵소서. 존귀한 지체에게 하늘의 위로가 되는 말씀, 생명을 살리는 말씀을 들려주시옵소서.

지금, 하늘의 문이 열리고, ○○님께서 어서 속히 병상에서 일어나시는 것은 하나님의 구속 계획에 들어있음을 믿습니다. 주님의 죽으셨던 무덤을 빈 무덤으로 만드셨던 기적의 역사를 이 가족들에게 보여 주시옵소서.

오늘도 간호하느라 피곤해진 가족들을 주님의 인자하심으로 위로해 주시옵소서. 그들이 건강을 잃지 않게 하시며, 하나님의 은총을 받아 견디게 하시옵소서.

| -이어서, 개인적인 형편에 따른 하나님의 회복을 간구한다. |
보혈을 흘려주신 예수님의 이름으로 기도드립니다. 아멘.

기도를 이끌어주는 말씀_시 146:5

생명을 붙잡아 주신 주

생명을 붙잡아 주시는 하나님,

사랑하는 ○○○(이름) ○○(직분)님이 나사렛 예수 그리스도의 이름으로 치료함을 받게 하셨음에 감사드립니다. 저의 몸은 주님의 것이라 연약하게 하시면서 주님의 뜻을 이루셨고, 때가 되어 낫게 하시니 영광을 받으옵소서.

하나님께서 이기셨습니다. 병에서 나음을 통하여 ○○(직분)님과 가족들에게 하나님의 은혜를 맛보게 하셨사오니 감사드립니다. 그동안 사랑하는 지체의 쾌유를 위해서 기도하며 온갖 수고를 잘 감당했던 이들을 위로해 주시옵소서.

간호하면서 지내오는 동안에 쏟았던 사랑과 헌신에 하나님의 위로가 있기를 소망합니다. 견디기 어려웠던 순간이 있었으나 인내하게 하셨음에 감사드립니다. 모든 영광은 하나님의 것입니다.

저희를 향한 하나님의 은혜는 '내 영혼아 여호와를 송축하라'는 말로 다 표현될 수 없음을 고백합니다. "내 속에 있는 것들아 다 그의 거룩한 이름을 송축하라"는 말로도 하나님의 은혜를 다 나타낼 수 없으니 감사, 감사를 드리게 하시옵소서.

병상에서 지켜주시고, 의사들도 어찌할 바를 모르고 쩔쩔매던 위급한 상황이 있었으나, 주님께서 생명을 붙잡아 주시고, 유쾌하게 하신 즐거움을 표현할 길이 없습니다. 잃었던 건강을 도로 찾게 해주신 은혜에 보답하는 삶이 ○○(직분)님에게 넘쳐나게 하시옵소서.

| -이어서, 개인적인 형편에 따른 하나님의 회복을 간구한다. |

찬송이 되시는 이름, 예수님의 이름으로 기도드립니다. 아멘.

기도를 이끌어주는 말씀_마 9:2

그 이름으로 살아가는 은혜

우리의 생애를 맡으시는 하나님,

예수님을 닮기 원하는 성도의 모습을 모델로 보여주시는 ○○○ (이름) ○○(직분)님과 함께 함을 감사드립니다. 여호와 앞에서 ○○(직분)님께서 고통 중에 있을 때, 만났던 하나님의 은혜를 놓치지 않게 하시옵소서. 사랑하는 지체의 치유와 회복의 은총을 주신 여호와를 찬양하는 저희들이 되게 하시옵소서.

사랑하는 ○○(직분)님이 오랜 시간의 투병생활을 마치고 건강한 몸을 갖게 해 주시고, 저희들과 함께 예배당에 나가 예배하게 해 주셨음에 찬송을 올려 드립니다. 하나님의 이름의 은혜로 온전케 되었으니, 이제 그 이름으로 살아가게 하옵소서. 저의 생애를 오직 하나님의 영광에 맡기게 하시옵소서.

이제, 오늘부터는 병상에 계실 때 가졌던 다짐의 은혜를 실천으로 옮겨 살아가게 하시옵소서. 하나님의 자비하심으로 ○○(직분)님께서 새롭게 지음을 받는 은혜로 들어가게 하셨습니다.

성령님의 충만한 임재를 통해서 거룩해짐을 사모하게 하시고, 저의 몸으로 영광을 돌리게 하시옵소서. 하나님의 백성으로서 여호와 앞에서 성결 된 삶을 누리게 하시옵소서.

사람이 행함으로도 의롭다 하심을 받는다는 고백이 저의 것이 되어, 거룩함의 완전에 이르도록 도와주시옵소서. 여호와의 영광이 되는 몸이 되게 하시고, 산 제물의 삶이 되게 하시옵소서.

| -이어서, 개인적인 형편에 따른 하나님의 회복을 간구한다. |

기쁨을 주신 예수님의 이름으로 기도드립니다. 아멘.

임종–부모의 사망(1)

기도를 이끌어주는 말씀_시 116:12–16

평생을 곱게 믿음을 지키며

인간의 생명을 주관하시는 하나님,

저희들이 신앙으로 격려 받고 있는 ○○○(이름) ○○(직분)님이 계시기에 감사드립니다. 여호와께 존귀한 ○○(직분)님과 이 가정을 축복합니다. 여기에, 하나님이 사랑하시는 아들, ○○(직분)님께서 주님을 찬양하면서 병고를 견디어내게 하심을 감사드립니다.

주 안에서 한평생을 곱게 믿음을 지키며 살아오신 ○○(직분)님의 임종이 아름답게 하시옵소서. 그의 생애와 함께 해 오신 하나님의 시간들을 기억하면서 임종을 보기 원합니다.

주님 안에서 ○○(직분)님의 임종을 맞이하여 예배합니다. 사랑하는 자손들과 집사님과 같이 지내던 성도들이 마음과 뜻과 힘을 다하여 경배하오니 받아주시옵소서.

목사님께서 말씀을 전하실 때, 하늘의 신령한 은혜가 나타나고, 저희들은 영생을 향한 복스러운 소망으로 새롭게 되게 하옵소서. 임종하신 집사님과 이 영광을 같이 하는 저희들에게 영생의 확신을 갖게 되는 예배가 되게 하시옵소서.

여호와께서 주의 성도들의 죽음을 귀히 보신다고 하셨습니다. ○○(직분)님이 우리 곁을 떠나 슬프기도 하지만, 하나님께서는 귀히 보고 계심을 믿습니다. 사랑하는 가족을 위로합니다. 남편을 먼저 하나님의 품으로 보내고 혼자 살아가야 하는 성도님을 위로해 주시옵소서.

| –이어서, 이 가정의 형편에 따른 하나님의 위로를 간구한다. |

생명의 주, 예수님의 이름으로 기도드립니다. 아멘.

기도를 이끌어주는 말씀_요 5:24
곧 주님의 품으로 안기시는

주님의 품으로 안기게 하시는 하나님,

주님을 사랑하고 교회를 위해서 수고를 아끼지 않으신 ○○○(이름) ○○(직분)님을 축복합니다. 저가 자손들과 성도들의 찬양 속에서 천국에 입성을 기다리고 있습니다. 사랑하는 ○○(직분)님께서 여호와께 아름다운 생애를 사셨음에 감사드립니다.

곧 주님의 품으로 안기시는 ○○(직분)님을 축복합니다. 여호와께로부터 복되다 하셨던 ○○(직분)님께서 임종을 맞이합니다. 저가 세상에 사는 동안에 하나님의 나라를 위해서 수고를 다하였사오니, 천국 창고에 쌓여있는 보배들을 보게 하옵소서. 저는 오랜 세월을 주님 없이 살았으나, 주님을 구주로 영접하고 지금까지 신령하게 지내왔사오니, 구원의 은총을 베풀어 주신 여호와의 이름을 찬양합니다.

이제 시간이 되어 그렇게 기다렸던 천성을 향한 길에 들어섰사오니, 천국 길에 함께 해 주시옵소서. 힘이 있게 하시고, 주님을 뵙게 될 시간에 슬기로운 다섯 처녀처럼 피곤하여 졸지 않고 천국으로 들어가게 되기를 소망합니다.

교회 안에서 ○○(직분)님과 신앙생활을 할 수 있었음은 저희들에게 축복이며, 특권이었습니다. 주님 앞에서 저희들의 마음은 피어나는 꽃과도 같사오니, 오직 하나님께만 향기를 드리기 원합니다. 이 자리에 크신 하나님의 감화가 충만해지기를 소망합니다. 이제, 하나님께서 친히 호주가 되셔서 이 가족들을 보살펴 주시옵소서.

ㅣ-이어서, 이 가정의 형편에 따른 하나님의 위로를 간구한다. ㅣ

구원의 길을 열어주신 예수님의 이름으로 기도드립니다. 아멘.

기도를 이끌어주는 말씀_계 7:9-12
평생에 선하심으로 인도하신 주

존귀한 성도의 영혼을 받아주시는 하나님,

지금, 모든 만물도 ○○○(이름) ○○(직분)님의 임종에 주님의 사랑을 기뻐하여 찬양할 줄로 믿습니다. 존귀한 성도의 영혼을 받으셨사오니, 이제 저희들은 감사하면서 장례를 준비하게 하시옵소서.

저희를 거룩하게 하사 오늘까지 지켜주셨음에 예배로 영광을 드립니다. ○○(직분)님의 자손들과 성도들이 모여 예배하게 하시니 오직 영광을 받아주시옵소서.

사랑하는 종의 손을 잡아주시며, ○○(직분)님의 평생에 선하심으로 인도하셨던 주님을 묵상하는 한 시간이 되기를 소망합니다. 예배하는 거룩한 시간에, 그 말씀 한 마디도 땅에 떨어지지 않고 마음 밭에 새겨져 열매를 맺게 하시옵소서.

과연 ○○(직분)님께서는 믿음의 장부로 살아오셨고, 후배가 되는 저희들에게 신앙의 귀감이 되셨습니다. ○○(직분)님께서 교회에 이루어 놓으신 일들도 참으로 많사오니 감사드립니다. 주님의 거룩한 일이라면 시간과 물질 그리고 지혜로 수고를 다하셨던 그 모습은 저희들에게 고스란히 교훈이 되었습니다.

이 시간에, 하나님의 성령님께서 임하셔서 ○○(직분)님의 가족들을 붙잡아 주시기 원합니다. 저희 모두가 뜻과 마음 그리고 생각을 다하여 경배하는 한 시간이 되게 하시옵소서. 장로님의 임종예배를 통해서 여호와의 손길을 기뻐하여 고백하도록 은총을 내려 주시옵소서.

| -이어서, 이 가정의 형편에 따른 하나님의 위로를 간구한다. |

우리를 위로하시는 예수님의 이름으로 기도드립니다. 아멘.

기도를 이끌어주는 말씀_계 14:13

육신의 생명이 다한 이 시간

베풀어 주신 은총을 기억하시게 하시는 하나님,

오늘도 예비하신 하늘의 복으로 ○○○(이름) ○○(직분)님과 이 가정을 둘러 주시옵소서. ○○(직분)님께서 육신의 생명이 다하는 이 시간에 주님께서 베풀어 주셨던 은총을 기억하시는 ○○(직분)님으로 인하여 찬양을 드립니다.

사랑하는 ○○(직분)님께서 이 땅에서 하나님을 사랑하며 지내시다가 육신의 생명이 다한 이 시간에 영광을 돌려드립니다. 평생의 삶을 주님께서 베풀어 주셨던 은총을 기억하는 중에, 찬양으로 사셨던 종으로 인하여 영광을 드립니다. 오직 하나님만이 영광의 주인이십니다.

이 땅에서 하늘나라의 복을 누리는 가정으로 ○○(직분)님의 가족에게 은총을 내려주심에 감사드립니다. ○○(직분)님 부부가 여호와 잎에서 신앙에 모범이 되게 하시고, 자녀들 역시 부모의 경건을 본받아 의롭게 살게 하셨습니다.

이제, ○○(직분)님의 영혼을 받아주시는 그 은혜로 하나님께서 이 가정을 이끌어 주시고, 그의 생애에 약속하셨던 복이 남김없이 이루어지기를 소망합니다. 귀하게 쓰임 받으시다가, 주 아버지의 품으로 돌아가시려 하오니 감사드립니다.

신앙의 본이 되셨던 ○○(직분)님과 함께 예배를 드리던 시간을 기억할 때, 하나님께 영광을 돌리게 하시옵소서. ○○(직분)님의 삶이 저희들에게 하나님의 영광이셨음에 감사드립니다.

| –이어서, 이 가정의 형편에 따른 하나님의 위로를 간구한다. |

믿음으로 살아가게 하시는 예수님의 이름으로 기도드립니다. 아멘.

기도를 이끌어주는 말씀_고후 5:1-2

하나님의 부르심을 받은 자녀

여호와 앞에서 살아드리게 하시는 하나님,

○○(직분)님께서 하나님의 말씀을 지키는 자로 여호와 앞에서 살아드리기를 결단하게 하시니 감사드립니다. 지금 이 가정에 주님의 긍휼하심이 있기를 원합니다.

날마다 큰 은혜 안에서 지내던 중에, ○○○(이름) ○○(직분)님의 자녀가 하나님의 부르심을 받게 하셔서 그의 임종을 위해서 머리를 조아렸습니다. 심히 안타까운 시간, 무슨 말로 저희들의 가슴을 억누르겠습니까? 자녀의 죽음 앞에서도 흔들림이 없으신 ○○(직분)님의 모습에 저희가 위로를 받습니다.

이 시간에, 사랑하는 ○○(이)를 떠나보내며 슬퍼하고 안타까워하는 ○○(직분)님의 가족과 저희 교회의 성도들을 위로해 주시옵소서. 짧은 시간이었지만 ○○(이)가 우리와 함께 하면서 우리에게 베풀어 준 사랑과 가르침을 기억하게 하시옵소서.

○○(직분)님께 천국의 소망을 바라보게 하시옵소서. 심령이 연약하여 넘어질 때 붙들어 일으켜 주시옵소서. 슬프고 외로울 때는 강하고 담대한 신앙을 주셔서 승리의 날까지 주님께서 붙잡아 주시옵소서.

장례의 모든 일정을 주님께서 주관해 주시고 마칠 때까지 성령님께서 은혜와 감사로 인도하여 주시옵소서. 슬픔을 당한 이들에게 위로와 힘을 주시며 이곳에 모인 우리들도 하나님의 엄숙한 교훈을 깨달아 죄를 뉘우치고 굳센 믿음을 갖게 해 주시옵소서.

| —이어서, 이 가정의 형편에 따른 하나님의 위로를 간구한다. |

의의 길로 인도해 주신 예수님의 이름으로 기도드립니다. 아멘.

기도를 이끌어주는 말씀_살전 4:16
주님께서 다시 오시는 그날까지

생명을 받으시는 하나님,

○○○(이름) ○○(직분)님의 자녀가 하나님께로 갔음에 저희들이 눈물을 흘립니다.

어린 나이였음에도 교회 안에서 모든 이들에게 흠모할 만한 신앙의 삶을 살았던 고인을 알고 있는 것으로 저희들에게 즐거움이었습니다. 성령님과 동행하기를 기뻐했고, 성령님의 충만한 종이었습니다. 그의 헌신과 수고로 말미암아 교회가 크게 부흥하였음에 감사드립니다.

지금, 유족들에게 항상 하나님의 뜻을 분별할 수 있는 지혜와 믿음을 더하여 주시기를 간구합니다. 고인이 땅에서 지내는 동안 간구하셨던 모든 기도가 자녀들의 사는 날 동안에 다 이루어지기를 축복합니다. 하나님의 뜻을 묵상하면서 위로를 받게 하시옵소서.

이 자리에 저희들에게, 하나님의 영광과 위엄을 보여 주심에 감사드립니다. 주님의 권세와 영광에 합당한 찬미의 예배를 드리기 원합니다. 목사님의 설교를 통해서 예수님의 십자가로 말미암아 죄의 문제가 해결되었음을 확인하게 해 주시옵소서. 하늘의 백성으로 살아가려는 다짐을 새롭게 하여 주시옵소서.

고인을 통해서 하늘나라가 분명히 있음을 깨닫게 해 주시니 감사합니다. 저희들에게 고인의 죽음은 천국이 있음을 깨닫게 하는 선물이 되었습니다. 주님께서 다시 오시는 그날까지 주님만 의지하는 저희들이 되겠다는 거룩한 결단을 경함하게 하시옵소서.

| -이어서, 이 가정의 형편에 따른 하나님의 위로를 간구한다. |
우리 주 예수님의 이름으로 기도드립니다. 아멘.

기도를 이끌어주는 말씀_시 90:6

돌아보시고 인도해 주신 주

영생의 소망을 따르게 하신 하나님,

○○○(이름) ○○(직분)님께서 "의롭다 하심을 얻어 영생의 소망을 따라 상속자가 되어" 지내오도록 하셨음에 감사드립니다. 고인을 천국으로 불러주신 하늘에 계신 하나님께 감사드립니다.

고 ○○(직분)님께서 주 안에서 자게 하셨음으로 주님께 영광이 되기를 원합니다. 이제까지 고인을 돌보시고 인도해 주신 주님의 은혜를 기억합니다. 그의 육신을 입관하면서 예배하오니 영광 받아 주옵소서.

세상에서의 불신과 부덕한 것으로부터 만세반석 되시는 주님의 따뜻한 사랑의 품으로 들어가는 고인의 믿음을 저희들도 본받게 하시어 신앙의 승리자가 되게 하시옵소서. 고인의 신앙이 이제, 저희 모두에게 새롭게 나타나게 하시옵소서.

고인과 함께 나그네 길의 삶을 나누었던 지체들을 축복합니다. 저들은 엊그제까지만 해도 고인과 함께 바울 사도처럼 예수를 본받으면서 살기를 다짐했었습니다. 그와 같이 교회를 위해서 부르짖고 기도하던 시간들을 추억합니다. 고인과 함께 지내도록 하셨던 은혜를 기뻐하면서 예배하는 이들에게 복된 시간이 되게 하시옵소서.

고○○○ 성도님의 가족과 골육친척을 축복합니다. 이 귀한 자손들이 고인에게 주어진 복으로 인해서 풍성해지도록 도와주시옵소서. 특히, 고인의 자녀들이 세상에서 사는 동안 머리가 되게 하시고, 남에게 베풀어 주고도 남는 풍성함을 누리게 하시옵소서.

| −이어서, 이 가정의 형편에 따른 하나님의 위로를 간구한다. |
반석이 되신 예수님의 이름으로 기도드립니다. 아멘.

기도를 이끌어주는 말씀_딤후 4:8
죽어 세상을 떠나게 될 때에나

주 안에서 잠들게 하시는 하나님,

영혼이 잘 됨 같이 범사가 잘 되고, 강건하기를 원하시는 하나님의 은혜가 이 가정에 넘치기를 소망합니다. ○○○(이름) ○○(직분)님을 천국으로 불러주신 하늘에 계신 하나님께 감사드립니다. 고 ○○(직분)님이 주 안에서 자게 하셨음으로 주님께 영광이 되기를 원합니다.

고인과 이별하여 서운해 하는 가족들이 하나님께 영광을 드리는 예식이 되도록 입관의 모든 행사를 주관해 주시옵소서. 성도의 죽음을 보게 하시니 이 또한 은혜의 시간이 되게 하시옵소서.

고인에 대한 입관의 예식이 진행되는 동안 우리와 함께 빈손 들고 앞에 나아가 십자가를 붙들기를 소망합니다. 살아생전 숨 쉴 때에나 죽어 세상을 떠나게 될 때에나 언제 어디서든지 예배하는 자세로 서기를 원합니다.

이제까지 고인을 돌보시고 인도해 주신 은혜를 기억합니다. 그 은총으로 저희들의 시간 속에 고인과 함께 살던 때의 아름다움만이 길이 남게 하시옵소서. 고인은 비록 육신적으로는 저희들과 헤어졌으나 그의 생명은 지금 하나님의 나라에 있음을 믿습니다.

고인의 자녀와 그의 식구들을 위해서 간구하오니, 슬픔을 당한 이들에게 위로와 힘을 주옵소서. 이곳에 모인 고인의 식구들이 하나님의 엄숙한 교훈을 깨닫기를 원합니다. 혹시 아직도 하나님을 섬기지 않는 골육친척이 있다면, 예수님을 구주로 영접하게 하시옵소서.

| -이어서, 이 가정의 형편에 따른 하나님의 위로를 간구한다. |
영생의 보장이 되신 예수님의 이름으로 기도드립니다. 아멘.

기도를 이끌어주는 말씀_히 11:14-16

예비해 주신 천국의 새 집으로

천국의 새 집으로 들어가게 하시는 하나님,

사랑하는 ○○○(이름) ○○(직분)님과 이 가정의 지체들에게 여호와의 임재를 소망하게 하시니 감사드립니다. 주님 안에서 고인이 되신 ○○(직분)님의 장례예식에 예배드리며 하나님께 영광을 돌립니다. 마음과 뜻과 힘을 다하여 경배 드리오니 받아주시옵소서. 모든 만물이 주님의 사랑을 기뻐하여 찬양합니다.

고인께서 저희들에게 남기신 몸을 장사지내려고 이 자리에 모였습니다. 고인이 주 예수님께서 예비하신 새 집으로 가셨기에, 하나님께 영광을 드리고 예배하기 위해서 모였습니다.

주님께 금 같은 믿음과 향기로운 겸손의 손을 모읍니다. 온전한 마음을 주님께 바쳐서 경배하기 원합니다. 고○○○(이름) ○○(직분)님께 역사하신 주님의 전능하심을 추억하기 원합니다. 이 시간을 하나님께 드려서 인생을 다스리시는 주님의 전능하심이 선포되기를 소망합니다.

목사님께서 천국의 메시지를 선포하실 때, 모두가 아멘으로 응답하게 하시고, 유족에게는 부활의 소망을 갖게 하시며, 성도들의 삶 속에 고인의 아름다운 신앙이 보존되게 하시옵소서.

고인은 이제 영원히 빛나는 집에서 즐거운 노래를 부르고 계실 것입니다. 다시는 저주가 없고 하나님의 어린양의 보좌가 있는 곳에서 즐거이 지내실 것을 믿음의 눈으로 바라봅니다. 저희 모두에게 부활의 새날에 우리 모두를 다시 만나게 해 주실 때를 기다리게 하시옵소서.

| -이어서, 이 가정의 형편에 따른 하나님의 위로를 간구한다. |

천국의 문 되신 주 예수님의 이름으로 기도드립니다. 아멘.

기도를 이끌어주는 말씀_고후 4:18
눈에 고인 눈물을 거두어 주심

천국을 유업으로 받도록 하시는 하나님,

고○○○(이름) ○○(직분)님의 영혼을 거두어 주시니 감사드립니다. 고인이 천국에 가심으로써 하나님께 영광이 되고, 유족들에게는 소망이 되었습니다. 저희들의 가슴에 고인을 품게 하시니 감사드립니다.

이 시간에, 유족들의 눈에 고인 눈물을 거두어 주시고, 가슴 속에 맺힌 답답한 아픔을 제하여 주시옵소서. 신령한 눈으로 하나님의 나라를 똑똑히 바라보게 하시옵소서.

이 자리에 함께 모인 이들에게 예비하신 나라를 유업으로 받도록 허락하시옵소서. 장례의 행사가 거룩한 시간이 되게 하시옵소서.

주님을 찬양하고 유족을 위로하는 복된 시간이 되기를 축복합니다. 오늘, 슬픔의 그늘에서 위로를 필요로 하는 유족들에게 하나님의 은혜를 보여 주시옵소서. 사랑하는 유족에게 그 누구도 손 댈 수 없는 고난이 넘친다 해도 주님의 위로하심은 더욱 더 넘쳐흐를 것을 믿고 간구합니다. "너희는 마음에 근심하지 말라"고 하셨사오니, 유족은 고인의 죽음만 생각하고 근심하지 않게 하시옵소서.

안타까운 마음으로 유족을 위해 간구합니다. 함께 살던 이를 먼저 천국으로 보내신 후, 슬퍼하고 있을 저들을 주님의 품으로 안아 주시옵소서. 간절히 구하오니 죽음으로 인하여 슬퍼하는 사람들의 마음을 성령님의 은혜로 감싸 주시옵소서. 그리하여 부르심을 받은 고○○○(이름) ○○(직분)님에게 주셨던 은혜를 누리게 하시옵소서.

| -이어서, 이 가정의 형편에 따른 하나님의 위로를 간구한다. |

눈물을 닦아주시는 예수님의 이름으로 기도드립니다. 아멘.

하관(1)

기도를 이끌어주는 말씀_계 7:9
하나님의 집에서 다시 만날 때

육체를 흙으로 돌려보내시는 하나님,

고○○○(이름) ○○(직분)님께서 저희들에게 남기신 몸을 흙으로 돌려보내려고 이 자리에 모였습니다. ○○(직분)님께서 주 예수님이 예비하신 새 집으로 가셨기에, 하나님께 영광을 드리고 예배하기 위해서 모였습니다.

그가 남긴 육체를 흙으로 돌려보내는 거룩한 일을 통해서 영광을 드리게 하시옵소서. 저희 모두에게 축복의 시간이 되게 하시옵소서.

"너희는 하나님을 믿으니 또 나를 믿으라"고 하셨사오니, 성도들은 주 예수님을 믿고 하나님의 나라를 소망하게 하옵소서. 고○○○(이름) ○○(직분)님과 함께 나그네 길의 삶을 나누었던 지체들을 축복합니다. 장차 하나님의 집에서 다시 만날 것을 기다리게 하시옵소서.

혹 믿음이 없는 자는 이 길을 슬픔의 길로 착각하기 쉽고, 삶의 종말인 '무덤의 길'이라고 허무하게 탄식하기도 하지만, 저희에게는 소망과 영생과 그리움이 떠나지 않는 입성의 길인 줄 믿고, 그 나라를 바라보는 믿음의 사람들로 준비시켜 주시옵소서.

이 시간, 이 자리에 함께 모인 이들에게 거룩한 결단의 은혜를 허락하옵소서. 과연, 저희들은 주님께서 부르실 때, 어떻게 나아가겠는가를 묵상하게 하셔서, 저희들이 잊고 지내는 것을 깨달아 알기를 원합니다. 영원한 삶을 약속해 주시고, 있을 곳을 예비해 두신 주님을 기쁜 얼굴로 대하게 하시옵소서.

ㅣ −이어서, 이 가정의 형편에 따른 하나님의 위로를 간구한다. ㅣ

천성을 바라보게 해 주신 예수님의 이름으로 기도드립니다. 아멘.

기도를 이끌어주는 말씀_시 116:15
하나님의 자비로우심

생명의 면류관을 쓰게 하시는 하나님,

이제, 저희들에게 고○○○(이름) ○○(직분)님과 영원한 하나님의 집에서 다시 만날 기약을 다짐하게 하시옵소서. 여기에 있는 지체들에게 엄숙한 마음가짐으로 고인의 몸을 모시게 하옵소서. 고인께서 세상에 계실 때 건강한 육체로 자신의 몸을 돌보았던 것처럼, 이제는 저희들이 그 몸을 소중하게 모실 차례가 되었습니다.

오늘, 슬픔의 그늘에서 위로를 필요로 하는 유족들에게 하나님의 은혜를 보여 주시옵소서. 사랑하는 유족에게 그 누구도 손 댈 수 없는 고난이 넘친다 해도 주님의 위로하심은 더욱 더 넘쳐흐를 것을 믿고 간구합니다. 혹시 죽음처럼 힘에 지나도록 심한 고통과 슬픔을 당해도 죽은 자를 다시 살리시는 하나님만 의지하고 기도하게 하옵소서.

고인께 생명의 면류관을 쓰게 하신 하나님을 경배하는 성도들을 살펴 주시옵소서. 믿음을 제일로 여기며 살려고 애쓰는 성도들을 축복합니다. 저들은 아무리 심한 고난이 닥쳐온다고 할지라도 주님께서 주시는 하늘의 위로로써 능히 이 모든 고난을 이길 줄 믿습니다. 환난 중에 위로의 능력을 베풀어 주시는 주님을 바라보면서 믿음을 지키기를 원합니다. 하나님의 뜻을 나타내 주시옵소서.

그가 이 땅에 계시던 동안 주님 앞에서 신부로 단장했던 모습을 추억하면서 하관 절차를 진행하게 하옵소서. 저희 모두에게 성령님의 충만하심과 그 은혜 안으로 들어가게 하시옵소서.

| -이어서, 이 가정의 형편에 따른 하나님의 위로를 간구한다. |

의의 상속자가 되게 해 주신 예수님의 이름으로 기도드립니다. 아멘.

기도를 이끌어주는 말씀_시 37:3-6
천국에 대한 확실한 소망을

홀로 왕권을 갖고 계시는 하나님,

사랑의 새 빛을 나누는 마음으로 주님의 길을 걸어가시는 ○○○(이름) ○○(직분)님께서 ○○교회의 지체들에게 유익함이 되어주셨기에 감사드립니다. 장례예식을 잘 마치게 해 주신 하나님께 영광을 드립니다. 지금, 아버지의 품으로 가신 고인의 장례예식을 마치고 이 가정에 모였사오니 하나님의 영광이 충만하시기를 원합니다.

고인의 가정을 사랑하기에 모였습니다. 영광으로 주님을 찬송하게 하시옵소서. 여호와의 그 영화로운 이름을 영원히 찬송합니다.

우리에게 생명을 허락하시고 삶을 지켜 주신 하나님의 사랑을 생각합니다. 여기에 다시 모인 유족들과 성도들이 주님의 이름을 높여드립니다. 하나님께서 홀로 왕권을 갖고 계시는 아버지의 집을 사랑합니다.

이 시간에 함께 하시며, 시간과 사건 속에서 영원토록 주의 이름이 영광 받게 되기를 원합니다. 목사님께서 산 자들을 위해서 천국의 말씀을 전하실 때, 모든 유족에게 위로와 소망의 말씀이 되기 원합니다.

유족들에게 천국에 대한 확실한 소망을 품게 하시고, 고인의 신앙을 이어 믿음의 장부들로 만들어 주시기를 원합니다. 이 땅에 남아 있는 저희들로 하여금 천국을 소망하면서 이 땅에서의 삶을 진실 되게 살아가게 하시옵소서. 앞으로 이들 앞에 어떠한 시련이 닥쳐오더라도 흔들리지 않는 마음과 고요한 확신으로 맞이하게 하시고 어떤 유혹 앞에서도 강건케 하시기를 원합니다.

| -이어서, 이 가정의 형편에 따른 하나님의 위로를 간구한다. |
소망의 주, 예수님의 이름으로 기도드립니다. 아멘.

기도를 이끌어주는 말씀_계 22:3-4
고인에게 신앙을 물려받은 유족

신앙을 물려받게 하시는 하나님,

예배하러 모인 저희들로 주님께 영원히 감사하게 하시옵소서. 하나님과 동행하셨던 고인의 남은 육체를 땅에 묻었던 저희들이 집으로 돌아왔습니다. 고인이 생명의 열매로 남기신 자녀들이 하나님께 영광을 드리는 시간이 되게 하시옵소서.

살을 부비며 살아왔던 ○○○ 성도님을 먼저 주님의 품으로 보내신 집사님을 위로해 주옵소서. 하나님께서 두 분을 짝을 지워 주셔서 한평생을 사셨는데, 아내와 헤어진 저의 가슴을 위로해 주시기 원합니다. 오늘의 예배로 말미암아 주님의 도우심으로 아내의 몫까지 다 하는 신앙의 삶을 살아가겠다는 다짐이 있게 하옵소서.

고인을 통해서 신앙을 물려받은 유족을 사랑합니다. 고인이 생명의 열매로 남기신 자녀들이 하나님께 영광을 드리는 시간이 되게 하옵소서.

말씀을 듣고 깨달은 것을 하나도 잊어버리지 않는 유족들이 되게 하옵소서.

목사님께서 유족들과 저희들을 위하여 말씀을 준비해 주셨음에 감사드립니다. 사랑하는 종의 입술을 통해 들려지는 말씀을 기쁨으로 받는 중에, 유족들에게 고인의 신앙을 물려받는 각오가 있게 하시옵소서. 그리고 진정으로 주님께서 저희들 가까이에 계시다고 느끼면서 천국을 소망하도록 인도해 주시옵소서. 하나님께서 사랑하는 가족을 지켜주시옵소서.

| -이어서, 이 가정의 형편에 따른 하나님의 위로를 간구한다. |
우리 주 예수님의 이름으로 기도드립니다. 아멘.

설날 추모(1)

기도를 도와주는 말씀_ 딤후 1:3
하나님께 영광에 집중하는 삶

이제까지도 후손의 복을 누리게 하신 하나님,

이 시간에 영과 진리로 예배하기 원하오니, 여호와 우리 하나님께 마음을 모으게 하옵소서. 주님의 이름을 높이며 이 자리에서 감사의 고백을 하게 하옵소서. 고○○○님의 모습을 추억하도록 하시니 기쁨이 충만합니다. 고인께서는 후손의 복을 누리며 참으로 하나님께만 영광을 드리는 것에 집중하며 사셨습니다. 그 신앙을 추억하는 저희들에게 감사로 예배하는 한 시간이 되게 하시옵소서.

이 시간에 고인이 즐겨 부르시던 찬송을 할 때, 저희들에게 기쁨이 충만해지게 하시옵소서. 귀한 목사님께서 천국의 말씀을 증거하실 때, 성령님의 역사하심으로 큰 감동이 있게 하시옵소서. 그 말씀으로 유족들이 힘을 얻고, 은혜를 받게 하옵소서.

고인께서는 자녀들을 키우시느라 수고를 다하셨는데, 그들이 지금은 신실한 주님의 자녀들이 되었습니다. 하나님 앞에서 저희들이 혹시 부족했던 것이 있었다면 모든 허물을 용서하여 주시기 바랍니다. 저희를 긍휼히 여기사 주님의 위로와 하늘의 평강으로 채워주시옵소서.

이 가정을 축복합니다. 고인께서 늘 간구하셨던 기도의 제목들이 자녀들 앞에서 응답되기 원합니다. 그 은혜로 이들을 더욱 굳센 신앙으로 채워 주시며, 이 가정에 신앙의 전통이 계속 이어지도록 인도해 주시옵소서. 믿음의 가문을 만들어가는 영광이 있게 하시옵소서.

| -이어서, 이 가정의 상황을 성령님의 감동하심에 따라 간구한다. |
새 사람이 되게 하신 주, 예수님의 이름으로 기도드립니다. 아멘

기도를 도와주는 말씀_잠 14:32

거룩한 부모, 거룩한 자손

거룩한 자손이 되기를 사모하게 하시는 하나님,

저희들의 모든 것이 되시며, 이 시간에 이르도록 복에 복으로 인도해 주셨음에 감사드립니다. 주 안에서 잠자는 자가 되신 고○○○님을 기억합니다. 저가 아브라함의 품에 안긴 지 오랜 시간이 지나는 동안, 이 가족들을 지켜주셨음에 감사드립니다.

귀한 지체들이 거룩한 자손이 되기를 사모하고, 하나님의 영광을 구하게 하셨습니다. 사랑하는 가족이 고인과 함께 했던 설날을 기억합니다. 고인을 추억하면서 감사로 예배하는 한 시간이 되기 원합니다.

저희를 구속하여 자녀로 불러 주시고, 고인이 이 땅에 계셨을 때, 같이 찬송하며 기도했던 시간들로 인하여 찬양을 드립니다. 고인에게 생명의 신앙인으로 살게 했던 주님의 피가 지금, 후손들의 심령을 적시게 하시옵소서.

부활의 소망이 되시는 하나님께 찬양으로 영광을 드립니다. 하나님의 부르심을 받으신 종이 주님께서 다시 오시는 날에 잠에서 깨어나실 것을 소망하게 하시옵소서. 주님을 따라서 고인께서도 부활하실 것을 확신하게 해 주셨음에 감사드립니다.

이 시간에, 고○○○님의 신앙을 보화처럼 여기고, 그 믿음으로 산 후손들을 축복합니다. 이 가정에 속해 있는 권속들을 대할 때마다 영광을 하나님께 드리게 하시옵소서. 땅에서 지낼 때의 고인의 간구가 다 응답되는 자손의 삶이 되게 인도해 주시옵소서.

| ‒이어서, 이 가정의 상황을 성령님의 감동하심에 따라 간구한다. |
길이 되신 주, 예수님의 이름으로 기도드립니다. 아멘

기도를 도와주는 말씀_히 11:16
죽은 자의 부활

여호와의 영광을 위해 살게 하시는 하나님,

이 시간에, 영과 진리로 예배하기 원하오니, 여호와 우리 하나님께 마음을 모으게 하옵소서. 지난 시간 동안에 저희들과 함께 하시고, 고○○○님에게 약속하셨던 복을 내려 주셨음에 감사드립니다. 여호와 앞에서 귀한 후손들이 거룩한 믿음을 이어가고, 하나님의 영광을 위해 살게 하시니 감사드립니다.

하나님의 부르심을 받으신 고인과 함께 예배하던 기억이 아직도 생생한데, 고인이 저희들의 곁을 떠난 지 벌써 ○년을 맞이하여 고인을 추모하면서 예배합니다. 그동안에 사랑하는 유족들에게 은혜를 더하신 여호와의 이름을 송축합니다.

주 안에서 아름다운 생애를 사셨던 ○○○님이 이기는 자가 되어 생명수 샘물을 마시는 복을 받으셨음을 믿습니다. 이제, 저희들도 사랑하던 종을 따라 세상을 이기는 믿음을 갖게 하시옵소서. 조상의 신앙을 물려받는 아름다운 후손이 되게 하시옵소서.

고인이 생전에, '예수는 주'라고 부르셨던 찬송이 후손들에게 애창하는 찬송이 되게 하시옵소서. 고인의 신앙을 이어서 지켜가는 후손들이 되게 하시고, 복의 역사가 이어지는 가정이 되게 하시옵소서.

고인의 신앙을 본받아 하나님을 가까이 하며 지낸 자손들에게 형통의 복을 내려 주시옵소서. 고인을 추억하면서 자녀들과 친척들 그리고 성도들이 함께 예배하는 이 자리에 복을 내려 주시옵소서.

| -이어서, 이 가정의 상황을 성령님의 감동하심에 따라 간구한다. |
소망을 든든하게 해 주신 예수님의 이름으로 기도드립니다. 아멘

기도를 도와주는 말씀_요 14:2

대를 이어 피어내는 믿음의 꽃

믿음을 유업으로 받아 잘 간직하게 하시는 하나님,

저희들의 모든 것이 되시며, 이 시간에 이르도록 복에 복으로 인도해 주셨음에 감사드립니다. 이 좋은 날에, 온 가족이 모여 하나님의 은혜를 즐거워하며 고○○○님을 추억하게 하시니 감사드립니다. 돌이켜보니, 고인은 하나님께서 저희들에게 보내주신 선물이었습니다.

고인의 사랑과 헌신으로 자녀들이 잘 자라게 하시며, 믿음의 사람으로 성장하게 되었음에 감사드립니다. 자녀들은 고인이 남기신 믿음을 유업으로 받아 잘 간직하고 있사오니 대를 이어 믿음의 꽃을 피우게 하시옵소서.

한식을 맞이한 시간에 사랑하는 가정에서 자녀들이 하나님 앞에서 삶에 대한 새로운 결단을 할 때, 고○○○님의 신앙을 따르게 하시옵소서. 저희 각 사람에게서 고인의 믿음을 보게 하시옵소서.

이 시간에 저희들에게 의로운 결단의 은혜를 주시기 원합니다. 하나님의 사람이 되어 친구와 대면하듯이 여호와를 가까이 하는 은혜를 보게 하시옵소서. 성령님의 충만하심으로 구원에 이르게 해주신 부르심과 택하심을 굳건하게 하시옵소서.

창세전에 주님 안에서 택해 주셨음을 믿는 믿음을 후손들에게 주사 반석 위에 굳게 서게 해 주시옵소서. 고인이 육체의 몸으로 계시던 동안에 자녀들의 신앙을 위해서 간구했던 그 기도 제목이 고스란히 응답이 되어 자녀들이 믿음의 후손으로 세워지게 하시옵소서.

| -이어서, 이 가정의 상황을 성령님의 감동하심에 따라 간구한다. |

밝은 빛이 되어주신 예수님의 이름으로 기도드립니다. 아멘

기도를 도와주는 말씀_엡 4:22

너희의 심령이 새롭게 되어

온 가족이 머리를 숙이게 하신 하나님,

영과 진리로 예배하기 원하오니, 여호와 우리 하나님께 마음을 모으게 해 주시옵소서. 추석의 첫 시간에, 고○○○님의 자녀들이 여호와의 성호를 찬양합니다. 고인의 하나님을 저희들의 하나님으로 부르게 자손들을 지켜주신 은혜, 진심으로 감사드립니다.

온 가족이 머리를 숙여 하늘의 하나님을 예배하고, 금년의 남은 시간을 위하여 소망을 간구하게 하시옵소서. 저희들에게 아름다운 믿음의 조상을 주셨으니, 고○○○님의 길에서 하나님을 찾는 저희들이 되게 하시옵소서.

지난 날, 고인과 함께 지냈던 추석 명절의 시간들이 떠오릅니다. 하나님을 섬기지 않던 민족이었고 민족의 전통이 하나님께 죄를 짓게 하는 것들뿐이기에 고인은 기도원에 가기도 했었음을 기억합니다.

이 가정이라는 기업을 주시는 하나님께 찬양으로 영광을 드리게 하시옵소서. 지금, 고인이 남겨준 신앙의 모습을 보는 은혜를 내려 주시옵소서. 복된 후손들이 약속해 주신 말씀에 따라 번성하게 해 주시는 여호와의 손길을 보게 하시옵소서.

금년의 남은 시간을 살아갈 때, 고인의 간구를 통해서 저희들에게 약속되어 있는 후손의 복을 받게 하시옵소서. 앞서 간 고인의 마지막 모습을 통해서 자손들이 하나님의 사람으로 더욱 굳건하게 세워지게 하시옵소서.

| ―이어서, 이 가정의 상황을 성령님의 감동하심에 따라 간구한다. |

잃은 자를 찾으러 오신 예수님의 이름으로 기도드립니다. 아멘

기도를 도와주는 말씀_갈 2:20

믿음 안에서 사는 것이라

저희들의 모든 것이 되시는 하나님,
이 시간에 이르도록 복에 복으로 인도해 주셨음에 감사드립니다.

풍성한 날을 맞이해서 흩어져 있던 식구들이 모이게 해 주셨음에
감사드립니다. 오늘, 하나님께 영광을 드리게 하옵소서. 성령님의
충만함으로 저희들을 이끌어 주시옵소서.

지난 시간 동안에도 형제와 자매들 그리고 자손들을 보호해 주신
여호와의 은혜를 기리게 하옵소서. 제 각각 하나님 앞에서 주신 삶
을 자신의 기업으로 삼아 살던 형제들이 모여 한 몸을 이루게 하신
기쁨이 넘치게 해 주시옵소서.

인자와 진리의 하나님께서 저희 가족의 하나님이심에 감사드립
니다. 이에 간절히 바라오니, 여호와 앞에서 고인이 지녔던 믿음
의 원칙을 따르는 후손들이 되게 하시옵소서. 고인이 이 땅에 계실
때, 누렸던 복을 이어가는 자손들이 되도록 이끌어 주시옵소서.

하나님께서 고인을 복의 통로로 삼으셔서 이 가정에 시온의 대로
가 열리게 하신 그 길을 자손들이 간직하게 하옵소서. 오늘의 풍성
함으로 말미암아 다시 한 번 고인의 자녀들이 하나가 되게 하시고,
믿음의 조상을 기억하면서 동기간의 우애를 공고히 하도록 이끌어
주시옵소서.

오늘, 이 자리에서 새로운 결단을 하기 원합니다. 사랑하는 후손
들이 고인의 믿음을 가업으로 이을 것을 다짐하게 하시옵소서. 고
인의 하나님을 자신들의 하나님으로 부르게 하시옵소서.

| –이어서, 이 가정의 상황을 성령님의 감동하심에 따라 간구한다. |
우리를 먼저 사랑해 주신 예수님의 이름으로 기도드립니다. 아멘

기도를 도와주는 말씀_시 37:5

네 길을 여호와께

우리 가정이 믿음의 반석 위에 지어지게 하시는 하나님,

이 시간에, 영과 진리로 예배하기 원합니다. 여호와 우리 하나님 께 마음을 모으게 해 주시옵소서. 일찍이 고○○○님이 구원을 받 고, 저가 여호와 앞에서 저희들의 축복의 통로가 되게 해 주셨음을 기억합니다. 그의 간구대로 이 가정이 하나님을 섬기는 가정이 되 었습니다.

이 가정이 믿음의 반석 위에 지어져 굳건하기를 소망합니다. 하 나님의 부르심을 받으신 고○○○님의 생전에 저 자신을 위하여, 이 가족을 위하여 베풀어 주셨던 복을 누리는 자자손손이 되게 하 시옵소서.

여호와 앞에서 경건하기를 소망했던 저의 신앙적 열심이 자손들 에게 고스란히 물려지게 하시고, 이제까지도 고인의 믿음을 보배로 간직해 온 자녀들에게 더욱 고인의 길을 따라 여호와 앞에 살아가 도록 이끌어 주시옵소서.

고인의 믿음을 본받기를 바라시는 하나님의 뜻을 귀하게 여기는 저희들이 되게 하시옵소서. 고인이 생전에 간구하셨던 기도 제목 들이 이제, 자손들이 그들의 손에 응답 받도록 도와주시옵소서. 그 응답으로 믿음의 가문을 일으키게 도와주시옵소서.

간절히 구하니 ○○○님을 하나님의 사람으로 지내게 하셨던 그 은혜가 여기에 모인 이들에게도 나타나기를 원합니다. 저희 각 사 람에게도 성령 하나님의 만져주심이 있어 고인과 같은 믿음의 반열 에 세워 주시옵소서. 하늘의 문을 열어주시는 은혜로 날마다 복되 게 하시옵소서.

| -이어서, 이 가정의 상황을 성령님의 감동하심에 따라 간구한다. |

보혈로 거듭나게 해 주신 예수님의 이름으로 기도드립니다. 아멘

기도를 도와주는 말씀_시 130:1

내가 깊은 곳에서 주께

복에 복으로 인도해 주시는 하나님,

저희들의 모든 것이 되시며, 이 시간에 이르도록 복에 복으로 인도해 주셨음에 감사드립니다. 고○○○님이 영원한 세계로 가신 날을 기억하면서 예배하게 하심을 감사드립니다. 찬양을 받아주시옵소서. 말씀을 전하시는 목사님께 은혜로 충만하게 하시옵소서.

저희들에게 예배할 마음을 주셔서 머리를 숙이도록 하셨사오니, 모든 영광을 받으시옵소서. 감사하게도 저희들에게 고인의 하나님을 자신의 하나님으로 부르게 하셨습니다. 한 명의 자녀도 어긋난 길로 가지 않고, 믿음의 반석을 이루게 하셨습니다.

고인의 신앙과 고인의 기도를 보여주신 하나님께 온전히 드리는 예배가 되기를 빕니다. 저희들이 찬송을 할 때, 고인의 음성이 들려오는 듯합니다. 고인의 삶이 여호와께 열납 되셨던 것처럼 지금, 이 예배를 통해서 저희들에게 결단의 은혜를 내려주시옵소서.

아브라함의 하나님을 이삭이 주저하지 않고 자기의 하나님으로 찾았던 은혜가 이 가정에도 임하기를 소원합니다. 고인이 사랑하시고, 늘 가까이 하셨던 하나님을 후손들이 더 열심히 사랑하게 하옵소서.

저희 모두가 주님께서 정해 주신 연륜이 다하게 될 때 주님 앞에 바로 서겠다는 결단이 있게 하시옵소서. 여호와 앞에서 공의를 구하고, 모든 경우에 겸손함으로 대하는 은혜를 주시옵소서. 지금, 저희들도 멀지 않아 천국에 가서 고인을 만날 것을 소망하게 하시옵소서.

| –이어서, 이 가정의 상황을 성령님의 감동하심에 따라 간구한다. |

사랑으로 풍성하신 예수님의 이름으로 기도드립니다. 아멘

기도를 도와주는 말씀_창 28:13
주 안에서 이기는 자손들

위대하고 강하신 하나님,

고○○○님의 산소를 찾은 지금, 여호와 우리 하나님께 마음을 모으게 해 주시옵소서. 원근 각처에서 각자에게 주어진 인생이라는 삶의 길을 가던 저희들이 다시 모였습니다. 위대하고 강하신 여호와를 마음의 깃발을 높이 들어 찬양합니다.

오늘은 하나님께서 일찍이 고인을 하나님 나라로 불러주신 날을 기억하여 유족들과 고인과 관계된 모든 이들이 함께 모여 예배를 드립니다. 이 자리가 복된 제단이 되어 산 제물을 드리는 은혜를 주시옵소서. 하나님을 영화롭게 해드리는 시간이 되게 하심을 믿습니다.

이 가정의 추모 예배를 위하여 말씀을 준비하신 목사님을 축복합니다. 말씀을 전하시는 종에게 성령님의 능력이 더해지시기를 원합니다. 고인에게 권면했던 말씀을 오늘은 후손에게 들려주시옵소서.

거룩한 지체들에게 생명을 주신 시간동안 저들의 삶이 주님께 드려지는 산 제물이 되기 원합니다. 오늘도 하나님의 말씀이 위로가 되고, 즐거움이 되기 원합니다. 이 예배로 인하여 또 다시 삶의 현장에서 살아갈 때, 힘이 되고 용기가 되도록 이끌어 주시옵소서.

사랑하는 지체들에게 바른 생각과 바른 행동의 삶을 누리게 하시옵소서. 고인이 여호와 앞에 바른 신앙으로 살려 했던 몸부림의 은총이 자손들의 것이 되게 하옵소서. 고인의 소원이 이제, 후손들의 삶에서 믿음으로 나타나고, 그 반석 위에 자신들을 세워가게 하시옵소서.

| -이어서, 이 가정의 상황을 성령님의 감동하심에 따라 간구한다. |
우리 곁에 늘 계시는 예수님의 이름으로 기도드립니다. 아멘

기도를 도와주는 말씀_욥 1:21

자손들에 의해 영광을 받으시는

가정을 의인의 처소로 삼으시는 하나님,

저희들의 모든 것이 되시며, 이 시간에 이르도록 복에 복으로 인도해 주셨음에 감사드립니다. 저희들을 죽음에서 건져 주신 주님의 이름을 예배합니다. 이 자리에서도 하나님 홀로 영광을 받으시옵소서.

봄이 열리는 날에, 고○○○님의 후손과 친지들이 모였습니다. 이 땅에 계실 동안 사랑으로 섬겼던 어머니를 천국으로 보낸 후에 이제까지 지켜주신 하나님의 은혜를 감사합니다. 하나님을 향한 사랑과 충성이 대를 잇게 하시니 감사드립니다.

예수님의 이름으로 아버지 앞에 무릎을 꿇게 하심을 감사드립니다. 하나님께서 생명의 주인이심을 새롭게 깨닫는 시간에 하늘의 하나님을 사모하게 하시옵소서. ○○의 지체들이 유족과 함께 진리로 예배하는 권속들이 되게 하시옵소서.

하나님의 이름을 사랑하는 가족이 되게 하시옵소서. 고인의 하나님을 자기 하나님으로 삼는 자녀들이 되게 하시옵소서. 고인의 기도가 자녀들에게서 응답이 되도록 역사해 주시옵소서.

주님의 피로 구원을 받으신 고인은 (딸 셋)이라는 생명의 열매를 남기셨습니다. 사랑하는 자손들이 모여서 우리 하나님께 영광과 찬미를 올려드립니다. 이 가정을 의인의 처소로 삼으시고, 이 시간에 고인을 추모하는 예배를 드리게 하셨음에 감사드립니다. 소망으로 가득하여 주님의 길에서 살아가는 가족들에게 평강의 은혜를 더하시옵소서.

| ―이어서, 이 가정의 상황을 성령님의 감동하심에 따라 간구한다. |

우리의 보호가 되신 예수님의 이름으로 기도드립니다. 아멘